CHINA'S GUARANTEED BUBBLE

예고된
버블

'만들어진 성장'은
어디까지 갈 것인가?

예고된

CHINA'S GUARANTEED BUBBLE

버블

주닝 ZHU NING

로버트 실러 서문 | **박한진** 감수 | 이은주 옮김

프롬북스
frombooks

『예고된 버블』은 세계 2위 대국이라는 화려한 중국 경제의 어두운 면을 들춰 내고 있다. 10%대의 고도 성장은 지나간 말이 되었고, 2010년대 들면서 바오 파[保八]를 외쳤으나 이제 바오치[保七]도 난망한 상태가 되었다. 어쩔 수 없 이 신창타이(新常態, New Normal)를 들고 나왔다. 6%대의 안정적 성장을 추구 하겠다는 것이다. 과연 중국은 6%대의 신창타이로 소프트 랜딩(soft-landing)을 해낼 수 있을까. 그렇게만 해준다면 더 바랄 것이 없겠다. 하지만 하드 크래 시(hard crash)의 가능성이 더 많은 듯 해 보인다. 경제의 발전 경로를 볼 때 사회 의식구조가 뒤따라가지 못하는 고속성장은 거의 대부분 하드 크래시로 귀결 되었다.

중국경제가 연착륙하느냐, 경착륙하느냐는 국제교역, 투자, 금융시장, 환율까 지 영향을 미치게 될 것이다. 가장 나쁜 시나리오는 중국경제의 경착륙으로 인해, 신흥국 경기급랭과 통화가치 급락에 따라 선진국 투자자금이 유출되고 일부 신흥국들이 외환위기나 경제위기에 빠지는 것이다. 성장방어를 위해 자국통화의 가치를 경쟁적으로 떨어뜨리는 환율전쟁의 서막이 오를 수도 있다. 우리나라는 중국발 충격에 특히나 더 취약하다. 우리 수출의 25%가 중국을 향하고 있고, 중국과 직간접적으로 연결되어 있는 신흥국까지 포함하면 60%에 달한다. 중국인 관광객이 아니면 우리의 내수·관광시장은 맥없이 무너져 버릴 것이다. 또한 우리 제조업은 광범위한 분야에서 중국과 긴밀한 국제분업 관계를 형성하고 있기도 하다.

주닝 교수는 이 책에서 중국에 넓게 퍼져 있는 '암묵적 보증'과 고(高) 레버리지 그리고 생산과잉 문제를 신랄하게 지적한다. 또한 자산거품을 초래한 음성적 담보관행을 끊지 않으면 낭떠러지로 떨어질 수밖에 없는 위기상황임을 엄중히 경고하고 있다. 금융관계자나 사업가는 물론이고 일반독자들도 필독할 것을 권한다. 중국경제의 위기는 우리 일상에도 분명 위협을 가할 것이기 때문이다. 『예고된 버블』은 곧 눈앞에 닥칠지 모르는 중국경제 경착륙과 장기 저성장에 대비하여 우리가 어떤 변화와 전략을 모색해야 하는지에 대해 혜안을 제시해 주고 있다.

_한상완, 현대경제영구원 전무

예일대 최연소 종신교수이자 중국 내에서는 날카로운 논리와 화려한 언변으로 스타 경제학자로 통하는 주닝 교수의 『예고된 버블』을 한국에서도 볼 수 있어 반갑다. 이 책은 중국경제의 과거 기적과 오늘의 고레버리지 및 생산과잉 문제가 중앙 및 지방정부의 암묵적 보증 위에 이루어졌다는 점을 강조하고 있으며 이에 대한 정부의 출구전략이 있는지 여부에 따라 미래의 지속성장 가능성과 개혁성공 여부도 결정될 것이라는 결론을 내리고 있다. 독자는 이 책을 통해 중국경제의 과거, 현재 및 미래를 알아가는 좋은 경험을 할 수 있을 것이다.

_안유화, 중극증권은행연구원 원장, 금융투자협회 중국자본시장연구회 부회장

주닝 교수는 이 책에서 중국기업의 생산력 과잉과 폭발적으로 불어난 기업과 지방정부의 부채문제를 꼼꼼하게 다루고 있다. 중국은 정부가 뒤를 봐주는 암묵적 보증(implicit guarantee)이 만연해 있어 디폴트, 파산, 채무 재조정, 자구계획 등 정상적인 시장도태 시스템이 제대로 작동하지 않는다.

중국이 높은 레버리지 비율과 생산력 과잉 구조를 정리하지 못한다면, 또 자산버블을 만들어낸 암묵적 보증 문화를 끊어버리지 못한다면 심각한 금융위기를 맞게 돼 금융시스템의 강시(僵尸)화라는 운명을 피할 수 없게 될 것이다. 금융과 인간본성의 약점, 중국과 세계 거시경제·금융시스템에 관심이 있는 독자들은 이 책을 꼭 읽기 바란다. 하지만 명심하라. 잠자리에 들면서 읽을 그런 가벼운 책은 아님을.

_윌럼 비터, 시티그룹 수석 이코노미스트

중국은 시장규율이 결여돼 있어 시장경제체계가 건전하게 작동하지 않는다. '자원배분에서 시장이 결정적인 역할을 하도록 한다'는 것은 공허한 말일 뿐이다. 주닝 교수의 신작은 중국의 금융체계에서 더 이상 새로운 현상이 아닌 암묵적 보증에 대해 생동감 있게 분석하고 있다. 동시에 암묵적 보증이 신용문화, 채무위기, 금융안정에 미치는 잠재적인 영향에 대해 생생하게 적고 있다. 정부 감독당국과 금융기관 그리고 일반 투자자들이 특별히 주목해야 할 대목이다.

_프레드 후, 사모펀드 프리마베라 회장, 전 골드만삭스 중화권 담당 회장

이 책은 중국경제와 신용시스템, 즉 국유기업, 사영기업, 그림자은행, 각 지방 정부와 개인들이 상호제공하는 명시적 또는 암묵적인 대출체계에 대해 빼어난 솜씨로 분석해냈다. 나아가 효율적 자원배치와 진정한 투자자 보호, 사회적 행복을 가능하게 하는 신용 메커니즘을 어떻게 수립하고 관리할 것인지에 대해서도 검토했다. 경제와 금융, 중국에 관심 있는 글로벌 독자들에게 매우 유익한 책이다.

_토머스 사전트, 뉴욕대학 경제학 교수, 2011년 노벨 경제학상 수상자

전환기의 중국경제는 전례 없는 도전에 직면해 있다. 과거 중국경제는 점진적인 시장규율화와 암묵적 보증에 따른 높은 레버리지 비율의 금융시스템 덕분에 고속발전을 이룰 수 있었다. 그러나 이 책은 이러한 시장과 채무의 혼합형 성장모델이 이미 시효를 다했을 뿐 아니라 오히려 중국 경제와 금융의 안정에 위협을 가하고 있다고 지적하고 있다. 중국이 맞닥뜨린 복잡한 상황과 개혁과정에서 극복해야 할 도전에 대해 이론과 실증적 분석을 제시한다.

_어데어 터너 경, 신경제사고연구소(INET), 전 영국 금융감독원장

: 딜레마에 빠진 중국,
  이제 시장이 결정하게 해야 한다

로버트 실러
노벨경제학상 수상자, 예일대 경제학 교수

주닝 교수는 방대한 사실 자료를 바탕으로 중국의 금융시장과 경제상
황을 통찰력 있게 분석하면서 외면하고 싶은 불편한 진실까지 솔직히
담아냈다. 정부의 잘못된 약속과 그릇된 평가 및 분석 그리고 이러한
오류에서 비롯된 결과까지 담담히 설명하고 있다. 저자는 전 세계의
관심을 반영하듯, 경제성장을 견인하는 동시에 심각한 문제를 노출한
중국의 금융시장 상황을 적나라하게 그려낸다. 중국에서 발생한 경제
적 사건을 보다 광범위한 관점에서 조명하기 때문에 이 책은 대형 글
로벌 은행의 국별 연구 혹은 배경에 대한 연구논문보다 훨씬 읽기 좋
다. 이러한 관점은 행동재무학(Behavioral Finance, '어떻게 행동해야 하는가'를 관찰하
는 전통 경제학과 달리 '왜 그렇게 행동해야 하는가'에 초점을 맞춘 경제학과 심리학의 융합 분야-
역주)을 포함한 저자의 학문적 접근법에 그 뿌리를 두고 있다. 더불어
주닝 교수는 아무것도 숨기는 것이 없이 중국의 현 경제 상황의 모든

예고된 버블

것을 솔직하게 드러낸다.

중국은 문화대혁명이 남긴 피폐함을 딛고 새로운 혁신의 시대로 성공적으로 들어섰다. 중국의 문화대혁명 시기가 완벽한 어둠의 시기만은 아니었다. 실제로 그 시기에도 뛰어난 활약을 보여준 인물은 존재했다. 투유유[屠呦呦]는 이 시기에 중국의 전통적 의학 지식을 토대로 말라리아 치료제 개발에 힘을 쏟았고 결국 말라리아 치료에 도움이 되는 생물학적인 활성요소를 추출해냈다. 이러한 연구업적을 인정받아 2015년 노벨 생리의학상을 수상하는 쾌거를 올렸다. 중국의 혁신은 비단 금융에 국한된 사안이 아니었다. 이러한 관점에서 중국이 불완전한 금융체계임에도 어떻게 이렇게 대단한 변화를 이뤄냈는지를 살펴보는 일은 매우 흥미로울 것이다.

문화대혁명 이후 중국은 현대금융체계의 막강한 위력을 실감하게 됐다. 이와 동시에 신중국을 표방하는 중국은 새로운 문제에 직면하게 된다. 이런 문제점들은 서구경제체제에서도 낯선 것이 아니고 수 세기 전에 이미 발생한 문제들이다. 주닝 교수는 중국이 혁신 과정에는 착오도 있었다고 보고 있다. 예를 들면 낙관적인 투자심리가 만들어낸 과도한 부동산개발과 산업생산력 과잉 같은 문제들이다.

어떤 의미에서 이 책은 최근에 필자가 조지 애컬로프(George Akerlof)와 공동저술한 『바보를 낚는 피싱 사기(Phishing for Phools: The Economics of Manipulation and Deception)』와 일맥상통하는 면이 있다. 우리가 쓴 책은 중국에 관한 언급은 거의 없고 주로 미국의 이야기를 다루고 있다. 미국 사회에서 행해지는 뇌물수수, 부정, 사기, 출세에 이용되는 왜곡된 영향력 등을 상세히 그리고 있다. 우리의 노골적인 비평에 언짢아하는 사람도 물론 있었다.

어느 국가든 간에 인간의 속성은 본질적으로 같다. 부패, 조작, 속임수 등은 인간사회의 근원적인 문제다. 완벽한 해결이 불가능하나, 개선은 얼마든지 가능하다. 모든 인간에게는 '긍정적인' 속성이 있고 좋은 환경에서는 이 같은 긍정적인 부분이 더욱 강화된다.

세계가치관조사(World Values Survey, 미국 정부가 출자한 비영리 연구기관의 이름이자 세계 주요국 대상 사회문화적·윤리적·종교적·정치적 가치관에 관한 설문조사-역주)에 의하면 중국인들은 서로 신뢰하는 경향이 강하다고 한다. 이 조사에서는 응답자에게 "솔직히 말해 다른 사람들을 신뢰할 수 있다고 생각하는가? 아니면 다른 사람을 대할 때 좀 더 신중을 기해야 한다고 생각하는가?"라는 질문에 답하게 했다. 응답자의 반응을 토대로 '신뢰지수'가 탄생했으며 전자는 정(+)의 상관관계가 후자는 부(-)의 상관관계가 있다고 보면 된다. 중국은 이 지수에서 높은 평점을 받았으며 제6차 세계가치관조사(2010~2014년)에서는 미국보다도 높은 점수를 기록했다.

조사 결과 상호신뢰도가 높으면 경제적 성공에 긍정적인 영향을 미치는 것으로 나타났다. 그러나 주닝 교수가 경고한 바와 같이, 그러자면 먼저 이러한 신뢰의 가치가 인정돼야 하고, 특히 권력을 가진 사람들이 이 신뢰를 남용하거나 악용하지 않는다는 전제가 충족돼야 한다. 우리가 살펴본 바로는 중국인은 정부가 자산가격이 하락하지 않게 지켜줄 것이고 적어도 장기적 관점에서 투자자의 손실을 보전해주리라 믿는다. 그러나 정부가 국민들에게 잘못된 믿음을 심어줄 것이 아니라 진정한 의미에서 국민의 신뢰를 얻으려 한다면 지금부터라도 거품 방지에 초점을 맞춰야 한다. 하락할 시장이면 하락하게 내버려둬야 한다. 투자

예고된 버블

자들의 고수익을 보장하느라 애쓰기보다는 개개인의 최소한의 삶을 보장하는 사회안전망을 확충하는 쪽에 무게를 두어야 한다. 정부가 개입을 포기한 상태에서 시장이 붕괴하면 사람들은 자연히 지출을 줄일 것이고 기업은 고용 및 사업확장 계획을 취소하는 일이 벌어질 것이다.

정책입안자를 괴롭히는 딜레마는 대통령이 직무를 제대로 수행하지 못하는 군 사령관을 어떻게 처리해야 할지 고민하는 상황에 비견된다. 생각 같아서는 단칼에 잘라버리고 싶어도 그렇게 할 수가 없다. 그 사령관이 휘하 장병의 신뢰를 받고 있는 사람이라면 해임했다가는 군의 사기를 떨어뜨릴 수 있기 때문이다. 이와 같은 상황이 전개될 때마다 본질적인 딜레마에 빠지게 되는 정책입안자로서는 신뢰를 유지하려면 어떤 정책을 펴야 하는지 결정하기가 점점 더 어렵다고 느낄 것이다. 이 딜레마는 경제이론만으로 쉽게 해결할 수 없다. 이는 주로 심리학적 혹은 사회심리학적 영역에서 작동하며 경제적 효율성에 바탕을 둔 자유시장의 명백한 힘에 반(反)하여 작용하기 때문이다.

주닝 교수는 이 책에서 생산력과잉과 경제성장둔화라는 관점에서 중국경제의 딜레마를 설명하면서 이제 중국정부는 금융자산에 대한 암묵적 보증을 그만두고 더 많은 시장원리가 작동하도록 해야 한다는 주장을 강하게 하고 있다. 중국이 이제부터라도 시장에 더 많은 자유와 지배권을 부여해야 하는 이유가 무엇인지 분명한 증거를 들어가며 설명하고 있다. 이는 세계경제 패권의 중심에 있는 중국의 의무이기도 하다.

코네티컷 주 뉴헤이븐에서

Robert Shiller

: 더 늦기 전에 중국을 다시 보아야 한다

박한진

KOTRA 타이베이무역관장

"같은 강물에 발을 두 번 담글 수 없다."

고대 그리스 철학자 헤라클레이토스는 만물이 끊임없이 변한다고
했다. 이 말은 우리에게 익숙한 고사성어 각주구검(刻舟求劍)과 통한다.
칼이 강물에 빠지자 뱃전에 표시했다가 나중에 칼을 찾으려 한다는 뜻
이다. 세상 변화를 모르는 데 대한 경종이다. 20세기의 대표적인 석학
대니얼 벨(Daniel Bell)은 "모든 것이 변하는데 단 한 가지 변하지 않는 것
은 변하지 않는 것은 없다는 사실"이라는 명언을 남겼다. 변화는 동서
고금의 진리다.

우리가 중국을 제대로 들여다보아야 하는 이유는 간단하다. 스스로
변한 중국이 세계를 딴 세상으로 만들고 있기 때문이다. 상하이 증시
불안에 글로벌 증시가 요동친다. 세계 시장을 주무르는 중국의 큰손에
여러 나라 경제가 왔다 갔다 한다. 중국이 팔면 싸지고 사면 비싸진다.

사지 않으면 발을 동동 구르는 나라가 숱하다. 경제 성장이 자유민주주의를 가져올 것이라는 서방의 관측은 보란 듯이 빗나갔다. 서구 경제학 이론으로는 도저히 중국을 해석할 수 없다. 경제학 교과서를 다시 써야 할 판이다. 실제로 중국엔 그런 책들이 있다. 중국 서점에 가보면 『동방경제학』과 『동방경영학』이란 장르가 있다. 이런 책을 펼쳐보면 논어·맹자의 철학에서 시작해 마르크스·레닌과 마오쩌둥, 덩샤오핑의 이론과 관점을 거쳐 어느새 서방경제학과의 접목이 이루어지고 있다. 커지고 강해지고 독특하게 변한 중국이다.

변하고 있는 중국을 보는 우리의 모습은 어떤가? 중국을 보는 시각이 늘 양 극단을 오간다. 차이나 드림과 차이나 쇼크가 어지럽게 뒤섞여 방향을 잃은 모습이다. 경제 수치에 따라 기대감과 위기감이 교차한다. 국내총생산(GDP) 증가율에 대한 집착이 대표적인 경우다. GDP 수치에 중국도 집착했고 우리도 집착했다. 다른 한편에서 부동산·부채 거품 우려에 경착륙 걱정도 끊이지 않는다.

하지만 눈앞의 현상이 아닌 변화의 관점에서 본다면 다른 판단이 가능해진다. 중국경제는 거대한 스모 선수와 같다. 양적인 팽창, 즉 몸집 불리기에 몰두한 탓이다. 수출 드라이브와 돈을 쏟아붓는 재정정책이 총동원됐다. 품질보다는 가격, 효율보다는 실적이 우선시됐다. 그렇게 30여 년이 지나 국가경제는 커졌지만 공급과잉 문제가 불거졌다. 자기는 물론 세계가 쓰고도 남을 정도로 넘쳐난다. 자원, 환경, 에너지 등 성장 부작용도 만만찮다. 먹기만 하고 운동을 하지 않아 몸이 굳고 성인병이 생겼다. 여기서 중국은 질적 성장으로의 변화를 선택했다. 적게 먹고 돈 잔치 덜 하고 운동도 해서 날렵한 몸매를 만들겠다는 의도다. 오랜 기간 잘못된 습관을 바꾸려니 몸이 야위고(성장률 저하) 어지럽기도(증시 불안)할 것이다. 하지만 중국 스스로 변화의 길을 선택했다는 데 대해선 높은 점수를 주어야 할 것이다.

더 늦기 전에 중국을 다시 보자. 앞으로 해야 할 일보다는 이제 하지 말아야 할 일들에 주목하자. '막연히 중국이 G2, G1이라는 생각'(종합국력에서 미국처럼 되려면 갈 길이 멀다), '중국이 변했다고 하면 커진 것, 줄어든 것에만 집착하는 경향'(양적 변화보다 질적 변화, 방식의 변화가 핵심이다), '중국발 퍼펙트 스톰(초대형 위기)이 온다는 생각'(중국 지도자들은 무엇이 문제인지 잘 알고 있다. 동서양의 처방을 아우른 정책 조합도 가능하다), '13억 대박시장이라는 생각'(빈부격차가 워낙 크고 위협적인 경쟁자들이 넘쳐난다), '중국 문제없다 파(派)와 중국 문제많다 파(派)로 나뉘어 갑론을박하기(판단에 앞서 팩트부터 제대로 파악해야 한다). '휴리스틱(heuristic)과 차이나 드렁크(China drunk) 현상'도 경계하자. 휴리스틱은 복잡한 변화 속에서 자신의 경험에만 의존하는 어림짐작이다. 차이나 드렁크는 과거나 현실에 쉽게 취해 버리거나 한눈에 거대 중국을 재단하려는 경향이다. 하지 말아야 할 일만 하지 않아도 중국은 더 잘 보일 것이다.

나는 중국 관찰자이다. 중국, 대만, 홍콩, 일본, 미국, 영국 등 전 세계의 중국 정보를 하루도 거르지 않고 체크한다. 그런 생활을 20여 년 계속하다 보니 시야가 트이고 신중한 판단을 할 수 있게 됐다. 그 덕분에 중국에서 출간된 경제금융서적을 가장 많이 감수하거나 추천한 사람이 되는 행운을 얻었다. 이 책『예고된 버블』도 출간 전인 지난해 말 주닝 교수가 영국『파이낸셜타임스』에 기고한 글을 통해 저자의 시각을 이미 접할 수 있었다.

예고된 버블

중국경제의 향방을 둘러싼 논쟁은 언제나 뜨겁다. 낙관론자들은 끊임없이 생겨나는 새로운 시장수요가 리스크 요인을 상쇄하고도 남음이 있다고 자신한다. 비관론자들은 증시와 부동산 등 자산시장의 거품이 터지고 곧 '퍼펙트 스톰'이 올 것이라고 우려한다. 낙관론과 비관론의 논쟁은 해묵은 논란거리 하나를 떠올린다. '중국의 급성장이 우리에게 기회냐, 위기냐'는 것이다. 기회론은 중국경제가 발전하면 우리의 시장이 커질 것이라는 기대감에 주목하는 '13억 시장론'이다. 위기론은 중국기업이 강해지면 세계시장에서 우리를 제칠 것이라는 걱정에 무게를 두는 '샌드위치론'이다. 낙관론과 비관론 사이를 오가게 되면 우산 장사와 짚신 장사를 둔 어머니 마음처럼 중국이 잘 돼도 불안하고 못 돼도 걱정이다.

중국은 한쪽을 누르면 다른 한쪽이 튀어 오르는 풍선처럼 하나의 문제를 해결하면 또 다른 문제가 불거져 나오는 풍선효과(balloon effect)를 겪고 있다. 앞으로도 한 동안 그럴 것이다. 그렇다면 중국의 정책 대응은 '성장이냐, 긴축이냐'처럼 어느 한쪽으로 쏠리기보다는 '파인튜닝(fine tuning, 미세조정)' 내지는 '폴리시 믹스(policy mix, 정책조합)'가 될 것이다. 급격한 경기 변동을 억제하며 성장과 안정이라는 복수의 정책목표를 동시에 이루기 위해 재정정책과 통화정책을 상황에 따라 수시로 적용할 것이다. 중국을 보는 우리의 시각도 좀 차분해져야 한다. 그런 의미에서 이 책만큼 좋은 안내서는 없다. 공무원, 기업인, 학자 등 누구나 보아야 할 책이다. 감수자로서 독자들께 꼭 강조하고 싶은 부분이 있다. 저자는 책머리부터 끝까지 중국경제에 대해 쓴소리를 멈추지 않는데, 결코 정부에 비판을 하려는 게 아니라는 것이다. 저자가 이 책을 쓴 목적은 중국에 스마트 성장 해법을 제시하는 데 있다.

이 책을 읽은 독자들은 새로운 판단을 할 수 있게 될 것이다. "10%를 넘나들던 중국의 GDP는 훌륭한 성적표였지만 다른 한편으로 위험천만한 돈 잔치였다." "2008년 글로벌 금융위기 처방인 4조 위안 프로젝트는 중국판 헬리콥터 벤(벤 버냉키가 FRB 이사로 있을 때 헬리콥터로 공중에서 돈을 뿌려서라도 경기를 부양하겠다고 한데서 유래한 말)이 되어 2010년대 이후 극심한 유동성 과잉을 불러왔다." "세계가 쓰고도 남는 중국의 엄청난 공급과잉은 해소되기까지 갈 길이 멀다" … 이런 판단들만 새롭게 해도 중국은 다시 보일 것이다.

"발견을 위한 진정한 여행은 새로운 땅을 찾아 떠나는 것이 아니라 새로운 눈으로 세상을 바라보는 것이다."

프랑스 대문호 마르셀 프루스트의 혜안을 빌어 중국과 중국 경제를 다시 보자.

2016년 4월

양안(兩岸)의 한쪽, 타이베이에서

박한진

: 어떻게 거품 붕괴를 막을 것인가

거품은 경제학 분야에서 연구 역사가 가장 길면서도 학계가 공통된 인식에 이르지 못한 영역일 것이다. 지난 수십 년 동안 눈부신 성장을 이룩한 중국경제 역시 여전히 이해 불가한 부분이 많다.

값싼 노동력을 바탕으로 한 중국경제는 지난 30년 동안 기업가 정신을 북돋우는 한편 막대한 자본을 투입하면서 세계가 놀랄 정도의 경제 기적을 이뤄냈다. 이러한 경이적인 경제성장으로 중국인의 생활수준이 급격히 향상됐을 뿐 아니라 세계무대에서 중국의 정치, 경제, 군사적인 영향력이 한층 커졌다.

2008년 세계금융위기 이후 중국경제는 인건비 상승, 투자수익률 하락, 환경파괴, 천연자원 감소 등의 악재와 함께 사상 유례가 없는 심각한 위기 상황에 직면해 있다.

나는 2014년 초부터 이 책을 집필하였고 중국정부의 '암묵적 보증'

이라는 관점에서 중국경제를 분석해보려 했다. 나는 지난 30년 동안 이룩한 경이적 경제성장의 가장 큰 원동력이었던 정부의 암묵적 보증이 현재 중국이 당면한 숱한 문제의 근본적인 원인이라고 생각한다. 암묵적 보증은 다양한 형태로 나타나고 있으며 이러한 현상에 도사린 위험요소를 상세히 분석하여 장기적으로 지속가능한 고품질 성장에 도움이 되는 해법을 제공하고자 한다.

최근 몇 년간 경제성장세가 주춤하고 기업의 수익률이 하락하는 상황에서 정부, 기업, 가계 등 주요 경제주체 모두의 부채 수준이 높아졌다. 중국의 과도한 부채 문제에 전 세계 정부와 기업, 학자 그리고 투자자의 이목이 쏠려 있다.

부채금융은 상대적으로 금융비용이 적게 들고 금융절차도 쉽다는 이점이 있고 단기적으로는 기업, 더 나아가 국가경제의 성장을 이끄는 데 도움이 된다. 그러나 디폴트나 파산의 위험이 있고 기업이나 국가의 명성에 해가 될 가능성이 있기 때문에 부채금융에 함부로 손을 뻗는 것은 삼가야 한다. 20여 년 전 한때 세계 1위 경제국이었던 일본이 '잃어버린 수십 년'을 한탄하는 신세가 된 것도 따지고 보면 일본이 경기대호황을 누렸던 1970년대와 1980년대에 기업과 가계의 부채 수준이 과도하게 높았던 것에 그 원인이 있다.

일본과 마찬가지로 중국도 은행이 금융권을 지배하고 있다. 중국의 채권시장은 일본과 비교해서도 그렇고 같은 중국 내 주식시장과 비교해서도 발달이 덜 된 상태이나 최근 '채권과 유사한' 형태의 금융상품이 많이 개발된 상황이다. 신탁상품, 자산관리상품(WMP, Wealth Management Products, 우리나라의 실적배당형 상품과 유사한 상품으로 그림자금융을 구성하는 대표적인 상품이다-역주), 이른바 인터넷 플랫폼에서 판매하는 각종 금융상품의 급속한 성장세를 보면 금융시장이 크게 발달한 미국 등 선진국의 고정수익상품이 연상된다.

서구사회의 고정수익상품과 달리 중국에서 거래되는 이른바 '채권과 유사한' 금융상품에는 채권 인수업자와 감독당국 그리고 최종적으로는 중앙정부의 암묵적 보증이 깔렸다고 봐야 한다. 금융기관은 자사의 명성에 흠집이 나지 않게 처신하려고 하고, 감독당국의 관료는 출세길에 지장이 초래되지 않게 하려 하고, 중앙정부는 사회적 안정만 신경쓰는 한, 대다수 투자자들은 각종 금융상품에 내포한 위험요소를 이들 기관이 알아서 관리해줄 것이리라 믿는다.

한편 투자자는 그러한 금융상품이 고수익을 보장하는지에 관심이 있으며 항상 더 높은 수익을 약속하는 상품을 찾아다니는 경향이 있다. 주택시장, 주식시장, 그림자금융시장 그리고 신흥 부문인 인터넷금융시장에 이르기까지 전체 투자시장에 만연한 투기성 투자열풍의 주범은 바로 '앞면이 나오면 내가 이기고 뒷면이 나오면 네가 진다'는 막무가내식 사고방식이다. 궁극적으로 투자자의 이러한 의식이 비현실적 수준으로 자산가격을 끌어올리면서 거품경기를 만들어내게 된다.

더 우려스러운 부분은 최근 몇 년 동안 지방정부와 지방정부 융자플랫폼(LGFV, Local Government Financing Vehicle)이 암묵적 보증을 토대로 신탁상품이나 WMP 형태의 부동산 관련 금융상품 혹은 토지매각에 크게 의존하여 자본을 조달하고 있다는 것이다. 본래 위험 수준이 높은 고수익 금융상품이 금융혁신 덕분에 '안전한' 투자종목으로 위장하는 데 성공했다.

중국 투자자는 이러한 금융상품의 가치를 떠받치는 암묵적 보증에 익숙해질 대로 익숙해졌다. 따라서 고위험 금융상품에 수반되는 위험은 정부가 부담해야 할 몫이라 믿고 위험 수준은 나 몰라라 한 채 겁도 없이 그러한 상품에 마구 투자한다.

이러한 상품에서 정부의 암묵적 보증이 제거된다거나 정부가 더 이상 할 수 없게 되면 중국의 그림자금융권, 투자자가 누려왔던 고수익 혜택, 국유기업과 지방정부 융자플랫폼이 의존하는 저비용 자본 등등 이 모든 것이 심각한 타격을 입으면서 중국의 경제성장 전망과 성장모델전환에 먹구름이 드리우게 된다.

더 나아가 경제성장둔화, 거의 전 부문에 걸친 생산력과잉 현상, 국유기업과 지방정부의 부채증가, 대다수 투자 부문에서의 과도한 변동성 등 현재 중국경제가 직면한 문제들은 사실상 최근 몇 년간 중국 투자자가 과도하게 위험을 부담하며 무분별한 투자에 나선 것에 근본적인 원인이 있다 하겠다. 어떤 의미에서 보면 현재 중국경제가 겪는 어려움은 지난 몇 년간 암묵적 보증이 키운 거품이 마침내 꺼지면서 생긴 결과물이다.

애초에 정부는 경제성장을 지원한다는 목적에서 암묵적 보증을 제공한 것이고 이것이 단기간에 고속성장을 만들어냈다. 그러나 또 한편으로는 기업과 투자자가 무분별하게 위험을 감수하며 그 위험을 정부 혹은 전체 사회에 전가하는 한편 수익과 위험, 단기적 목표와 장기적 목표 간의 균형을 유지하는 데 실패하는 결과를 낳았다. 중소기업이 대출받기 어려운 환경, 산업이 아닌 투기와 투자에 집중되는 자본, 부풀었다 꺼지는 수많은 작은 거품 등 현 중국 금융계에서 드러난 수많은 딜레마는 사실 중국경제 전체 더 나아가 어떤 의미에서는 세계경제 전체에 만연한 '예고된 거품' 현상의 극히 일부에 불과하다.

경제성장의 속도는 개혁 추진, 생활수준 향상, 중국의 국제적 위상 강화 등의 목표를 달성하는 데 여전히 중요하다. 3중 전회(2013년 11월 개최된 중국공산당 제18기 중앙위원회 3차 전체회의-역주)에서 천명한 '자원배분은 시장의 손에 맡긴다'는 의미는 투자자가 이제는 자신이 내린 투자결정의 위험을 스스로 부담해야 하고 또 정부는 그동안 제공했던 다양한 형태의 암묵적 보증은 점차 거둬들이겠다는 뜻이다.

투자자가 명시적 혹은 묵시적 보증에 기대지 않고 투자결정에 따른 위험을 스스로 책임질 때 경제성장속도와 투자수익에 대해 합리적인 기대를 할 수 있을 것이다. 그러나 시장이 자원과 자본의 배분을 효과적으로 관리·감독할 수 있기까지는 이마저도 요원하다.

'암묵적 보증이 만든 거품'에 대한 기대감이 형성되고 이러한 기대가 더욱 강화된다면 투기성 투자와 자원 및 자본의 잘못된 분배가 심화되는 결과를 낳을 뿐이다. 시장이 자원분배 과정에서 결정적인 역할을 하기를 진정으로 바란다면 정부의 암묵적 보증은 사라져야만 한다.

국가와 시장의 경계가 분명해지고 위험과 수익의 상충관계 그리고 현재와 미래의 균형유지 부분에 대한 이해가 높아진다면 생산력과잉, 과도한 부채, 국유기업의 실적 하락, 사영기업(私營企業)의 융자난, 금융위기 등의 제 문제들도 차차 해결될 것이다.

朱宁 *Zhu Ning*

차례

제1장

중국 초유의
디폴트 사태

진실은 부정할 수 없다. 설사 악의가 진실을 공격하고
무지가 이를 비방할지라도 진실은 결국 진실이다.

-윈스턴 처칠

2014년 1월, 중청신탁회사가 발행한 신탁상품이 부도 위기에 몰렸다. 1월 31일이 만기인 이 금융상품은, 한때 잘나가던 한 석탄회사의 대출채권을 기초로 발행됐으나 극심한 자금난 때문에 투자수익은커녕 원금상환도 불투명한 상태였다.

산시전푸에너지그룹은 중청신탁회사와 중국공상은행[ICBC, 중국의 4대 국유상업은행 중 하나. 미국 경영전문지 「포브스」에 따르면 중국 4대 은행인 중국공상은행과 중국건설은행(CCB), 중국은행(BOC), 중국농업은행(ABG)의 총 시장가치는 8,800억 달러(약 1,007조 6,000억 원)에 달한다. 중국공상은행은 텐센트, 차이나모바일, 알리바바에 이어 중국 4위의 브랜드가치(343억 달러, 한화 39조 7,639억 원)를 지닌다.]을 통해 30억 위안(약 5억 달러)을 융통했으나 자금난으로 말미암아 이자와 원금상환이 어렵게 됐다. 애초에 산시전푸는 석탄가격상승을 기대하며 자사의 생산력을 늘리고자 대출을 받은 것이었다. 그런데 미 연준에서 양적완화 축소를 선언한 데다 석탄가격이 폭락하자 석탄생산을 중단할 수밖에 없었고 그로 인해 회사는 극심한 자금압박에 시달리게 됐다.[1]

가관인 것은 산시전푸의 사주(社主)가 디폴트(채무불이행) 위기가 임박한 상황에서도 딸의 결혼비용으로 1억 위안이 넘는 돈을 쓰는 등 물색없는 행동으로 물의를 빚었다는 사실이다.

투자자들은 중청신탁회사가 "자사는 해당 금융상품의 판매 통로일 뿐"이라고 주장한 부분에 특히 주목했다. 이 상품의 보유자이면서 보증사이기도 한 중국공상은행(산시 지점)은 중국에서 가장 큰 은행이며 자산과 수익 차원에서만 보면 세계적으로도 최대 은행군에 속하는 금융기관이다.

중국공상은행은 이 상품의 원금과 이자상환은 자사의 책임이 아니며 이 부분에 대해 어떠한 책임도 지지 않겠다는 뜻을 분명히 밝혔다. 이 사건은 세간의 큰 관심을 불러 일으켰다. 과거에는 은행과 신탁회사 혹은 그림자금융권(투자은행, 헤지펀드, 사모펀드 등과 같이 은행과 비슷한 역할을 하지만 중앙은행의 감독과 규제를 받지 않는 금융기관 혹은 그러한 기관에서 제공하는 금융상품-역주) 간의 협력적 공생관계가 매우 돈독했다. 또 이러한 협력관계에 균열이 생길 때 어떤 일이 벌어질지 그 누구도 예상할 수 없었기에 사람들의 이목이 집중될 수밖에 없었다.[2]

그러나 디폴트에 대해 호들갑이다 싶을 정도로 예민한 반응을 보이는 서구사회와 달리 중국은 예상 외로 평온한 듯했다. 중국에서는 투자자도 그렇고 법조인도 그렇고 적어도 겉으로는 느긋해 보였다. 중국인들이 디폴트에 대해 이처럼 침착한 반응을 보이는 것은 중국사회의 근간인 도교나 유교사상만으로는 설명되지 않는다. 대주(貸主)와 차주(借主) 모두 느긋해 보이는 이유가 무엇인지 알려면 이번 디폴트 위기만이 아니라 중국의 경제 및 금융체계 전반에 대해 제대로 이해해야 한다.

신탁상품안내서와 판매계약서에 관련 당사자의 상대적 책임 부분이 상세히 명시된 것과는 별개로, 이 상품의 양 당사자가 보인 태도는 중국의 그림자금융계 전체에 흥미로운 선례를 남겼다. 그림자금융에는 고수익 신탁상품을 비롯하여 최근 몇 년 동안 급성장한 자산관리상품이 포함된다. 사실 중소기업대출은 물론이고 중증 생산력과잉 상태에 놓인 기업, 과도한 부채를 진 지방정부, 지방정부의 자금조달원 역할을 하는 지방정부 융자플랫폼 등에 대한 투자의 상당 부분을 이들 그림자금융권이 떠맡고 있었다.

예를 들어, 중청신탁회사와 중국공상은행은 고객들에게 산시전푸 관련 채권을 판매하면서 연 9.5~11.5%의 수익을 약속했다. 연간 최고 12~18%의 고수익을 내는데 안전하기까지 하다는 인식이 퍼지면서 이 상품은 투자자들 사이에서 큰 인기를 끌었다. 여기에 투자한 사람들은 상품안내서에 원금이 보장되지 않는다는 조항이 명시돼 있는데도 별로 개의치 않았다. 상품발행 및 판매에 관여한 신탁회사와 관련 은행들은 자사의 평판이나 명성에 흠집이 생기는 것을 우려하니, 어떻게든 그 상품의 안전을 보장하리라고 철석같이 믿어버린다.

이와 같은 '암묵적 보증에 대한 기대'는 이미 중국경제 전반에 팽배해 있다. 이는 문제를 더욱 심각하게 만들고 있다. 부동산투자자나 주식투자자들도, 사회안정을 최우선하는 정부가 시위나 소요사태를 피하기 위해서라도 디폴트와 같은 위기에 닥쳤을 때 손 놓고 구경만 하고 있을 리는 없다고 생각한다.

　한편 시멘트, 철강, 태양광 분야 기업에 대한 무분별한 투자로 생산력과잉 사태가 빚어졌고 이것이 생산자가격의 하락요인으로 작용하면서 중국경제의 발목을 잡기 시작했다. 이처럼 무모한 투자가 단행될 수 있었던 이유는 중청신탁회사와 중국공상은행이 발매한 것과 비슷한 금융상품을 통해 쉽게 자금을 조달할 수 있었기 때문이다. 여차하면 정부가 나서서 구제해줄 것이라는 믿음 또한 바탕에 깔려 있었다. 산시[山西] 성이 전푸에너지에 생산재개를 허가한 사건이나, 장시[江西] 성이 태양광 업체인 사이웨이에 구제금융을 제공한 것을 보고, 투자자들은 위기상황이 발생하면 정부가 나서줄 것이라는 믿음을 학습한 것이다.[3]

　그나마 다행인 것은, 중앙정부와 감독당국 모두가 암묵적 보증의 크기와 비중이 어느 정도인지, 그리고 이것이 대다수 지방정부의 재무건전성에 어떤 영향을 미치는지 깨닫게 됐다는 점이다. 2013년 말, 중국 감사기관이 진행한 감사에 의하면 18조 위안(같은 기간 중국 GDP의 약 40% 수준)이나 되는 엄청난 부채의 70%가 단 3년여 동안에 증가했다. 수치 자체도 어마어마하지만 부채증가속도와 수입원감소속도도 만만치 않아 지방정부의 재무건전성을 우려하는 목소리가 높아졌다.[4]

　지방정부가 이렇게 엄청난 부채를 지게 된 원인도 따지고 보면 신탁회사와 은행이 투자자에게 판매하는 그림자금융상품에서 비롯된 측면이 크다. 재무건전성이 낮은 불량상품이 '안전'상품으로 위장된 채 판매되고, 투자자들은 고수익보장이라는 미끼에 현혹되어 고위험상품을 덥석 물었던 것이다.

　　　　　　　　　　　　　　　　　　　　　　예고된 버블

어떤 의미에서 이 신탁상품은 2007~2008년 세계금융위기 이전에 서구에서 통용된 부채담보부증권(Collateralized Debt Obligation, CDO, 금융기관이 보유한 대출채권이나 회사채 등을 한데 묶어 유동화한 신용파생상품-역주)과 비슷하며 이러한 상품 대부분이 최근 몇 년 동안 엄청나게 증가했다. 시티그룹의 CEO였던 척 프린스(Chuck Prince)가 했던 말을 상기할 필요가 있다.

"음악이 멈추면 유동성 차원의 문제가 심각해질 것이다. 그러나 음악이 계속되는 한 일어나서 춤을 춰야만 한다. 그리고 우리는 아직도 춤추고 있다."

: 주택시장의 문제

2014년 9월, 다양한 부동산개발계획을 설명 및 실연(實演)하는 판매센터 몇 곳이 백주에 파괴되는 사태가 벌어졌다. 소란을 일으킨 사람들은 체포 위험에도 아랑곳하지 않았다.[5]

알고 보니 그들은 그 판매센터에서 안내한 부동산개발계획에 따라 아파트를 구입한 사람들이었다. 그런데 아파트를 구입하자마자 개발업체가 매매가격을 10~30%나 인하하겠다고 결정해 난동이 일어난 것이다.

2014년에는 부동산경기침체로 불만이 쌓인 주택구입자들의 여론이 들끓었다. 거친 항의가 전부 폭력사태로 비화하지는 않았지만 이 같은 항의는 앞으로도 계속될 것이다. 구조적으로 그럴 수밖에 없다.

수년 전 주택시장경기가 둔화되었을 때도 중국 전역에서 이와 비슷한 상황이 있었다.[6,7] 주택을 구입하자마자 업체가 가격을 할인해 판매하겠다고 결정하는 바람에 앉은 자리에서 금전적 손실을 보게 된 주택구입자들이 판매담당자들을 인질로 잡고 손실보상을 요구하는 극단적인 상황도 벌어졌다.

다양한 형태로 여기저기서 항의사태가 벌어지는 동안, 시위대로 변한 주택구입자들은 개발업체가 비싼 가격에 주택을 판매한 것은 부당하다고 주장했다. 따라서 손실보상을 요구하는 것은 정당하다는 논리였다. 개발업체가 주택이 완공되기도 전에 가격을 20~30%나 할인했다고 주장하는 사람도 있었다.

예를 들어, 항저우의 한 주택건설업체는 제곱미터당 1만 8,000위안에 주택을 판매했는데 몇 개월 후 제곱미터당 1만 5,000위안으로 가격을 내렸다. 이 때문에 먼저 주택을 산 사람은 앉은 자리에서 15% 이상 손실을 보게 됐다.[8] 손실규모는 최소 10만 위안에서 최대 100만 위안이었다. 중국 주택구입자들의 평균구매가격을 기준으로 보면 실로 엄청난 손실이었다.

가격할인이 선언되기 몇 달 혹은 몇 주 전에 주택을 구입한 사람들 중 대다수는 개발업체가 앞으로 주택가격이 더 할인되는 일은 없다고 했다며, 이런 거짓말로 주택을 판매한 행위는 사기와 다름없다고 주장했다.

사실 시장조정기에 해당하는 2008년, 2011년, 2014년에는 몇 개월 동안 주택가격에 변화가 없었는데, 일부 부동산개발업체가 판매촉진을 위해 새 아파트를 몇 달 전보다 싸게 판매하거나 구입자들에게 더 나은 유인책을 제공했다. 당시에 주택을 산 사람들은 전보다 훨씬 나은 조건으로 집을 마련했다며 만족해했는데 주택구입계약을 마치고 나서 얼마 못 가 금전적 손실이 발생했다.

반면 개발업체는 개발업체대로 자신들도 손실을 봤다고 생각하기 때문에 처음에는 주택구입자들의 주장을 받아들이려 하지 않았다.[9] 주택시장이 하락기에 접어들자 5년 내에 집을 되팔 경우 20~40% 높은 가격으로 환매하겠다고 약속하는 업체도 있었다.

과거에는 이러한 전략이 효과가 있었다. 그러나 2014년 당시 부동산 시장전망이 불투명한 상태에서 환매가격을 그렇게 높게 책정하는 것은 아무래도 불안했기에 이후로는 그러한 약속을 하지 않았다. 이에 따라 개발업체는 '계약서에 명시한 사항이 아닌 한 주택을 판매할 때 했던 모든 약속은 시장 상황에 따라 달라질 수 있는 부분'이라고 주장했다.[10]

투자에 따른 위험을 분명하게 인식하지 못하고 투자전망에 대해서도 너무 안일하게 대하는 태도는 전 세계 어느 투자자나 마찬가지다. 당연히 중국도 예외는 아니다. 한 가지 차이점이라면 중국정부와 부동산개발업체가 대처하는 방식이다.

중국은 이러한 문제가 발생할 경우, 지방정부가 개입하여 분쟁의 중재자로 나선다. 이때 지방정부는 개발업체에게 주택구입자의 손실을 보상해주든지 이들이 만족할 만한 추가혜택을 제공하라고 권유하여 구입자들의 마음을 달래려고 한다. 어쨌거나 지방정부는 주택구입자들의 불만이 대규모 시위사태로 번지는 것을 원치 않기 때문이다. 대중시위는 중국정부가 추구하는 조화(調和)와 화합(和合)에 역행하는 행동이며 더 나은 미래를 만드는 데 전혀 도움이 되지 않는다고 생각한다.

정부와 끈끈한 밀착관계를 유지해야 하는 부동산개발업체로서는 이러한 권유를 무시할 수 없다. 따라서 차액을 보상해주거나 추가혜택을 제공하는 것으로 분쟁을 마무리 짓는다. 하지만 부동산개발업체가 이렇게 아량(?)을 베풀었다고 해서 주택구입자들이 무조건 고마워하는 건 아니다. 경기가 좋을 때 개발업체들이 떼돈을 벌었으니 지금은 그중 일부를 내놓을 때가 아니겠느냐는 것이다.

그러나 더 중요한 건 이것이다. 불만을 품은 주택구입자들이 거세게 항의하는 상황에서 대중시위를 우려한 지방정부가 개입하게 되고 결국 개발업체가 양보하는 선에서 분쟁이 해결되는 일이 반복되자 이에 대한 기대감이 시장에 만연하게 되었다. 적어도 부동산 투자자들 사이에서는 주택을 사면 손해 볼 일이 없다는 믿음이 확고해졌다. 다른 것은 몰라도 부동산에 투자하면 혹시 무슨 일이 생기더라도 개발업체와 정부가 나서서 문제를 해결해줄 테니 말이다.

높은 주택가격과 중국경제 부문 전반에서 확인되는 거품 기미는, 중국정부와 부동산개발업체의 암묵적 보증을 바탕으로 한 이러한 믿음에서 비롯된 것이다.

중국에서는 일단 사람들이 모이면 늘 이런 식의 대화가 오간다. 기업인들의 만찬 자리에서는 어디에 투자해야 하느냐는 이야기가 화제가 된다. 친구들끼리 모인 자리에서는 요즘은 부동산가격이 너무 높아서 예전처럼 큰 재미를 보지 못한다는 이야기가 오간다.

"지난 10년 동안 어디에 투자했을 때가 가장 좋았지?"

"부동산에 투자해서 손해를 본 사람이 있었던가?"

"부동산투자로 재미를 보는 시대는 이제 정말 끝난 걸까?"

예고된 버블

이렇게 하나하나 따지다 보면 어느 새 다들 지난 10년 동안 가장 수익률이 좋았고 가장 안전했던 투자종목이 바로 부동산이었다는 사실에 고개를 끄덕이게 된다. 처음 생각과는 다소 달라 보이는 이 의외의 결론에 따라 사람들은 역시 부동산만한 것이 없다는 생각에 또다시 아파트를 사러 간다.

중국에서 부동산은 지난 10년 동안 매우 안정적인 투자종목이었다. 그래서 2008년 이전에 집을 산 사람은 큰돈을 벌었고 2012년 이전에 부동산에 투자한 사람도 쏠쏠한 재미를 봤다.

중국의 부동산시장이 하락이나 조정을 겪지 않았던 것은 아니다. 2000년 이후 일시적 하락을 포함한 시장하락을 수도 없이 겪었다. 시장조정의 원인은 대부분 국내 주택가격 안정을 위한 정부의 규제정책 때문이었다. 그 외에도 2004년 사스, 2005년 조류인플루엔자 그리고 2008년 세계금융위기와 같은 예기치 못한 사건들이 터지자 시장가격이 떨어지기도 했다.

다른 국가의 부동산투자자와는 달리 중국의 투자자들은 주택가격에 대한 확고한 믿음을 바탕으로 부동산투자에 대해 변함없는 열정과 기대감을 품고 있다.

처음에 정부가 주택가격 안정화를 위한 조치를 취하겠다고 선언하자 주택구입자들은 걱정이 이만저만이 아니었다. 그러나 이러한 공염불이 수차례 거듭되는 동안 정부가 주택가격이 하락하게 내버려두지 않으리라는 믿음만 더 커진 셈이었다.

2014년을 기점으로 이러한 상황에 변화가 생겼다. 정부가 지난 3년 동안 제몫을 다한 규제정책의 빗장을 풀자 투자자들의 기대감도 부활

했다. 그러나 여느 때처럼 주택가격이 반등하리라는 기대와 달리 가격도 안정되고 매매도 활기를 띠지 않자 투자자들은 매우 당황했다. 부동산시장에 대한 기대감이 정말 완전히 사라져버린 것일까?

: 주식시장의 문제

부동산은 중국경제에서 매우 중요하다. 그러나 지난 10년간 부동산가격의 꾸준한 상승에서 비롯된 이 같은 항의사태를 암묵적 보증의 일반적 사례로 보기는 어렵다.

　주식시장을 살펴보면 양상이 좀 다르다. 중국 A주 시장[A주(A share)는 상하이와 선전 증시에 상장된 중국 내국인 전용 주식으로 위안화로 거래된다. 외국인은 QFII 자격을 가진 기관투자가만 참여할 수 있다.-역주]에는 1억 명 이상의 투자자가 있는데, 이 시장에서는 암묵적 보증에 근거한 항의사태가 보다 빈번하게 나타난다.

　머디워터스(공매도 전문투자기관인 리서치업체-역주)의 카슨 블록(Carson Block)은 2011년에 토론토증권거래소에 상장한 중국기업 시노포리스트(Sino-Forest, 자한임업국제유한공사)가 회계부정을 통해 '수십억 달러 규모의 폰지 사기(Ponzi Scheme, 간단히 말해 고수익을 약속하고 뒷사람에게 투자받은 돈을 앞사람에게 지급하는 사기 방식-역주)'를 저질렀다는 의혹을 제기하여 일약 세계적인 명사로 떠올랐다.[11] 블록이 이러한 내용의 조사보고서를 발표하자 시노포리스트의 주가는 80%나 폭락했다. 이 때문에 이 회사의 지분을 보유한 세계적인 투자자 존 폴슨(John Paulson)은 보유지분 전부를 처분하면서

7억 2,000만 달러의 손실을 봤다.[12]

이후 2년 동안 머디워터스를 위시한 몇몇 공매도 전문업체는 포커스미디어(Focus Media, 미국증시에 상장했던 중국 IT 기반 미디어 기업)와 엔큐모바일(NQ Mobile) 등 중국기업 수십여 곳을 상대로 이와 비슷한 의혹을 제기했다. 이 때문에 몇몇 기업은 주가가 폭락했고 결국은 상장이 폐지되는 사태까지 갔다.

나스닥(NASDAQ)에 상장된 중국기업에 대해 이런 식의 공매도가 이어지자 중국 내에서 큰 논란이 일어났다. 이러한 공매도는 중국을 표적으로 한 것이며 이를 중국기업과 중국경제를 위협하는 도구로 사용하려는 사람도 있었다. 또 어떤 이는 거의 모든 금융위기의 원흉이 공매도라고 주장하면서 이 같은 행태를 비난하고 나섰다.[13]

인터넷상에서는 머디워터스와 같은 공매도 기관 때문에 피해를 입은 중국의 투자자와 상장사가 이들 기관을 상대로 소송을 제기해야 한다고 주장하는 사람이 있는가 하면 한술 더 떠 중국의 투자자와 상장사가 함께 미국증권거래위원회(SEC)에 제소해야 한다는 사람도 있었다.

이러한 중국 내 반응이 외국인들에게는 다소 극단적이며 충격적으로 비칠지 모르겠다. 그러나 중국 내 투자자들을 무조건 비난만 할 일은 아니다. 2007년에 중국의 A주 시장에 공매도가 도입된 이후에도 공매도가 매우 제한돼 있었다. 요컨대 증시에 공매도가 도입되고 나서도 중국의 금융감독당국과 투자자들은 다른 지역 투자자들에 비해 공매도를 벽안시하는 경향이 강했다.

중국에서는 가격이 상승하는 것은 좋은 신호고 가격이 하락하는 것은 불길한 신호라는 인식이 깊이 뿌리박혀 있다. 같은 맥락에서 중국정부, 특히 중국증권감독관리위원회(CSRC, China Securities Regulatory Commission, 이하 증감위)가 시장상승을 유지해줄 것이고 또 그렇게 할 수 있다는 부분에 대한 믿음이 매우 강하다.

비일비재한 탄원

투자자들의 잘못된 믿음은 중국증시의 '파수꾼'인 증감위의 사명에 그대로 반영돼 있다. 중국 국무원은 증감위가 '중국의 자본시장(장기자금이 조달·공급되는 시장으로 장기금융시장이라고도 한다-역주)을 육성하는 일에 매진해야' 한다고 천명했다.[14]

그 결과 투자자들은 정부, 구체적으로 말해 증감위가 시장이 하락하도록 내버려두지 않을 것이라고 굳게 믿는다. 시장하락으로 투자자들에게 손실이 발생하면 자본시장의 발전과 사회적 화합을 통한 대동사회(大同社會) 건설의 꿈도 요원해진다는 것이 그 이유일 것이다. 중국정부의 이 같은 암묵적 보증 덕분에 2005~2007년의 초강세장에서 시장변동을 경험했던 수많은 투자자가 주식시장으로 몰려들었다.

부분적으로 2007~2008년 세계금융위기로 촉발된 하락장세로 말미암아 A주 시장은 세계증시 사상 최악의 시장대폭락을 경험했다. 당시 6,100까지 찍었던 주가지수가 2,000 밑으로 하락했다. 수많은 투자자가 증감위와 국무원 앞으로 탄원서를 보내 정부가 나서서 투자자보호 차원에서 주가상승을 위한 조치를 취해달라고 요구했다.[15,16]

익히 짐작할 수 있듯이 투자자보호를 요구하고 나선 사람들 대다수는 주가가 고점을 찍었을 때 주식을 샀고 2010년대가 된 지금까지도 당시의 손실을 메우지 못하고 있다. 흥미로운 점은 이 같은 탄원이 이

예고된 버블

례적인 일이 아니라는 사실이다. 수많은 투자자가 시장하락으로 손실을 볼 때마다 증감위에 매달리는 일이 비일비재했다.[17,18]

투자자보호?

부동산시장에서와 마찬가지로 주가가 급상승할 때는 이런 식의 불만이나 항의가 나오지 않는다. 주가상승 덕분에 단기간에 고수익을 얻은 기쁨에 도취하여 그러한 고속상승장에 도사리고 있는 위험요소는 안중에도 없다.

다른 곳과 달리 중국은 상황이 특이하다. 증감위는 시장을 유지하는 것이 자신들의 사명이라고 생각하며 설사 시장개혁의 주요 흐름에 어긋나는 한이 있어도 주가하락이 일어나지 않도록 필요한 조치를 해야 한다고 여긴다.[19] 빈말이 아니라 정말로 그렇게 생각한다.

증감위가 공매도 관행을 비롯하여 지수선물이나 미국 재무부채권 선물과 같은 공매도 관련 파생금융상품을 중국 주식시장에 도입하는 데 시간이 그렇게 오래 걸린 것도 바로 이 때문이라고 보는 시각이 있다. 공매도 등과 관련한 온갖 악재가 시장붕괴로 이어지는 것을 방지하는 일이 바로 증감위의 역할이라고 보기 때문이다.

더 나아가 기업공개(Initial Public Offering, 이하 IPO, 기업에서 자금조달을 원활히 하고, 재무구조를 개선하고, 국민의 기업참여가 활발하게 이루어지게 하고, 국민경제가 발전할 수 있도록 기여하기 위해서 자사의 주식이나 경영의 내용을 공개하는 것-역주)의 요건을 엄격히 정한 것도 '불량주식'을 사는 바람에 큰 손실을 보는 일이 없도록 투자자를 보호하기 위해서라고 주장한다. 이러한 사고방식 때문에 IPO 과정에서 무수한 조작과 사기가 발생하고 결국은 선량한 투자자들이 더 큰 피해를 입는 일이 발생한다.

그러므로 투자자보호는 IPO가 적시에 공정하게 이루어졌는지 또 개인투자자가 기관투자와 상장사에게 이용당하지 않았는지 확인하는 선에 그쳐야 한다.

인위적으로 새로운 보호조항이나 가격상한제와 같은 주가통제 방법으로 투자자를 보호하려 하면 주가왜곡 과정만 더욱 복잡해질 뿐이다. 이보다 더 심각한 사실은 정부나 감독당국이 시장을 지탱하고 투자자를 보호하려 한다는 사실을 투자자들(특히 개인투자자들)이 일단 알고 나면 교활(?)하게도 그러한 사실을 몰랐을 때보다 훨씬 더 큰 위험을 감수하려 한다는 것이다.[20] 중국은 어떠한 유형의 도박도 일절금지하고 있기 때문에 사행 욕구가 강한 사람들은 주식시장으로 눈을 돌리는 경향이 있다. 그래서 투기 광풍이 더 커질 수 있다.

중국 소비자금융에 대한 조사결과에 따르면 중국 가구 가운데 정부가 씌워준 투자자보호막 덕분에 준비도 없이 섣불리 투자에 나섰다가 낭패를 보는 경우가 많다고 한다. 전체 가구의 8%가 A주에 투자했는데(A주에 투자된 금융자산은 전체 금융자산의 15%) 이 가운데 지난 5년간 투자수익을 올렸다고 보고한 가구는 20%에 불과하다.[21]

이는 다시 말해 A주에 투자한 가구의 80%는 차라리 그 돈을 은행계좌에 넣거나 현금으로 보유하는 편이 더 나았을 것이라는 뜻이다.[22] 중국 가구가 보유한 전체 금융자산 가운데 75% 이상이 은행예금과 현금이다. 이는 A주 시장에 대해 관심도 없고 신뢰하지도 않는 중국인들이 매우 많다는 의미도 된다.[23]

감독당국의 섣부른 보호정책 때문에 투자자들은 특별한 기술이나 훈련이 없어도 얼마든지 투자에 나설 수 있다는 식의 잘못된 인식을 갖게 됐다. 같은 조사에서 주식투자자의 절반 이상이 대학졸업자가 아니라는 결과도 나왔다. 감독당국이 주도한 투자자보호 정책이 한 일이라고는 투자에 관한 지식과 정보가 없는 사람들로 하여금 과도하게 위험을 감수하게 하여 투기를 조장한 것밖에 없다.[24]

：절대로 파산하지 않는 국유기업

2014년 1월에 중청신탁이 발행한 금융상품이 디폴트 위기에 몰린 데 이어 연초에 이와 비슷한 일이 또 벌어졌다. 이번에는 상하이차오르사의 채권이 그 주인공이었다.

만기일을 지키지 못한 상하이차오르사의 채권은 중국 금융역사상 최초로 디폴트를 선언한 채권이 됐다. 발행사인 상하이차오르 디폴트에 몰리기까지 3년 연속으로 손실을 기록하고 있었다. 2013 회계연도에는 전 회계연도 대비 회사수익이 66.3%나 감소했고 선전증권거래소의 상장규칙에 따라 상장폐지 위기에 몰렸다. 이러한 악재 속에서 서구 투자자들은 상하이차오르가 조만간 파산보호 신청을 하리라 내다봤다.

그러나 중국 투자자들의 생각은 달랐다. 중국사회에서는 파산이 익숙한 사건이 아니었고 너무도 낯선 개념이었다. 사실 중국에서는 파산 자체가 금기시됐다. 관료와 기업인 하다못해 학자들까지 파산을 불명예스러운 것으로 치부하여 무슨 수를 써서라도 파산만은 피하려 했다.

이러한 배경 때문에 중국에서는 여간해서 파산을 신청하지 않는다. 따라서 중국과 비교하면 면적이 아주 작은 국가인 네덜란드나 벨기에보다도 연간 파산 신청 건수가 적었다.[25,26]

그렇다고 과도한 부채로 골머리를 앓는 기업이 없다는 말은 아니다. 오히려 기업부채 문제가 아주 심각하다. 그 단적인 예가 차오르의 디폴트 사태다. 2013년 보아오 포럼(Boao Forum for Asia, 아시아의 다보스포럼으로도 불리며 아시아 국가 간의 교류와 협력을 통한 경제발전을 목적으로 창설된 비정부·비영리 민간기구-역주)에서 중국인민은행 총재 저우샤오촨[周小川]이 중국기업의 레버리지 비율(부채의존도)이 '너무 높다'는 사실을 인정할 정도로 중국기업의 부채 문제는 매우 심각한 수준이었다.

인민은행 통계에 따르면 2012년에 비금융기업의 레버리지 비율은 106%였고 2013년에는 110%로 증가했다. 이는 독일 49%, 미국 72%, 일본 99%보다 훨씬 높은 수준이다. 그리고 경제발전단계나 사회구조상 비슷한 특성을 지닌 다른 아시아 국가보다도 높은 편이다.[27,28]

재정부 자료에 따르면[29] 국유기업의 총자산은 91조 1,000억 달러고 총부채는 59조 3,000억 달러로, 레버리지 비율은 65%가 된다. 이는 민간 부문의 레버리지 비율보다 훨씬 높은 수준이다.[30]

중국 상장사에 관한 세부자료를 살펴보면 중국경제의 전(全) 부문이 모두 높은 레버리지 비율을 보이는 것은 아니라는 사실을 알 수 있다. 실제로 석유, 석탄, 철강, 건설 장비 등과 같은 중공업 부문에서 레버리지 비율이 급속히 높아진 것은 사실이다. 그리고 중공업 부문에 속한 기업 대부분이 국유기업이다. 은행대출과 채권발행에 관한 통계자료를 보면 기업부채의 80% 이상이 국유기업에 집중돼 있으며 이 책을

예고된 버블

쓰는 동안에도 이러한 추세에 변화가 없었다.

그런데 기업부채 문제가 이렇게 심각한데도 중국의 투자자들은 왜 그렇게 천하태평일까? 이 의문에 대한 해답은 역시 비금융 부문으로까지 확대된 정부의 암묵적 보증에서 찾을 수 있다.

레버리지 부분에 크게 신경 쓰는 사영기업과 달리 정부기관이자 기업이라는 이중적 역할을 하는 국유기업은 국무원 국유자산감독관리위원회(State-owned Assets Supervision and Administration Commission of the State Council, SASAC, 이하 국자위)의 관리지침을 토대로 '더 크고 더 강한' 조직이 돼버렸다.[31] 국유은행과 마찬가지로 국유기업 역시 정부의 암묵적 보증에 의존하고 있다. 종국에는 국유은행의 부실채권이 되고 말 국유기업의 악성부채 전부를 정부가 떠안아 주리라 기대하는 것이다.

: 과잉생산! 과잉생산!

과도한 차입투자와 출구전략 부재의 직접적인 결과물이 바로 과잉생산력이다. 생산력에 관한 공식통계자료를 근거로 사람들은 중국기업의 과잉생산력에 우려를 표했다. 국가통계국에 따르면 철강, 콘크리트, 전해 알루미늄, 평판 디스플레이용 유리, 조선 산업 등의 가동률은 각각 72%, 73.7%, 71.9%, 73.1%, 75%로서 세계평균보다 훨씬 낮은 수준이다. 결과적으로 중국은 전 산업 부문에 걸쳐 최소한 30% 정도의 과잉생산력을 보이는 셈이다.

현재도 이러한 상태인데 앞으로 신규투자가 계속되면 생산력과잉이 더욱 심화하리라 우려하는 사람들이 많다.[32] 특정산업 부문에서 생산력과잉 문제가 심각해지자 중국 당국도 석탄화학, 철강, 시멘트, 다결정 실리콘, 풍력 터빈, 평판 디스플레이용 유리, 조선, 전해 알루미늄, 대두 압착 산업 등에 대한 신규투자를 금지하기 시작했다.[33]

이러한 과잉생산력은 중국경제 전반에 심각한 영향을 미친다. 우선 수많은 산업 부문에서 생산력이 갑자기 증대되면 경쟁이 치열해지고 기업의 이익은 급격히 감소한다. 예를 들어, 2010년에 태양광 산업의 매출총이익률은 약 30%였다. 그러나 이 업계의 생산력이 급격히 증가하고 제 살 깎아먹기 식의 가격경쟁이 치열해지면서 2011년에는 매출이익률이 10%로 하락했다. 해외상장사는 상황이 더 심각하여 매출이익률이 1%대로 하락했다.[34]

상황이 이런데도 지난 10년 동안 자산가치 상승과 시장잠재력 확대에 길들여진 중국기업은 차입을 통한 급성장의 단맛에 여전히 도취되어 있었다. 몸집을 키우면 정부의 관심과 지원을 더 많이 받을 수 있었고 재정난에 처했을 때는 은행과 차입 논의를 할 때 협상력이 증대되는 효과가 있었다. 기업인들은 지역경제의 활성화와 고용증대를 위해서라도 지방정부가 나서서 악성부채를 처리해줄 것이라 믿었다. 부채에 관한 한 이처럼 안일한 생각에 빠져 있었기 때문에 기업인은 너나 할 것 없이 재정건전성 부분은 안중에도 없이 마치 내일이 없는 것처럼 다투어 돈을 빌렸다.

기업의 채산성 악화는 곧바로 이들 기업에 대출해준 은행의 자산건전성과 투자수익에 직접적인 영향을 미친다. 예를 들어, 태양광 산업계는 5년 연속 100% 이상의 연평균 성장률을 기록했고 주요 은행치고 이들 기업에 여신을 제공해주지 않은 곳이 거의 없었다.[35] 그러다가 태양광 기업 대다수가 손실을 내기 시작하자 앞서 말했던 차오르채권의 경우처럼 이들 기업이 발행한 채권에 투자하거나 대출을 해준 은행들 역시 초조해지기 시작했다.

특정산업에 대한 투자가 실패로 끝나면 앞으로는 당연히 그 부문에 대한 투자를 꺼리게 된다. 따라서 해당 산업은 성장이 저해되고 은행과 투자자로부터 신뢰를 잃는다. 그러므로 과잉투자와 고속성장이 단기적으로는 적절해 보여도 결과적으로는 이것이 앞으로의 투자와 성장을 저해하는 요소로 작용할 수 있다.

물론 국유기업 부채와 정부 간에는 더 밀접하고 더 직접적인 개입 요소가 작용하고 있다. 국유기업의 부채가 급증한 것은 지방정부의 GDP성장경쟁과 무관하지 않다. 지방정부관료는 GDP성장률로 자신의 실적을 평가받기 때문에 지방정부로서는 관할지역의 경제성장률을 높이기 위해 '차입을 통한 성장'이라는 가장 빠르고 손쉬운 방법을 사용하는 것이 어찌 보면 당연한 선택이었을지 모른다. 지방정부가 지역 내 기업의 투자촉진을 위해 충분한 유인책과 암묵적 보증을 제공하는한, 기업들은(대부분 국유기업) 자기 사업의 규모를 늘리는 한편 지방정부 관료의 입맛을 맞춰주는 일석이조의 효과를 누릴 수 있다.

고속성장의 채찍은 지방정부만이 아니라 중앙정부도 같이 휘둘렀다. 중앙정부는 지난 20년간 경기하락세를 벗어나지 못하자 경기순환에 대응한다는 차원에서 경기역행적 팽창정책에 눈을 돌렸다. 이때 국유은행을 포함한 국유기업은 정부가 투자기반 성장모델을 밀어붙일 수 있는 가장 효과적인 통로가 됐다.

2008년 세계금융위기 당시 거의 모든 국가가, 건전성이 결여된 높은 레버리지와 무분별한 차입으로 재정난에 처한 사영기업을 살리고자 대규모 구제금융을 제공했다. 그러나 중국은 좀 달랐다. 경기부양을 위해 4조 위안을 쏟아붓기는 했으나 이때라고 해서 정부의 지원 규모가 특별히 더 증가하지는 않았다는 점에서 그렇다. 어떻게 된 일일까? 이유는 간단하다. 중국은 사영기업이 아닌 국유기업에 돈을 쏟아부었던 것이다. 중앙 국유기업(국자위 산하)과 지방정부(지방정부 융자플랫폼과 지방 국유기업을 통해)에 정부지원금이 몰렸다는 의미다.[36]

：국유기업의 문제

국유기업의 부채 증가와 대다수 기업의 생산력과잉 문제는 '연성예산 제약(Soft Budget Constraint, 기업의 수익과 손실과는 무관한 지원을 의미함-역주)'에 근본 적 원인이 있다. 이 연성예산제약은 대다수 국유기업과 특히 소비에트 연방에 속했던 사회주의국가의 국유기업에 공통된 고질병이었다.

국유기업은 한편으로 인프라, 사회복지, 교육, 국채 등의 공적 서비스를 제공하는 것을 비롯하여 정부의 책임을 어느 정도 분담하고 있다. 그러면서도 다른 한편으로는 정부와의 밀착관계를 통해 많은 혜택을 누리고 있다.

예를 들어, 대다수 국유기업, 특히 국자위 산하 국유기업은 저금리로 은행대출을 받는 혜택을 누린다. 달리 말하자면, 정부가 국유기업의 부채와 금융비용 일부를 떠안는 셈이다. 물론 국유기업이 재정난에 처했을 때 정부가 정부 예산으로 국유기업을 구제해주는 것은 말할 것도 없다.

그 단적인 예가 지방정부 융자플랫폼이다. 중국의 지방정부는 직접 자금조달을 할 수 없게 돼 있기 때문에 별도로 융자플랫폼을 설립하여 자금조달 임무를 맡긴 것이다. 이 기관은 명시적 보증, 금융지원, 상환에 대한 지방정부의 암묵적 보증을 기초로 탄생했다. 중국 상장사의 총부채 가운데 국유기업과 지방정부 융자플랫폼의 부채가 90%를 차지한다. 지방정부 융자플랫폼 부채 거의 전부와 국유기업 부채 일부는 해당 지방정부로 흘러들어간다.[37]

뿐만 아니라 독점시장 진출 기회, 핵심 사업에 대한 법적 보증, 정부조달, 세금환급, 재정충당 등 다양한 형태의 정부지원이 국유기업의 생존 더 나아가 성공을 뒷받침한다.[38]

그러나 오늘날 중국의 국유기업이 누리는 좀 더 직접적인 혜택은 바로 금융억압(financial repression, 정부가 금융시장에 개입하여 시장을 왜곡하고 억압하는 것-역주)을 통한 자본조달이다. 중국정부는 국유기업 혹은 특정 부문 국유기업에 대출을 해주도록 은행을 설득하거나 더 나아가 이를 명령할 수 있다. 국유기업은 금융억압을 통해 손쉽게 저리자금을 이용하여 번영을 누린다. 또 신용할당(credit rationing, '선별금융'이라고도 함) 때문에 인위적으로 시중자금이 경색되기도 한다. 이런 상황이 되면 자본을 확보할 수 있는 쪽이 큰 이득을 본다. 즉 쉽게 자본을 조달할 수 있는 쪽은 규제를 받는 은행과 규제를 받지 않는 자유로운 신용시장 사이에서 발생하는 차익으로 쉽게 큰돈을 벌 수 있다.

국유기업은 직접 은행에서 저리로 대출받을 수 있기 때문에 수많은 국유기업이 은행에서 빌린 돈을 다른 곳에 빌려주고 이익금을 챙긴다. 국유기업이 사영기업과 중소기업에 대출해준 돈에서 연 10%의 수익이 발생하기도 한다. 이는 국유기업이 본연의 사업을 운영했을 때의 영업이익률을 훨씬 웃도는 수준이다.

국유기업은 영업실적이나 재정상태가 어찌 되든 이러한 자금흐름에 문제가 없으리라 확신하기 때문에 차입을 통해 정부의 입맛을 맞춰주는 일을 멈추려 하지 않는다. 또 은행은 은행대로 정부의 보증을 믿고 국유기업에 아낌없이 대출을 해준다. 이 대출금 가운데 일부는 이전 대출금을 상환하는 데 쓰이기도 한다. 이러한 끈끈한 공생관계 때문에 국유기업이 시장예측과는 완전히 다른 행보를 보일 수 있었던 것이다.[39]

국유기업이 재정난에 처하면 이러한 정부의 보증 및 지원이 빛을 발한다. 정부는 경우에 따라 암묵적 보증을 명시적 보증으로 전환하고 국가재정수입을 지방 국유기업의 대출채권을 보증하는 데 사용한다.[40] 또 필요하다고 판단될 때는 해당기업의 단기적 재무실적 호조를 위해 정부령을 발동하기도 한다. 과거 정부에 도움을 줬던 기업에 대해 보상차원에서 지방세를 감면해주거나 보조금을 지원할 때도 있다.

요컨대 정부 보증 덕분에 국유기업은 대출금리라든가 대출가능성 따위를 걱정할 필요가 없고 은행은 부실대출을 걱정하지 않아도 된다. 실제로 국유기업은 은행에서 직접 대출받지 못하는 사영기업에 재대출을 해주기도 한다.

정부의 지원을 등에 업은 국유기업이 자사에 부과되는 대출금리와 사영기업의 대출금리에서 발생하는 차액을 정부와 공유한다는 차원에

예고된 버블

서 보면 누이 좋고 매부 좋은 일이다. 너무 완벽해서 실감이 나지 않을 정도로 말이다. 어쨌거나 저금리정책과 인플레이션 상황에서 실질대출금리는 제로에 근접하고 있다. 이에 따라 국유기업은 금융자산 투자에 열을 올리고 있고 이러한 행위는 자산가격상승과 투자수익으로 이어진다.

전술한 정부의 보증과 연성예산 접근법은 중국기업의 과도한 부채 문제를 해결하는 데 효과적일 수도 있다. 또 중국의 가계, 정부, 규제를 받는 금융 부문의 저축률이 높다는 사실을 고려하면 국유기업과 국유은행이 협력하여 과도한 부채 문제를 해결할 시간과 여지가 아직은 있다고 본다.

정부의 보증은 민간 부문과 공공 부문이 이에 따른 위험을 나눠 가진다는 점에서 양날의 검에 비견된다. 사실 이와 같은 민관 협력의 성공 사례가 적지 않으며 금융위기 시에는 특히 그렇다. 그러나 이러한 성공에는 과도한 위험감수와 더 큰 금융위기의 가능성이 도사리고 있다.

경제학의 일반이론과 기업재무이론에는 부채한도 개념이 나온다. 중국의 경우 국유기업과 정부 간의 경계가 모호하여 국유기업, 특히 국자위 산하 기업처럼 정부와 밀착된 국유기업의 부채한도가 분명치 않은데, 이는 다음과 같은 매우 중요한 의문으로 이어진다. 중국정부는 과연 과도한 부채 문제를 해결할 수 있을 것인가? (이 부분은 제9장에서 다룰 것이다.)

: 모든 신용의 모태, 정부에게 디폴트란 없다

신탁상품, 부동산, 주식, 국유기업 등에는 한 가지 공통점이 있다. 모두 엄청난 의구심과 비관론이 난무하는 가운데 살아남았고 그 어느 때보다 강해졌다는 점이다.

그러나 정부부채규모와 비교하면 암묵적 보증의 문제는 빙산의 일각으로 보인다. 2009년의 대대적인 경기부양책 이후 지방정부는 경제부흥을 위해 엄청난 부채를 떠안았다. 문제가 워낙 심각한지라 여기에 세계의 이목이 집중됐다.

2013년 말에 중국의 감사기관이 지방정부부채에 대해 철저한 감사를 단행한 것도 이 문제에 대한 국내외적인 관심과 우려에서 비롯된 측면이 있다. 감사 결과 지방정부의 총부채규모는 18조 위안에 이르렀으며 이는 많은 이의 예상치를 훨씬 웃도는 수준이었다.[41]

부채규모 자체도 엄청나지만 이보다 더 놀라운 것은 부채의 증가속도다. 지방정부부채는 단 3년 만에 70% 이상 불어났다. 이러한 추세라면 2020년이면 지방정부의 부채규모가 50조 위안에 이를 수도 있다. 50조 위안이면 2013년 중국의 전체 GDP에 해당하는 규모다.[42]

또한 단 몇 년 만에 대출수단의 다각화가 이루어졌다는 부분도 놀랍기는 마찬가지다. 지방정부의 부채 대부분이 새로운 수단과 새로운 보증하에 생성되기 때문에 총부채규모를 정확히 알아내기가 더 어려워졌다. 그리고 총부채 가운데 지방정부가 명시한 '직접적 부채'와 금융위기가 생겼을 때 지방정부의 '부채로 인정될 부분'의 경계도 모호해졌다.

그 결과 사람들은 감사기관의 감사결과가 과연 정확한 것인지 의심하게 되었다. 이들은 감사기관이 내놓은 정부부채규모는 어쩌면 최저 수치일지도 모른다고 생각한다. 게다가 2011년 이후 시행된 부동산규제정책으로 토지판매수익증가율이 급격히 감소했다. 토지판매수익은 대다수 지방정부의 주 수입원이었다. 2012년에 부동산시장의 추세 반전이 일어나면서 지방정부의 토지판매수익 규모는 2조 6,900억 위안이 됐다. 이는 2011년의 3억 1,500억 위안에서 14.6% 감소한 것이다.

더구나 주식시장의 향후 동향이 불투명한 상태라 지방정부의 재정 상태가 호전될지도 여전히 불확실하다. 중국 주택가격의 절대수치는 대다수 개발도상국보다 높다. 또 주택수익비율(임대료 대비 주택가격 비율)과 소득 대비 주택가격비율로 보면 중국 주택가격이 세계최고 수준이다. 이런 상황에서 지방정부가 높은 가격에 토지를 경매처분하여 재정수입을 획기적으로 증대시킬 수 있을지 불투명하다.

：상호의존

지구촌에 있는 모든 국가의 경제가 서로 연결돼 있듯이 중국경제 또한 세계경제에 통합되는 양상을 보이고 있다. 세계화가 가속화하는 추세에 발맞춰 한 국가의 경제를 구성하는 다양한 요소들 간의 연결 관계도 훨씬 긴밀해졌다.

중국의 암묵적 보증 문제 역시 예외는 아니다.

투자자들은 정부의 암묵적 보증이라는 든든한 보호막 속에서 위험 수준이 높든 말든 아랑곳하지 않은 채 정부가 투자수익을 보장해줄 것이므로 손해 볼 일은 없으리라는 근거 없는 믿음을 바탕으로 금융시장, 부동산시장, 주식시장을 종횡무진하며 위험도가 높은 투자상품에 엄청난 돈을 쏟아부었다.

이러한 얼토당토않은 믿음 때문에 중국 가계와 기업은 위험자산에 대한 이해도 없이 합리적인 수준을 넘어서는 위험을 겁도 없이 감수하면서 그림자금융시장, 부동산시장, 주식시장에서 수익을 올리는 상황이 연출됐다.

금융시장의 자본은 돈이 가장 급하면서 상환 의지가 가장 강한 경제 주체의 주머니로 들어간다. 지방정부, 부동산개발업체, 이미 생산력 과잉 상태에 있는 기업 등이 여기에 포함된다.

신도시 건설을 위한 인프라 구축에 착수하거나 자금을 더 끌어와야 하는 지방정부는 금융시장의 적극적 참여자로 나서게 된다. 지역경제의 성장률을 1% 포인트라도 더 끌어올려야 하는 지방정부로서는 자금조달에 적극적일 수밖에 없을 것이다. 부동산개발업체로서는 토지 매입자금이 필요하다. 나중에 경기가 회복되고 주택가격이 상승할 때 큰돈을 벌려면 지방정부로부터 토지를 더 매입해두어야 한다. 생산력 과잉 상태에 빠진 기업으로서는 조업을 계속하자면 자금이 필요하다. 다른 기업을 경쟁 대열에서 밀어내려고 안달하는 경쟁자들과 가격전쟁을 치르려면 돈을 더 많이 빌리는 수밖에 없다. 이런 이유 외에 단순히 이전에 빌린 돈을 갚아야 하기 때문에 돈이 필요할 수도 있다.

동기나 이유가 어찌됐든 간에 정부의 암묵적 보증 덕분에 투자자들은 필요한 자본을 확보할 수 있었고 이것이 아니었다면 중국의 경제기적은 불가능했을지 모른다.

예고된 버블

그러나 아무리 좋은 것이라도 영원할 수는 없듯이 중국정부의 암묵적 보증에도 한계는 있다. 부동산가격은 수년간 계속 상승세였지만 그 시장을 바라보는 투자자들 사이에서도 언젠가는 시장 조정기가 도래하지 않겠느냐는 의견이 적지 않았다.

　흥미롭게도 부동산시장은 생산력과잉 문제의 전형적 사례가 돼버렸다. 주요 산업 부문에서 생산력과잉이 50~100% 수준에 이르는 상황에서 이 같은 차입성장모델이 언제까지 유지될지 불분명하다.

　전술한 바와 같이 중국의 경제성장속도는 정부의 재정건전성과 신뢰도에 지대한 영향을 미쳤다. 그리고 정부의 재정건전성과 신뢰도는 암묵적 보증의 품질을 좌우한다.

　경제성장이 주춤하자 중앙정부의 재정수입도 감소세를 나타냈다. 정부가 교육, 보건의료, 연금제와 같은 사회복지 부문의 쇄신에 힘을 쏟던 시기에 공교롭게도 경제 상황이 나빠진 탓에 이보다 더 나쁠 수는 없다는 한탄이 절로 나오는 것이다.

　토지판매가 주 수입원이었던 지방정부는 부동산시장이 얼어붙고 투자자가 부담해야 하는 금융비용이 증가한 상황에서 엄청난 위기감을 느끼지 않을 수 없었다. 상황이 이러하자 투자자들은 지방정부를 지원하려는 중앙정부의 의지와 능력에 의구심을 품게 됐다.

　토지를 더 높은 가격에 팔 수 없게 된 지방정부는 경기부양책을 추진하는 데 필요한 자원을 마련하기는커녕 수지 균형을 맞추기도 어려워졌다.

　중앙 및 지방정부의 이 같은 암묵적 보증과 경기부양책을 기대하지 못하는 상황에서는 중국경제가 지난 10년 동안 보여준 것과 같은 성장속도를 유지하리라 기대하기는 어렵다. 경제성장이 뒷받침되지 않으면 정부의 암묵적 보증도 그 힘을 잃기 시작한다. 그러면서 중국경제 또한 후퇴기로 들어서게 된다.

여러 가지 면에서 중국정부의 암묵적 보증은 지난 10년간 중국이 이룩한 경제 기적의 핵심동력이었다. 과거에는 경제성장의 원동력이었을지 몰라도 경기순환 주기의 전환과 개혁이 화두가 되는 시점에서는 이것이 중국경제의 성장을 가로막는 위험요소로 바뀔 수 있다.

⠂ 이 책의 개요

필자는 이 책을 통해 다음과 같은 주제를 중심으로 흥미롭기도 하고 한편 우려스럽기도 한 중국경제의 현재와 미래를 진지하게 살펴보고자 한다. 정부의 암묵적 보증이 어떻게 지난 10년 동안의 경제 기적을 일으켰는가? 암묵적 보증의 출구전략은 있는가? 이것이 중국경제성장의 지속가능성과 정치, 경제, 사회 부문의 개혁에 어떤 영향을 미칠 것인가?

제2장에서는 암묵적 보증의 문제와 중국의 그림자금융권에 관해 살펴볼 것이다. 제3장과 제4장은 중국의 주요 투자채널인 부동산과 주식시장에 초점을 맞춰 정부의 암묵적 보증이 투자수익과 관련한 위험요소를 어떻게 얼마나 왜곡하는지 또 그것이 투자자로 하여금 위험도가 높은 상품에 겁 없이 덤벼들게 하는 데 어떤 영향을 미치는지 살펴볼 것이다.

제5장에서는 최근의 금융혁신과 새로운 금융수단에 관해 상세히 다룰 것이다. 또 그러한 금융혁신이 전통적 금융권에 대한 규제를 어떻게 피해 가는지 살펴보고 이것이 초래하는 위험을 상세히 설명할 것이다.

그리고 제6장에서는 중국의 경제성장모델, 제7장에서는 과잉생산력 문제 그리고 제8장에서는 국유기업의 문제를 다룰 것이다. 이 3개 장을 통해 현 중국경제가 당면한 주요 문제는 정부의 암묵적 보증에서 비롯됐다는 사실이 어느 정도 이해가 될 것이다.

제9장은 모든 신용의 모태라 할 중앙 및 지방정부의 재정건전성과 신뢰도에 초점을 맞춰 정부가 예전처럼 암묵적 보증을 제공할 의지와 능력을 계속 보여줄 수 있는지 살펴볼 것이다. 이 장에서는 특히 암묵적 보증의 출구전략과 그것이 경제 전반에 미치는 영향에 관해 살펴볼 것이다.

암묵적 보증은 말 그대로 '암묵적'이기 때문에 이것이 야기하는 문제가 얼마나 심각한지 확인하기가 쉽지 않다. '모른다는 것을 모르는' 사실이 중국경제의 불확실성과 위험을 가중시킨다. 제10장 '부두(잘못된 원리에 기초한) 통계학'에서는 공식통계의 신뢰도에 관해 다룰 것이다. 공식통계에 잠재한 편향이나 오류 때문에 정부의 정책입안이 잘못된 방향으로 진행될 가능성이 있다. 정부가 자국의 경제현실을 정확히 파악하지 못하면 가장 필요한 부문에서 가장 적절한 시점에 개혁을 이뤄내기 어렵다.

제11장에서는 중국의 금융, 경제성장 방식, 앞으로의 경제 전망 등을 심도 있게 다룰 것이다. 더불어 암묵적 보증 개념이 왜 서구 선진국에서보다 중국에서 더 두드러진 현상이 됐는지 살펴볼 것이다. 그리고

이러한 암묵적 보증이 특히 2007~2009년 세계금융위기 이후 각국의
경제, 정치, 사회 변화에 어떤 영향을 미쳤는지 알아볼 것이다.

마지막 제12장에서는 경제 및 금융개혁을 위해 필요한 제안 혹은
개선방향을 권고하는 것으로 마무리를 지을 것이다. 모쪼록 이러한 노
력이, 중국정부의 암묵적 보증 때문에 생겨난 '시한폭탄'의 뇌관을 제
거하는 데 조금이나마 도움이 되기를 바랄 따름이다.

예고된 버블

제2장

실수가 허용된다
(그림자금융의 문제)

투자자들이 경계해야 할 가장 위험한 말이 있다.
"이번에는 달라!"

-존 템플턴

제1장에서 언급했던 2014년 1월에 발생한 산시전푸의 디폴트 사태는 앞으로 이와 비슷한 일들이 줄줄이 이어질 수 있다는 점을 암시하는 불길한 서막일지도 모른다. 부동산가격하락과 중립적 통화정책(2009~2011년의 초저금리정책과 완전한 대조를 이룸)에서 그림자금융상품에 대한 감독당국의 태도에 변화가 생겼음을 감지하는 사람들이 많았다. 감독당국이 신용 디폴트로 인한 투자자 손실을 외면하고 과거와 달리 이들에게 구원의 손길을 내밀지 않는 쪽으로 방향을 정한다면 앞으로 이번과 같은 디폴트 사태가 계속 이어질 수도 있다.

2013년에 중국은행업감독관리위원회(CBRC)는 그림자금융권의 대출행위를 통제하는 한편 중청신탁이 그랬던 것처럼 국유신탁회사가 '펀드'를 조성하여 비표준화 자산(non-standardized asset, 은행 간 시장이나 주식시장 등 정식 시장에서 거래되지 않는 일종의 부외거래자산을 말하며 위험도가 매우 높음-역주)에 투자하는 행위를 금지하는 내용을 골자로 하는 새로운 정책기준을 마련했다.

신탁회사의 자산 가운데 고수익을 내는 자산 대부분이 이러한 비표준화 자산이다. 신탁회사가 앞으로 투자펀드를 통해 이 같은 고수익 상품에 투자할 수 없게 되면 다른 WMP(자산관리상품, 전통적 은행권이 직접 제공하는 상품)보다 더 높은 수익을 낼 수 없기 때문에 신탁상품의 포트폴리오 크기는 급격히 줄어들 것이다.

이 새로운 정책기준에 따라 신탁회사의 펀드운용도 금지된다. 그동안은 신규 신탁상품을 판매한 대금으로 만기가 도래한 상품의 원금과 이자를 지급할 수 있었다. 각기 다른 여러 상품을 통해 자금을 조달하면서 이 상품을 팔아 저 상품의 구멍을 메우는 식의 이른바 '돌려막기' 신공을 발휘할 수 있었고, 이러한 자금조달 방법은 관행처럼 굳어져 있었다.

새로운 상품을 판매하여 마련한 자금으로 만기상품의 원금을 상환할 수 있는 한, 조달자금과 관리자산(Assets under management, AUM, 펀드, 신탁 등 일정한 계약하에 위탁자의 요구에 따라 운영되는 고객 계정-역주)을 계속해서 불릴 수 있다. 은행 간 자금시장을 통해 비현실적으로 높은 수익을 약속하며 무리하게 자금을 조성하려 한다는 차원에서 보자면 폰지 사기와 다를 바 없다.

2013년 6월과 12월에 발생한 단기 유동성 긴축현상(중국에서는 이를 치앤황[錢荒], 즉 돈가뭄이라고 했다.-역주)은 이전의 기본 가설과 시장의 기대감을 바꾸어 놓았다. 돈가뭄이 극단적인 상황에 달하자 중국의 은행 간 시장단기금리가 단번에 연 30%로 치솟는 현상이 벌어졌다.[1] 일부 전문

예고된 버블

가들은 이 두 번의 돈가뭄 사태는 만기가 도래한 신탁상품과 WMP가 한꺼번에 몰리면서 발생한 것이라고 분석했다.(즉 신용상품을 판매한 신탁회사들이 상품의 만기상환을 위해 은행 간 단기자금시장을 통해 훨씬 높은 금리로 차환해야하는 상황에 내몰리면서 신용경색을 부채질했다고 보는 것이다.-역주)

2014년은 부동산개발프로젝트에 투자하는 데 익숙해져 있던 대다수 신탁회사들의 만기상환 압박감이 최고조에 달했던 시기였다. 주택가격정체와 함께 부동산매매가 주춤한 상태에서 정부가 신탁회사의 자금모집을 통제하겠다고 나오면, 부동산개발업체들이 더 큰 곤경에 처할 것이라 보는 사람들이 많았다. 이렇게 되면 신탁회사의 현금흐름이 더 악화되고 곧 신탁상품의 디폴트로 이어질 것이다. 신탁상품의 디폴트가 줄을 잇는다면 개발업체의 부동산개발에 대한 의지도 능력도 저하될 것이다. 대다수 부동산업계의 현금흐름은 신탁상품에 대한 높은 의존도에 바탕을 두기 때문이다.[2]

∶ 그림자금융의 근원

현재 중국금융은 세계최대 금융권 가운데 하나다. 다른 국가는 거의 주식시장과 채권시장 같은 자본시장이 국가경제에서 중추적 역할을 하는 데 반해 중국은 은행권 혹은 제1금융권이 가계와 기업대출을 거의 전담하다시피하며 국가경제 전체를 이끌었다. 2013년 말, 그림자금융권을 제외한 중국의 은행권은 100조 위안 대의 자산을 자랑하며 명실상부 세계최대 은행권으로 자리매김했다.

중국 은행권의 총자산은 148조 위안으로,[3] 90% 이상이 은행에 몰려 있다(참고로 보험회사의 총자산은 8조 2,800억 위안, 증권회사는 2조 위안, 신탁회사는 3,800억, 뮤추얼펀드회사는 3,700억 위안이다).[4] 그리고 중국공상은행, 중국건설은행, 중국 농업은행, 중국은행 등 중국 4대 국유상업은행은 세계적으로도 최대 규모를 자랑한다.

이렇듯 은행권이 중국경제에서 차지하는 비중은 절대적이다. 이렇 게 막강한 위세를 자랑하는 은행권이 있는데 그림자금융권이라는 또 다른 금융이 굳이 필요할까 싶을 것이다. 그런데도 거대 은행권과 별 개로 그림자금융권이 생겼다. 더 흥미로운 사실은 지난 5년 동안 기존 은행권의 성장속도에는 큰 차이가 없었는데 그림자금융권은 엄청난 속도로 성장했다는 점이다. 중국인민은행 통계에 따르면, 비은행권 융 자규모(약 2조 3,000억 위안)는 2008년 중국 은행대출 총액의 약 10% 수준 이었는데 2013년에는 이 비율이 15%(약 20조 위안)으로 상승했다. 그러나 중국사회과학원은 이 수치가 축소됐을 가능성이 있으며 실제로는 비 은행권 대출 규모가 제1금융권 대출 규모의 5분의 1 수준인 27조 위안 에 이를 것으로 보고 있다.[5]

중국 그림자금융권의 규모는 2007~2008년 세계금융위기 이전의 미 국 그림자금융권을 능가할 뿐 아니라 국제사회의 우려를 낳을 정도로 그 성장속도 또한 엄청나게 빠르다. 중국의 그림자금융권은 한동안 연 20%가 넘는 성장률을 기록하면서 '전통적 은행권 대비 그림자금융권 의 비율'이 세계금융위기 이전 미국의 수준(약 1.2배)에 육박하게 됐다. 이러한 수치는 중국의 그림자금융권이 전체 금융에서 매우 중요한 부 분을 차지하게 됐음을 의미한다.[6]

예고된 버블

그림자금융권이 이렇게 급성장한 이유는 무엇일까? 크게 3가지를 들 수 있다.

1. 금융억압과 실물경제의 자금 가뭄(특히 2009년 4조 위안 경기자극 프로젝트 이후)

경제가 급성장하는 시기에는 기업 간에 자금조달경쟁이 치열해진다. 중국과 같이 선진국에 비해, 그리고 다른 경제 부문에 비해 금융 부문의 발달이 더디고 신용수단이 제한돼 있는 신흥경제국에서는 자금수요의 증가세가 훨씬 두드러진다. 결과적으로 이러한 수요를 충족시키는 데 더 큰 어려움을 느낀다.

이러한 경제환경에서 국가경제의 중심축 역할을 하는 은행은 가능한 한 대출을 많이 해줘야 하는 입장이 된다. 그러나 중국의 중앙은행(인민은행)과 은행업감독관리위원회는 인플레이션 조절과 금융안정을 위해 은행의 연간 신용증가한도를 정해놓았다. 물론 은행으로서는 대출을 많이 해줄수록 수익이 증가하므로 어떻게든 신용한도를 늘리려고 한다.

그러나 2009년에 대대적인 경기부양책이 나오면서 상황이 많이 달라졌다. 이 해에는 경기침체 방지를 이유로 애초 신용한도의 2배에 이를 정도로 국가의 신용규모가 엄청나게 증가했다. 2009년의 신용규모는 2008년의 2배였고 1990년부터 2000년까지의 신용규모를 모두 합친 것을 능가한다. 당연히 이러한 급속한 신용팽창은 2010년과 2011년의 자산가격 급상승과 인플레이션에 직접적인 영향을 미쳤다. 따라서 중앙은행은 인플레이션 억제를 위해 2010년과 2011년의 신용한도를 제한하는 수밖에 없었다.[7,8]

그러나 중국의 속담에도 있듯이 '검소한 생활을 하다 낭비하기는 쉬워도 낭비하다가 검소한 생활로 바뀌기는 어렵다.' 중국은 차입자와 은행 모두가 신용팽창에 이미 익숙해져 있었다. 따라서 투자자들은 너도나도 자금을 융통하여, 앞으로도 저금리 기조와 자산가치 상승이 계속되는 한 손실위험이 매우 큰 상품에 투자하려고 혈안이 돼 있다. 미국의 경제학자 하이먼 민스키(Hyman Minsky)의 말처럼 이러한 투자자는 '폰지 사기성 차입자'에 해당한다. '이들의 투자종목 대부분이 추가투자나 신용팽창이 뒷받침되지 않으면 지속불가능하기' 때문이다.[9]

투자규모가 엄청나게 불어났기 때문에 기존 투자에서 손실을 내지 않으려면 계속해서 자금을 융통하지 않으면 안 되는 상황이 됐다. 은행과 기업 모두 당국의 엄격한 규제하에서는 비은행권 금융기관과 기타 금융수단을 통해 신용수요를 충족시킬 수밖에 없다는 결론에 이르렀다.

다행히 은행과 신탁회사는 2009년 이전부터 돈독한 협력관계를 구축해왔다. 은행들은 주식시장이 강세장을 형성했던 2006년 당시에 이미 신탁회사와 협력하는 방법을 찾아냈다. 즉 은행의 부외거래를 통한 신용창출로 주식시장에 투자하여 단기간에(며칠 혹은 몇 주 만에) 고수익을 올리려는 신탁회사와 손을 잡았던 것이다. 그러나 은행과 신탁회사의 결탁이 본격화한 것은 2009년부터였다.

2009년이 되자 은행이 대출을 많이 해주고 싶어도 기업들은 대출받기가 점점 더 어려워졌다. 유기적 성장을 위한 통상적 자금수요 외에, 기업들이 다투어 신용확보에 열을 올린 이유가 또 있었다. 즉 이들 기업은 경기부양책 덕분에 자산가격이 상승하리라 기대했다. 따라서 자

예고된 버블

산가치의 상승잠재력을 믿고 되도록 대출을 많이 받아서 큰 수익을 내려고 했던 것이다.

2009년에 부동산시장이 급상승하기 시작하자 감독당국은 각 은행에 부동산개발업체에 대한 대출을 축소하라는 지침을 내렸다. 당시 부동산개발업체들은 부동산시장에 대해 여전히 매우 낙관적인 시각을 가지고 새로운 자금융통수단을 열심히 찾고 있었다. 통상적 은행활동으로는 부동산개발업체의 이 같은 신용수요를 충족시키지 못하는 상황이 되자 은행들이 다투어 부외활동에 나서면서 그림자금융이 급증하게 된 것이다.[10]

2. 자본적정성 요건

은행이 당국의 규제요건을 피해 '차익거래'로 수입을 올리려 한 것 또한 신탁회사의 급성장을 비롯하여 기타 비은행권 금융기관과 은행 간 협력관계 형성의 또 다른 동기요소로 작용했다.[11,12]

은행자본규제에 관한 국제협약에 따라 제정된 은행의 '자기자본비율' 규정 역시 은행권의 사세확장을 가로막는 또 하나의 제약요소로 작용했다. 자본적정성 요건, 즉 자기자본비율(통상적으로는 은행권에 적용되며, 현재는 금융위기 이후 바젤III협약의 규제를 받는 기타 금융기관에 적용됨)에 따라 모든 은행은 일정 수준의 자기자본비율을 유지해야 한다.

자본적정성 요건을 정한 가장 큰 이유는 은행의 이익 외에 이에 관련된 모든 이해관계자(주주, 채권보유자, 기타 참여자)의 이익을 보호하기 위함이었다. 금융호황기에는 은행들의 위험부담 수준이 합리적 정도를 훨씬 웃도는 것이 일반적이었다. 따라서 금융불황이 오면 감독당국이나 기타 경제 부문이 은행권 구제에 나설 수밖에 없는 상황이 된다['대마불사(大馬不死, 기업이 정상적인 기준으로는 도산해야 함에도 불구하고 도산 시의 부작용이 너무 커서 구제금융 등을 통해 존치되는 경우를 말한다-역주)'의 문제]. 은행권이 전체 경제에서 차지하는 비중을 고려할 때 정부와 금융감독당국의 눈에는 과도한 수준으로 위험을 부담한 '대마불사' 은행이 나머지 경제를 좀먹는 것으로 비친다.

은행과 금융기관이 '동전의 앞면이 나오면 내가 이기고 뒷면이 나오면 네가 진다(어느 쪽이든 내가 이긴다는 논리)'는 식의 불공정한 의식을 바탕으로 무분별하게 위험을 부담하는 관행이, 2007~2008년 세계금융위기와 그 이전에 발생한 크고 작은 금융위기와 무관하지 않다고 보는 사람들이 많다. 과거의 금융위기에서 교훈을 얻은 전 세계금융감독기관들은 은행의 자기자본비율을 높이려고 했다. 은행을 비롯하여 은행과 유사한 금융기관이 감당할 수 있는 수준을 넘어 위험을 부담하지 못하게 하고 유사시 주주와 채권보유자의 잠재적 손실을 상쇄해줄 준비금을 마련케 하려는 것이 그 목적이었다.

2009년의 경기부양책과 급속한 신용팽창을 발판으로 은행은 저마다 금융자본팽창에 열을 올렸다. 실질금리가 마이너스 상태이고(2010년에는 금리가 명목물가상승률보다 낮을 때가 많았고 과거 10년 동안 금리가 실질물가상승률을 꾸준히 밑돌았다고 생각하는 사람이 많았음) 자산가격상승에 대한 기대감이 높은 상황에서 은행은 자기자본 요구량을 축소하기 위해 부외거래에 몰두했다.

2010년대에 들어서도 주식시장 침체는 여전하고 아직 미발달 단계인 채권시장에서 자본을 조달하기는 어려운 상황인지라 은행들은 부

예고된 버블

외거래방식을 찾는 일에 집중했다. 은행권의 이러한 요구에 발맞춰 그림자금융은 은행이 자기자본을 추가하지 않고도 자본을 팽창할 수 있는 대안을 제공한 것이다.

3. 예대율

은행의 발목을 잡은 또 한 가지 제약은 금융감독당국이 정한 예금 대비 대출비율(loan-to-deposit ratio, 예대율)이었다. 금융감독당국은 유동성 확보를 위해 은행의 예대율을 75%(경제상황에 따라 조정)로 정해놓았다. 예대율이 75%라는 것은 수신 예금이 1달러면 대출가능한 최대 금액이 75센트라는 의미다.

그러므로 은행이 대출규모를 확대하려면 예금을 늘리거나(예대율을 관리해야 하는 분기말과 연말에 은행 간 예금유치 경쟁이 치열해지는 이유가 바로 여기에 있음) 아니면 금융규제 기준상 대출로 간주되지 않는 새로운 대출 방법을 찾는 외에 도리가 없다.

예금금리와 대출금리의 차이가 커지자 거의 모든 은행이 대출을 늘려 더 많은 수익을 창출하려 했다. 그러다보니 너 나 할 것 없이 은행들 모두가 예대율 기준에 걸릴 때까지 대출을 해주는 수준에 이르렀다. 그러다가 이 예대율 제약을 피하는 가장 쉬운 방법은 그림자금융을 통한 부외대출이라는 사실을 알게 됐다.

중국인민은행과 세계 유수 투자은행의 리서치 팀들이 내놓은 조사보고서에 따르면 중국의 은행들은 신탁회사, 증권회사, 보험회사 등과의 협력을 통해 은행 간 예금(예대율을 계산할 때 예금으로 간주되지 않음)을 통상적인 정상예금(예대율을 계산할 때 예금으로 간주됨)으로 전환해왔다고 한다.

그 작용 시스템는 다음과 같다. 은행은 다른 은행이나 기타 금융기관이 은행 간 시장거래를 통해 자행에 맡긴 '은행 간 예금'을 이용하여 다른 금융기관(예: 신탁회사, 증권회사, 보험회사)이 발행한 WMP를 구입한다. 역으로 비은행금융기관은 자사가 발행한 WMP를 은행에 팔고 대금을 다시 그 은행에 예금하여 정상예금으로 만들어주는 것이다. 이러한 거래를 통해 비은행금융기관은 수수료 수입을 쏠쏠히 챙길 수 있고 은행은 비교적 빠르고 손쉽게 자행의 예금을 늘릴 수 있다.

∶ 신탁상품

그림자금융업의 모든 당사자(소규모 대출회사, 증권회사, 자산관리회사, P2P금융회사, 기타 대안적 금융경로) 가운데 가장 먼저 그리고 가장 큰 성공을 거둔 곳은 신탁회사였다. 중국 신탁회사는 투자자에게 WMP라는 고수익 투자상품을 팔아 자금을 조달하고 그 수익금으로 부동산개발업체와 지방정부 그리고 은행이 대출을 꺼리거나 대출을 해주지 않는 이른바 신용도가 낮은 위험한 차입자에게 돈을 빌려주는 비은행대출업자라 할 수 있다.[13]

보스턴컨설팅그룹이 내놓은 '2014년 세계 부 보고서(Global Wealth Report)'에 따르면 2013년 현재, 중국의 백만장자 가구 수는 237만 8,000가구이며 이는 2012년 대비 82%나 증가한 수치라고 한다. 이 보고서는 또 중국 최고 갑부의 금융자산이 2012년과 2013년 사이에 자그마치 49%나 증가한 22조 달러에 달했다고 밝혔다. 특히나 중국 가구의 자

예고된 버블

산증가에 가장 큰 공헌을 한 것은 바로 신탁상품이었다.[14]

신탁회사의 자산이 2008년에 9,000억 위안에서 2013년에 약 9조 위안으로 10배 증가하기까지 약 5년이 걸렸다. 2010년 7월에 은행업감독관리위원회가 은행과 신탁회사의 결탁을 금지한 이후에도 신탁회사 서비스에 대한 수요는 여전했으므로 고수익 신탁상품을 판매하여 계속 사세를 불려나갈 수 있었다.[15]

일부 전문가는 신탁회사가 급성장하면서 금융권에서의 중요성이 커진 것이 2013년 6월의 신용경색에 부분적인 책임이 있다고 주장한다. 신탁회사가 발행한 WMP의 만기일이 한꺼번에 몰리자 현금수요가 과도하게 폭증하면서 은행 간 단기대출금리가 연 30%로 치솟았던 것이다.[16]

은행업감독관리위원회가 은행과 신탁회사의 결탁을 금지했으나 이는 침몰하는 배에 뚫린 수많은 구멍 중 겨우 하나를 메운 것뿐이다. 신탁회사가 몸을 사리는 동안 증권회사와 보험회사 같은 다른 금융기관이 틈새를 비집고 들어왔다. 증권회사와 보험회사도 그림자금융상품을 통해 이 꽃놀이 판에 뛰어들었다. 신탁회사가 꾸준히 성장은 하고 있어도 증권회사와 보험회사와의 경쟁 때문에 이익률은 계속 하락하고 있다는 사실이 사람들 눈에 들어오기 시작했다.[17]

⋮ 위탁대출

전술한 것과 같은 통상적 그림자금융상품에 이어 새로 등장한 것이 바로 위탁대출(은행을 중간에 끼고 기업 간에 직접 이루어지는 대출)이다. 위탁대출은 어느새 중국에서 가장 빠르게 성장하는 그림자금융 가운데 하나가 됐다. 위탁대출 규모는 2012년 1조 2,800억 위안(순수익 4,070억 위안)에서 2013년 3조 8,300억 위안으로 급증했다. 이는 위안화로 표시된 2013년도 신규 은행대출의 29%에 해당하며 단 16%에 그쳤던 2012년에 비해 상당히 높아진 것이다.[18]

2012년과 2013년의 조사자료를 보면 이처럼 급증한 대출자금의 30% 이상이 부동산으로 흘러 들어갔다. 실제로 2013년까지 연 5년 동안 부동산은 은행대출이나 신탁상품보다 위탁대출을 통해 더 많은 자금을 조달했다. 말하자면 위탁대출이 부동산 업계를 먹여 살리는 가장 튼튼한 금융 동아줄 역할을 하게 됐다.[19]

위탁대출은 어디까지나 민간대출(사금융)이기 때문에 당사자 간에 이자라든가 기타 대출조건을 좀 더 융통성 있게 정할 수 있다. 여기서 은행은 직접 자금을 제공하는 것이 아니라 대출을 중개만 하고 수수료를 챙긴다. 그런데 2014년에 부동산가격이 하락하자 한때 연 10% 이상의 고수익을 보장하던 이 매력적인 금융상품에 위험신호가 울리기 시작했다.

몇몇 상장회사는 2014년 분기보고서 및 연차보고서에서 부동산경기침체로 2년 전에 해줬던 위탁대출금을 제때 회수하지 못하는 일이 발생하기 시작했다고 밝혔다. 위탁대출에 대한 손익결과를 보고하는 상장회사가 점점 늘었는데 이는 중국의 수많은 상장회사가 위탁대출사업에 손을 댔다는 반증이었다. 경기가 좋을 때 이들 상장사에 고수익을 안겼던 상품이 이제는 언제 터질지 모르는 시한폭탄으로 변한 것이다.

예고된 버블

일례로 중국 동부 저장[浙江] 성에 소재한 화학회사 저장룽성그룹은 2013년 연차보고서에서 2013년에 위탁대출로 약 2,000만 위안을 벌어들였으며 이는 2012년의 위탁대출 수익보다 77%나 낮은 수준이라고 밝혔다. 또 이 회사는 위탁대출을 통해 수억 위안을 빌렸던 부동산개발업체들이 대출금을 만기에 상환하지 못한 채 만기연장을 요청했다고 보고했다.[20]

이는 비단 저장룽성그룹에 국한된 일은 아니었다. 저장룽성처럼 위탁대출로 벌어들인 수익을 다른 사업 부문에 돌려 사용하던 다른 대기업도 상황은 마찬가지였다. 이른바 '교차 보조'의 '꿀맛'을 보던 기업들이 이제는 교차 보조의 '쓴맛'을 보게 됐다. 요컨대 위탁대출이 수익을 내지 못하자 실적이 좋은 다른 부문에서 그 구멍을 메워야 했다. 그렇지 않으면 부동산경기가 좋아지기 전까지 디폴트와 파산이 계속 이어질지도 모른다.

：변하는 그림자금융

중국 인민은행 통계국 자료를 보면 중국의 그림자금융에는 다양한 금융기관이 제공하는 광범위한 금융상품 및 서비스가 포함돼 있다.

일단 여기에는 부외거래를 통한 상업은행의 WMP, 증권회사가 제공하는 WMP와 기타 자산관리상품이 포함된다. 또 뮤추얼펀드회사, 보험회사, 연금기금, 소규모 대출회사, 비은행금융 리스 회사, 전문 팩토링 회사, 금융지주회사, 전당포, 보증회사, 제3자 지급회사 등이 제공하는 WMP 그리고 기타 규제가 느슨한 다양한 자산관리회사(예: 산업투자펀드, 사모투자펀드, 모험자본펀드)의 상품, 규제를 받지 않는 기업과 개인 간의 대출 등도 여기에 포함된다.[21,22]

이외에도 무역업자가 수입물을 담보로 자금을 융통하고 이 자금을 투자하여 고수익을 올리는 '무역금융' 그리고 사영기업들 사이에서 이루어지는 '신용보증'(이 부분은 제5장에서 다룸) 등 그림자금융의 외연이 계속 확대되고 있고 이러한 현상을 통해 중국 그림자금융의 규모와 영향력이 엄청나게 커졌다는 사실을 확인할 수 있다.

그림자금융의 규제 대상은 크게 3가지 유형으로 나뉜다. 첫째는 '금융업 면허도 없고 금융감독당국의 규제도 받지 않는' 금융중개기관이다. 인터넷금융회사와 독립 자산관리회사가 여기에 해당한다. 둘째는 '금융업 면허는 없고 규제 수준이 낮은' 금융중개기관이다. 보증회사와 소규모 대출회사가 여기에 해당한다. 마지막으로, '금융업 면허는 있으나 규제 수준이 낮은' 금융중개기관이다. MMF(단기투자신탁상품)와 일부 자산관리회사가 여기에 해당한다.[23]

수적으로는 첫 번째와 두 번째 유형이 가장 많다. 그러나 중국 그림자금융의 양적 및 질적 성장에 가장 큰 공헌을 한 것은 세 번째 유형, 즉 금융당국의 규제를 받는 금융기관의 부외거래였다.

신탁회사, 증권회사, 보험회사 등이 그림자금융업의 시동을 걸려면 일단 은행의 협조를 얻어야 한다. 그런데 은행은 은행대로 각종 금융규제를 피해 부외거래를 할 필요성이 점점 높아지면서 신탁회사가 급성장할 기회를 잡았다. 그 결과 한때 미미한 존재감을 보였던 신탁회사가 단 5년 만에(2009~2013년) 은행에 이어 두 번째로 큰 금융기관이 됐다.

신탁회사의 이 같은 성장과 함께 위험 또한 증가했다. 따라서 감독당국은 그림자금융을 향한 규제의 고삐를 늦추지 않았고 새로운 규제의 등장과 더불어 그림자금융권에도 새로운 '선수'가 속속 등장했다. 상업은행과 신탁회사의 결탁에 감독당국의 곱지 않은 시선이 집중되자 은행은 증권회사와 보험회사에 눈을 돌리게 됐다. 따라서 이제는 은행과 증권회사, 은행과 보험회사 간의 결탁이라는 새로운 협력관계가 조성되기에 이르렀다.

일례로 증감위의 엄격한 규제를 받는 증권회사는 통상 투자은행업, 투자자문, 증권거래사업을 전문으로 했고 2010년 이전에는 그림자금융과 별 관계가 없었다. 그러나 은행업감독관리위원회가 은행과 신탁회사의 협력 사업을 금지하자[24] 증권회사 내 자산관리 팀의 운용자산이 2011년 말에 2,820억 위안에서 2012년 말에는 1조 8,900억 위안으로, 다시 2013년 3월에는 3조 위안으로 10배 가까이 불어났다.[25]

최근에 중국 인민은행은 '2014년도 금융안정 보고서'에서 수많은 증권회사와 뮤추얼펀드사의 자산관리상품이 상업은행의 위탁대출을 사실상 대체하고 있다고 밝혔다. 이 보고서에 따르면 2013년에 증권회사가 발행한 자산관리상품의 규모가 186% 증가하여 4조 8,300억 위안에 이르렀다고 한다.[26]

최근에 IPO를 신청한 수많은 은행의 사업설명서만 봐도 이러한 자산관리상품이 얼마나 보편화했는지 금방 알 수 있다. 일례로 충칭은행이 보유한 자산관리상품의 규모는 불과 6개월 전만 해도 11억 1,000만 위안 정도였던 것이 2013년 말이 되자 38억 6,000만 위안으로 크게 증가했다. 중국 북동부에 소재한 또 다른 대형 지방 은행인 하얼빈은행도 2013년 9월 말 당시 이러한 자산관리상품을 163억 위안어치나 보유하고 있었고 이는 2012년보다 2배 증가한 수치였다.[27]

은행이 대출에서 투자로 사업영역을 전환하면 예대율 요건을 피해 갈 수 있다는 것 외에 또 다른 이점이 있다. 그동안 은행은 대출을 해주고 예금금리와 대출금리 간의 차이에서 막대한 이익을 본다는 비난에 휩싸였었다. 그런데 은행이 대출 관련 사업에서 투자 관련 사업으로 전환하면 대출에 대한 의존도가 낮아지는 한편 중국의 금융감독당국이 오래 전부터 추진했던 은행의 사업다각화라는 목표에도 한발 다가서게 되는 것이다.[28]

서구의 그림자금융은 엄밀히 말해 은행권 밖에서 혹은 은행권과 경쟁하는 상황에서 탄생했다. 그런데 중국의 그림자금융은 이와 달리 그 대부분이 전통적 은행권에서 시작됐다. 요컨대 '은행 밖 은행'을 만들어내야 했던 것도, 당국의 규제를 회피해야 했던 것도, 결국 은행이었다.

: 금융제약 비껴가기 그리고 위험 노출

'2014년 세계금융안정 보고서'에서 국제통화기금(IMF)은 중국의 WMP 규모는 약 10조 위안이며 이는 중국 전체 가구가 보유한 금융자산의 약 12.5% 수준이라고 말했다.[29] IMF는 중국의 경우 아직 WMP가 가계 자산에서 차지하는 비중이 상대적으로 낮은 편이고 금융공학적 혁신이 미발달 단계라는 사실을 근거로 그림자금융상품에 내재한 위험은 당분간 통제 가능한 수준을 유지할 것이라고 결론 내렸다.

예고된 버블

그러나 중국경제가 침체하고 여러 산업 부문에 걸쳐 생산력과잉 사태가 빚어지면서 2010년 이후로 중국기업의 레버리지 수준이 꾸준히 높아졌다. 션인왕궈증권이 5,000개 기업 표본을 대상으로 조사한 결과 2007년에 약 60%였던 중국기업의 자산 대비 부채비율(debt-to-asset ratio)이 2013년에는 95%로 높아졌다.[30]

상업은행대출이 축소되자 신탁상품이나 기타 자산관리상품 같은 다른 자금융통수단으로 눈을 돌리는 기업이 많았다. 특정산업 부문에 대해 은행대출을 제한하는 규정 때문에 2010년 이후로 부동산, 광업, 철강 산업은 그림자금융에 더 의존하게 됐다. 이 책의 도입부에서 소개했던 전푸에너지의 디폴트 역시 경기호황과 신용팽창기에 대출을 받았다가 이를 상환하지 못한 숱한 사례 가운데 하나일 뿐이다.

그림자금융에 대한 의존도가 높았던 또 다른 부문이 부동산 부문이었다. 경기부양책이 시행된 2009년부터 2013년까지 중국 부동산 업계는 다른 부문보다 훨씬 많은 투자수익을 올렸다(부동산 부문의 자기자본이익율이 10%를 넘었고 이는 요즘의 중국으로서는 꿈도 못 꿀 엄청난 수치다).[31] 부동산 업계가 이처럼 높은 이익률을 기록한 것은 2009년 경기부양책 시행 당시의 투자수단 부재와 초저금리정책 덕분이었다.

그러나 2013년 이후로 부동산시장이 냉각되자 필요한 자금을 조달하기 위해 수많은 부동산개발업체가 그림자금융에 눈을 돌릴 수밖에 없었다. 부동산시장의 수요가 지지부진하면 부동산개발업체로서는 이전에 받은 대출금을 상환하기가 어려워진다. 따라서 전보다 더 높은 금리로 차환해야 하는 상황에 몰리게 된다. 중국 부동산시장의 조정기가 길어지면 주택가격이 폭락하지 않더라도 비축한 토지의 담보가치하락과 금융비용증가로 말미암아 부동산 업계는 대출금 상환불능 사태에 빠지게 된다.

이러한 위험은 비단 민간 부문에 국한하지 않는다. 앞서 언급했듯이 지방정부 융자플랫폼은 인프라 구축을 위해 지방정부의 암묵적 보증을 토대로 설립되었다. 부동산 업계와도 밀접한 관계를 유지하고 있기 때문에 그림자금융에 대한 의존도 또한 높아졌다. 주택시장이 침체하면 지방정부의 토지매각수입도 감소하고 이것이 지방정부의 현금흐름을 저해한다. 따라서 인프라 건설과 기타 부동산개발프로젝트에 대한 지방정부의 보증능력이 감퇴된다.

중국경제의 성장모델의 전환과 부동산시장의 냉각 때문에 다른 경제 부문과 마찬가지로 그림자금융권 또한 자체 조정을 거치게 될 것이다. 더 정확하게 말하면 적절한 규제의 부재로 그림자금융이 새로운 금융위기를 촉발할 가능성이 높다.

중국의 중앙은행은 그림자금융과 레버리지가 빠른 속도로 꾸준히 증가하는 현상을 우려하고 있다. 국제신용평가기관인 피치(Fitch Ratings)에 따르면 중국의 국가 총부채규모는 2008년 GDP의 128%에서 2013년 GDP의 216%로 단 5년 만에 엄청나게 증가했다고 한다. 정부가 개입하지 않는다면 2017년에는 이 비율이 GDP의 271% 수준까지 증가할 수 있다. 이는 과거 숱한 금융위기를 겪었던 그 어떤 국가도 경험하지 못한 엄청난 수치다.[32]

중국 금융감독당국은 그림자금융을 금융혁신의 불가피한 결과물로 보고 이 그림자금융이 가계의 투자수단확대, 금융개혁, 나머지 경제 부문에 대한 지원 등의 '긍정적인' 역할을 하기를 기대한다.

또 그림자금융업 대부분이 처음부터 기존의 금융규제 틀을 넘어서는 데 목적이 있었다는 사실을 많은 사람이 깨닫게 됐다. 금융감독당국도 그림자금융의 규모와 영향력을 충분히 이해하지 않으면 안 되는 상황이 됐다.

신탁회사, 증권회사, 보험회사를 중심으로 한 기타 금융기관과 은행이 협력관계를 조성하면서 금융감독 대상의 경계가 더욱 모호해졌다. 신탁회사, 증권회사, 보험회사는 각기 다른 감독당국의 관할권 아래 있다. 그런데 그림자금융권의 규모가 더욱 커지고 체계가 더욱 복잡해짐에 따라 이들 감독당국 간의 소통과 협력이 원활하지 않게 되면서 각 기관의 규제와 감독 활동에 큰 차이가 나타났다.

세계 각지에서 발생한 다양한 금융위기를 살펴보면 '규제회피속성'과 경제 및 금융계 전반에 미치는 파급력이야말로 그림자금융의 우려스러운 본질 가운데 하나다.

： 개혁의 방법

감독당국의 딜레마

감독당국이 그림자금융의 규모가 엄청나게 커졌다는 사실을 인식하고 이 부분을 우려하게 됐다는 사실에 주목할 필요가 있다. 지난 2012년에 인민은행 총재 저우샤오촨은 이렇게 말했다.

"그림자금융은 중국에만 있는 것이 아니라 다른 국가에도 존재한다. 그러나 금융위기가 발생하면서 문제가 부각됐던 다른 선진국의 그림자금융과 중국의 그림자금융은 그 속성과 규모에 큰 차이가 있다."[33]

물론 2012년 이후로 그림자금융의 문제가 더욱 심각해졌다. 그림자
금융권의 규모는 2008년에 2조 3,000억 위안에서 2013년에 20조 위안
으로 급격히 불어났다. 그림자금융의 규모 자체가 커진 것 외에 그 활
동영역도 급속히 확장됐다. 2013년에는 그림자금융의 활동영역이 부
동산과 지방정부 융자플랫폼 정도에 그쳤으나 이제는 증권회사, 보험
회사, 자산관리회사 등 기타 금융권 부문으로 영역이 확대됐다. 게다
가 그림자금융의 성격 자체에 변화가 감독당국이 이를 감독하고 관리
하기도 훨씬 어려워졌다.[34]

그림자금융의 역동적 성격을 감지한 감독당국은 금융권의 부채감소
와 그림자금융의 규모축소를 위한 대책을 마련하기에 이르렀다.

중국의 경제성장모델이 점진적으로나마 투자의존형에서 소비주도
형으로 전환되지 않는 한 중국경제의 성장과 고용, 사회안정은 여전
히 투자의존적 성장 틀에 갇혀 있을 것이다. 그런데 중국은 상대적으
로 자본시장(주식시장과 채권시장)의 규모가 작기 때문에 이러한 투자는 대
개 은행대출에 기반을 둔다. 경제성장속도가 둔화하는 상태에서 갑자
기 그림자금융에 제동을 걸면 경제침체와 사회불안이라는 바람직하지
못한 결과가 나올 수 있다.

한편, 앞서도 설명했듯이 그림자금융에는 전통적 은행의 부외거래
에서 파생된 다양한 사업영역이 포함된다. 그러므로 그림자금융을 통
한 신용증가가 둔화 혹은 감소하면 세계최대수준의 몇몇 국유은행의
재무건전성이 약화할 수 있다.[35] 이 때문에 정책입안자는 그림자금융
문제해결을 위해 엄격한 요건을 부과하기가 어렵다.

예고된 버블

물론 그림자금융업 대다수가 전통적 은행과 기타 금융기관(신탁회사, 보험회사, 자산관리회사, 전당포와 P2P대출회사와 같은 기타 금융기관)의 협력을 토대로 하기 때문에 그림자금융의 축소는 전통적 은행뿐 아니라 금융계 전체와 인프라 그리고 그림자금융에 의존하는 금융투자에 큰 재앙을 야기한다.

그림자금융권에 대한 이 같은 점진적 접근법에는 '시간과의 싸움'일 수도 있는 금융개혁의 속성을 외면하는 위험이 도사리고 있다. 감독당국이 과감한 개혁이 아닌 점진적 개혁에 나서는 것은, 고수익 그림자금융상품의 만기가 도래하는 향후 2년간 중국의 과도한 부채가 금융위기로 발전하지 않으리라는 '위험한' 기대에 모든 것을 거는 것과 다름없다.

코넬대학 경제학 교수이자 전 IMF 중국총괄담당자였던 에스워 프라사드의 말대로, 이러한 딜레마에 내포한 모순은 '중국 관료들은 단기적으로 해결해야 하는 문제가 명확히 드러나면, 개혁이 더 중요함에도 개혁에 집중하지 못한다'는 사실이다.[36]는 사실이다. 감독당국이 개혁에 대한 적절한 기대치를 정해놓지 않으면 그림자금융을 성공적으로 통제할 수 없다. 이보다 더 심각한 문제는 정부와 감독당국이 암묵적 보증에 대한 기존의 기대 수준을 바꿔놓을 방법이 딱히 없다는 사실이다.

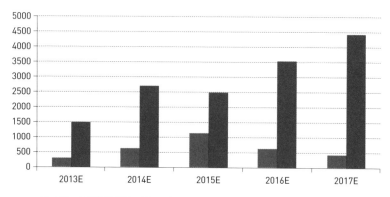

■ 만기 인프라 관련 신탁상품의 총규모(단위: 억 위안)
■ 만기 지방정부채권의 총규모(단위: 억 위안)

: 간과할 수 없는 위험

누가 뭐래도 그림자금융의 핵심은 은행이 제공하는 암묵적 보증이다. 이것이야말로 그림자금융의 최대 장점이자 지난 몇 년 동안 중국의 그림자금융이 급성장할 수 있었던 가장 큰 이유다.

그림자금융의 규모가 점점 커지고 그 체계가 더 복잡해지자 감독당국은 국가경제 전체와 전통적 금융권에 대재앙이 닥치는 것을 막고자 금융개혁을 추진하는 일에 매달렸다. 예금보험, 파산법, 은행의 정리의향서(living will, 위기에 처할 때를 대비해 미리 작성해둔 정상화 계획이나 파산 시의 청산 방안을 담은 일종의 '사전 유언장'-역주) 제도 등을 도입한 것도 그림자금융계를 떠받치고 있는 암묵적 보증 관행을 타파하려는 정부의 의지가 반영된 것이다.

이러한 노력이 결실을 본다면 위험을 고려한 이른바 위험조정수익률(risk-adjusted return)을 기초로 사업성 있는 프로젝트에 신용을 제공하는

예고된 버블

일이 가능해질 것이다. 그러나 중국정부가 공동투자신탁(collective trust)이나 WMP에 대한 암묵적 보증을 일시에 없애버리는 일은 없을 것 같다. 그렇게 되면 신용 스프레드(credit spread, 국채와 회사채 간 혹은 회사채들 간의 금리 차이-역주) 확대, 채권수익률 상승, 유동성 위기, 경제의 경착륙, 사회불안 등과 같은 부정적 결과를 낳을 수 있기 때문이다. 따라서 정부는 이와 같은 부작용이 따르는 급진적 개혁을 추진하기보다는 당면 문제해결을 통해 점진적 경제성장을 도모하는 쪽을 선택하려 할 것이다.

부동산경기 과열에 따른 문제를 완화할 '세제개혁'을 포함하여 거의 전(全) 경제 부문에 걸쳐 생산력과잉 사태를 유발한 무모한 'GDP 경쟁 종식' 등 다른 경제 부문에서의 개혁 노력도 그림자금융의 몸집을 줄이는 데 도움이 될 것이다.

이러한 개혁의 핵심은 그동안 그림자금융을 떠받치고 있던 암묵적 보증을 단계적으로 철폐하겠다는 의지를 정부가 충분히 전달할 수 있느냐다. 최근에 신설된 예금보험제도(예금업무를 취급하고 있는 금융기관으로부터 보험료를 받아두었다가 그 금융기관이 예금을 상환할 수 없을 때 예금자의 손실을 보전해주는 제도-역주) 또한 바람직한 방향의 개혁안이라고 볼 수 있다. 개인과 기업에 대한 신용등급제 도입이나 채권시장 육성 등과 같은 바람직한 대안이 있더라도 투자자들이 정부의 암묵적 보증을 믿고 신용 디폴트나 파산 위협에 여전히 둔감하다면 위험과 수익 간의 상충 관계가 왜곡되는 일이 계속될 것이다. 다시 말해 진정한 의미의 디폴트 사태가 나타나지 않는다면 중국 금융시장은 지금과 같은 광범위하고 심각하게 왜곡된 수익과 위험 간의 관계가 지속될 것이다.

제3장

절대 손해를 보지 않는
부동산투자(주택시장의 문제)

연준은 대체할
부동산거품을 만들어야 한다.

-폴 크루그먼, 2002년

: 주택가격이 대체 얼마나 높은가

중국에서 살아본 적이 없는 사람들은 대체 집값이 얼마나 비싼지 궁금할 것이다. 이는 가격상승률, 주택가격 대비 임대수입, 소득 대비 가격, 토지가격 등 크게 4가지 방법으로 평가할 수 있다.

(1) 높은 가격상승률

지난 10년 동안 중국의 주택가격은 얼마나 올랐을까? 매우 적절한 질문이기는 하나 안타깝게도 이 질문에는 정확하게 딱 떨어지는 답을 내놓을 수 없다. 통계국에서 가격상승률 자료를 내놓기는 하지만 대중의 체감가격과 다르다는 것이 문제다. 사람들이 부동산시장에 대한 규제와 단속을 피하고자 가격을 낮춰 보고하기 때문에 통계국이 발표하는 자료에는 실제가격이 제대로 반영돼 있지 않다. (이 부분은 제10장에서 더 상세히 다룰 것이다.)

국가통계국(NBS, 이하 '통계국')은 2014년부터 전국 70개 도시의 주택가격 수준에 관한 통계를 발표하고 있는데 이는 중국 부동산 가격에 관한 모든 수치 가운데 시계열이 가장 긴 자료이다. 국가통계국에 따르면 중국의 부동산 판매가격은, 2004년부터 2014년까지 10년 동안 신규 아파트는 77%, 기존 아파트는 57% 각각 상승했다.[1,2]

주택도농건설부(이하 '건설부')도 주택가격 관련 자료를 발표하는데, 지수산정에 사용하는 표본의 크기가 더 작으며 가격상승수치는 통계국 수치보다 더 높다. 건설부에 따르면 2004년 7월부터 2014년 2월까지 전국 주택가격이 150% 상승했다.[3] 이 2개의 공식통계자료 수치만 놓고 보아도 2배나 차이가 난다.

두 자료 모두 수치상으로만 보면 가격이 생각보다 그렇게 많이 오르지 않은 듯싶다. 2007~2009년 세계금융위기가 터지면서 주택가격 거품이 꺼지기 전까지 미국이나 서구 유럽 선진국 대부분이 이와 비슷하거나 이보다 약간 높은 수준의 가격상승률을 기록했기 때문이다.

문제는 중국 사람들이 이 두 공식통계자료를 다 믿지 못한다는 데 있다. 두 자료의 수치가 제3기관의 수치와 너무 차이가 나고 대중이 체감하는 가격상승 수준과도 너무 다르기 때문이다.

일례로 민간 부문에서도 가격상승지수를 내놓았다. 중국최대 부동산정보 사이트 소펀(Sofun.com)의 계열사인 중국지수연구소(China Index Institute, CII)는 2010년 6월부터 중국의 대표도시 100곳을 기준으로 주택지수를 산정하기 시작했다. CII는 2010년 6월부터 2013년 12월까지 단

예고된 버블

3년여 동안 전국 주택가격이 21.7% 상승했다면 이른바 '1급 도시'의 주택가격상승률은 이보다 2배 더 높았을 것이라고 주장한다.[4]

이 수치는 양 정부기관의 통계수치보다는 훨씬 높지만 그래도 또 다른 독립된 민간부문의 수치인 중위안부동산[中原地產]의 통계수치와 비교하면 또 아무것도 아니다. 중위안부동산에 따르면 2004년 5월부터 2014년 3월까지 베이징, 상하이, 광저우, 선전 등 주요 도시의 주택가격은 각각 374%, 346%, 504%, 420%나 상승했다.[5]

그러나 대중은 CII나 중위안의 통계수치마저도 체감상승률에 훨씬 못 미친다고 생각한다. 기본적 표집편향(sampling bias) 때문에 이들의 통계수치가 실제 가격상승분을 제대로 반영하지 못했다고 보는 것이다.

(2) 임대수익률

임대수익률(rental yield, 주택가격 대비 임대수입의 비율)은 전 세계적으로 널리 사용되는 주택가격지표 가운데 하나다. 중국 통계국과 건설부는 임대 관련 자료를 수집하지 않기 때문에 임대수익률에 관한 공식자료가 거의 없다.

중위안은 각 도시 소재 자사지점의 부동산중개 거래 자료를 토대로 하여 2008년부터 각 도시의 평균주택가격과 평균임대료를 기준으로 주요 도시의 임대수익률을 계산해 발표해왔다.

중위안에 따르면 2008년 이후로 한 가지 추세가 두드러졌다고 한다. 즉 임대수익률이 꾸준히 하락하고 있다는 것이다. 예를 들어, 2008년 당시 베이징, 상하이, 광저우, 선전의 임대수익률은 각각 3.5%, 3%, 4.5%, 3.9%였는데 2013년 말이 되자 각각 1.8%, 2.0%, 2.5%, 2.2%로 떨어졌

다.[6]

지난 5년 동안은 주택가격과 임대료 둘 다 상승했다는 점에 주목할 필요가 있다. 그런데도 임대수익률이 반 토막이 난 이유는 임대료상승률보다 주택가격상승률이 훨씬 높았기 때문이다.

예를 들어, 중위안은 2009년부터 2014년 말까지 베이징, 상하이, 광저우, 선전의 임대료는 각각 34%, 63%, 59%, 31% 상승한 데 비해 주택가격은 각각 69%, 107%, 167%, 112% 상승했다고 밝혔다. 이처럼 주택가격이 더 빠르게 상승하자 임대수익률이 폭락하면서 부동산에 대한 투자가치가 감소하는 결과를 낳았다.

특히 베이징과 상하이의 임대수익률은 5년 전에 3~5% 선이었다가 2013년 말에는 1.5~2% 선으로 하락했다. 이는 같은 기간의 은행예금금리(약 3.5%)보다 낮다.[7] 이처럼 임대수익률이 낮다는 것은 중국의 주택가격이 타이완과 한국만큼 비싸고 기타 다른 신흥경제국과 비교하면 훨씬 더 비싸다는 의미다.

(3) 소득 대비 주택가격

또 하나 폭넓게 사용하는 지표가 소득 대비 주택가격비율(Price to Income Ratio, PIR)이다.

중국의 유력 부동산중개업체의 조사연구 보고서에 따르면 35대 도시의 평균 PIR은 10.2라고 한다.[8] 동부 해안도시의 경우는 상황이 더욱 심각하다. 일례로 중국의 수도인 베이징의 PIR은 19.1로 중국에서 가장 높은 수준이다. 베이징에 거주하는 한 가구(3인 가족 기준)가 100제곱미터(약 30평)짜리 아파트를 하나 구입하려면 연간 가처분 소득을 꼬박

예고된 버블

19년 동안 모아야 한다는 계산이 나온다.[9]

세계은행(World Bank) 자료를 기준으로 하면 이 수치는 세계평균PIR인 4.6을 훨씬 상회하는 수준이다.[10] 주택가격이 연 소득의 3배 정도인 미국과는 더욱 극명한 대조를 이룬다. 참고로 대다수 선진국의 PIR은 평균 5~6 정도다.[11]

(4) 총토지가치

한 국가의 총토지가치도 주택가격 수준을 가늠하는 또 하나의 잣대다. 일본의 부동산거품이 정점을 찍었던 1990년에 도쿄의 총토지가치는 약 4조 1,000억 달러였다. 이는 같은 해 미국의 총토지가치에 버금하는 수준이었고 당시 미 GDP의 63.3%에 해당하는 수준이었다. 또 홍콩의 부동산거품이 극에 달했던 1997년, 즉 시장붕괴 이후 10년 동안 토지가치의 절반이 날아가 버리기 이전 홍콩의 총토지가치는 약 5조 7,000억 달러였고 이는 당시 미국GDP의 66.3% 수준이었다.

2012년 베이징의 총토지가치는 같은 해 미 GDP의 61.6% 수준인 약 10조 달러로 추산됐다. 2012년부터 2014년까지 중국의 주택가격이 급상승하면서 중국의 총토지가치가 당시 부동산거품 붕괴가 임박했던 도쿄와 홍콩의 토지가치 수준(미 GDP 대비 비율 기준)에 육박하게 됐다.[12]

결론적으로 말해 이 4가지 지표는 모두 같은 방향을 가리키고 있다. 즉 총토지가치, 주택가격상승률, 주택구매능력, 투자 등의 관점에서 볼 때 중국의 주택가격은 지나치게 높다는 것이다.

: 투자수요 측면

가계수요

주택가격이 이렇게 비싸면 대체 어떻게 집을 살 수 있을까? 또 지난 10년 동안 왜 이러한 상황이 지속된 것인가?

우선 다른 동아시아 국가와 마찬가지로 중국은 가계저축률이 서구 사회보다 훨씬 높았다. 그래서 처음 주택을 구입할 때 이 저축금으로 선수금(down payment, 대출금을 뺀 순수한 첫 매입자금-역주)을 낼 수 있었던 것이다. 자녀세대가 첫 주택을 구입할 때 저축해둔 자금이 부족해서 선수금을 낼 수 없을 때면 부모세대가 당연히 평생 모은 자금으로 부족한 부분을 메워줄 것이다.

더구나 부동산시장이 호황일 때는 대다수 가계가 주택가격이 앞으로도 계속 상승하리라는 기대감 속에 기존 아파트의 가격상승분으로 새 아파트의 선수금을 충당하는 방법으로 부를 축적해왔다.

또 신혼부부는 주택을 구입하는 것이 이득이기 때문에 무리를 해서라도 집을 산 다음에 교육, 휴가, 여가 생활 등과 같은 부분의 지출을 줄여 할부금을 충당하는 경우가 많다. 베이징이나 상하이 같은 대도시에서는 자신들의 주머니 사정에 맞춰 주택을 구입하는 바람에 출퇴근 시간이 2시간 이상 걸려도 도심에서 멀리 떨어진 곳의 주택을 사는 일이 드물지 않다.

그러나 중국 부동산시장이 다른 국가와 두드러지게 다른 점은, 과거 10년 동안 부동산경기가 호황을 누린 덕분에 부동산이 가장 수지맞는 투자대상이라는 믿음이 굳어졌고 결과적으로 중국에서 부동산투자가 일상화됐다는 점이다. 이러한 기대감과 낙관론 덕에 주택시장은 계속해서 투자자를 끌어들이면서 투자자들에게 상당한 투자수익을 안겨주었다.

⠿ 기대감과 투기

중국에서 주택수요가 꾸준했던 이유는 무엇보다 가격상승에 대한 기대감이 컸기 때문이다. 세계최대인구, 상대적으로 낮은 주택가격 기저선, 상대적으로 높은 지역적 인구편중도 덕분에 중국에서 부동산은 가장 수익성 있는 투자대상이었다.

그러나 급속한 도시화, 주택공급과잉, 급속한 고령화 때문에 지금의 주택수요가 과연 그간의 주장만큼 합당한 것인지, 또 이러한 추세가 앞으로도 계속될지에 대한 의문이 불거지고 있다.

급증하는 이주노동자의 수를 고려하지 않고 대략적 통계자료를 기준으로 하더라도 중국의 도시화율(2014년 기준 54%)는 다른 선진국(65%)에 크게 뒤지지 않는다. 또 중국인의 1인당 주거면적은 프랑스, 영국, 일본과 거의 비슷한 수준이다. 다른 동아시아 국가와 비교해 소득수준이 낮고 상대적으로 인구밀도가 높다는 사실을 고려하면 이 수치는 상당히 높은 편이다.[13]

또 중국 부동산시장에서는 '상품이나 서비스의 가격이 상승하면 수요가 감소한다'는 기본경제원칙이 무색한 상황이 벌어졌다. 사실 이러한 현상은 중국뿐 아니라 대다수 아시아 국가의 대도시에서 흔히 볼 수 있다. 주택가격이 상승하면 규모가 더 작은 집을 찾게 되는 것이 일반적이다. 집값상승률이 임대료상승률을 훨씬 능가하면 집을 사는 대신 임대 쪽을 생각하는 것이 합리적이다. 그런데 이러한 기본원칙이 중국시장에서는 통하지 않았다.

주택가격이 계속 상승하리라는 믿음으로 주거목적뿐만 아니라 투자용으로 너도나도 아파트를 샀기 때문에 가격이 계속 상승했던 것이다.

중국인들은 집을 사려고 할 때 자신이 그 집을 실제로 살 능력이 되는지 아닌지는 별로 신경 쓰지 않는다. 모든 관심은 오로지 앞으로 주택가격이 오를 것이냐 말 것이냐뿐이다. 집값이 계속 오르는 한 능력껏 돈을 빌려 집을 사는 것만큼 수지맞는 투자는 없다고 생각하는 것이다. 주가상승을 기대하고 주식을 사서 이익을 챙기는 것과 같은 맥락이다.

대다수 도시에서 주택의 임대수익률이 은행의 예금금리보다 낮은데도 대출을 있는 대로 받아가며 아파트를 사려고 혈안이 된 것도 다이 때문이다. 중국인들은 지난 10년 동안 아파트 가격이 연평균 20% 넘게 상승하는 데 익숙해져 있었다. 따라서 앞으로도 그러한 추세가 계속되리라는 점을 믿어 의심치 않았다. 주택수요의 증가와 가격상승이 계속되리라는 강한 믿음이 가격은 계속 끌어올리고 임대수익률은 계속 끌어내렸다.

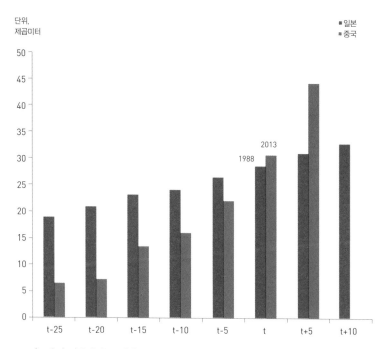

중국과 일본의 1인당 주거면적 비교

단위,
제곱미터

■일본
■중국

자료 출처, 일본 후생노동성과 노무라종합연구소. T는 1998년(일본), 2013년(중국)

∶ 흔들림 없는 투자수요?

중국 주택시장에서 이와 같이 높은 가격상승률이 계속 유지될지 어떨지는 주택에 대한 수요가 여전할지 아닐지에 달렸다. 중국인들이 아파트를 구입하는 목적은 크게 2가지인데 그것이 주택에 대한 수요를 뒷받침한다. 첫 번째 목적은 거주하기 위해서다. 두 번째 목적은 돈을 벌기 위해서다. 즉 주식을 사듯 투자목적으로 아파트를 사는 것이다.

청두[成都]에 소재한 서남재경대학의 조사에 따르면 중국 가구의 90% 이상이 주거용 주택(편의상 '1차주택'이라 함-역주)을 보유하고 있다고 한다. 이는 미국의 66%와 세계평균인 63%보다 높은 수준이다. 주거용 주택 보유율이 이렇게 높은데 아파트를 또 사려는 이유가 대체 무엇일까?[14]

요즘의 중국은 주택구입의 두 번째 목적이 첫 번째 목적을 압도하는 것 같다. 주거가 목적인 사람들이 창출한 아파트수요를 1차수요라고 하자. 이러한 수요는 매우 안정적이라 할 수 있다. 대학을 졸업한 사회초년생이나 신혼부부 등 새로 집장만을 해야 하는 사람들만으로도 그 수요는 차고 넘칠 것이다. 정부의 규제정책도 이러한 1차수요와 그 가격 상승에 대해서는 정부가 어떤 규제정책을 내놓아도 효과가 제한적일 수밖에 없다. 반면 투자 혹은 투기 목적의 수요는 정부의 규제정책으로 수요 감소와 가격 하락을 유도할 수 있다. 지난 10년간 중국에서 할 수 있는 가장 손쉬운 투자는 부동산을 사는 것이었다.

서남재경대학의 조사에서 중국인들은 주거용 주택으로 평균 340%의 이익을 봤다고 한다.[15] 이러한 기대감이 추가수요를 만들어내고 이렇게 증가한 수요가 가격상승을 부채질한다. 또 가격상승은 더 큰 기대감으로 이어지는 식의 순환고리가 형성되는 것이다.

물론 순수한 주거목적과 투자목적 간의 경계가 항상 분명한 것은 아니다. 더 큰 집을 사야 할 필요가 있다는 생각에서 주택구입을 고려하는 경우라면 이는 1차수요에 해당한다. 그런데 이러한 필요수요와 동시에 집값이 더 오르기를 기대하는 경우도 있다. 만약 더 큰 집을 사려는 이유가 단지 주거목적일 뿐이라면 굳이 집을 살 필요 없이 작은

예고된 버블

집을 전세로 주고 더 큰 집 역시 전세로 얻어도 무방할 것이다. 그러나 중국에서는 이렇게 하는 사람이 거의 없다. 주택구매 결정을 할 때는 주거목적과 함께 투자목적도 고려한다는 의미다.

　과거 몇 차례의 규제정책으로 투기수요가 거의 사라지지 않았냐고 주장하는 사람도 물론 있다. 그러나 어떤 정책이든 빠져 나갈 구멍은 항상 있는 법이다.[중국에는 상유정책 하유대책(上有政策 下有對策), 즉 위에 정책이 있으면 아래는 대책이 있다는 말이 있을 정도다.-역주]

허위계약서

주택매매에 따른 각종 세금은 매매계약서에 기재된 매매가를 기준으로 정해지기 때문에 주택매수자와 매도자 그리고 부동산중개업자가 합심하여 매매가를 낮춰 기재하는 일이 공공연하게 벌어졌다.

　이렇게 하면 매수자나 매도자나 세금을 덜 낼 수 있다. 또 절약한 세금 일부를 매수자에게 나눠 주겠다고 약속하고 매수자의 협조를 구하는 일도 있다. 중개업자는 중개업자대로 계약서에 기재한 금액이 아니라 실제매매가를 기준으로 수수료를 받기 때문에 아쉬울 것이 없다. 앞서 얘기한 대로 이렇게 해서 절약한 세금은 매수자와 매도자가 나눠 가진다.

　이 같은 허위계약서는 세무당국만 골탕 먹이는 것이 아니다. 계약서 허위기재 관행이 만연하면 공식통계자료에서 주택가격이 실제보다 낮게 산정된다. 그리고 정부의 부동산규제정책이 어느 정도 먹힌 것처럼 보이는 것도 사실은 매매가를 엄청나게 낮춰 기재한 허위계약서 때문이다.

위장이혼

2013년 초에 정부는 주택가격 안정화 대책을 포함하여 두 번째 및 세 번째로 구입한 주택에 대한 부가세 징수와 금융비용부과를 골자로 한 새로운 규제대책을 내놓았다. 그러자 허위계약서 작성 관행보다 더 놀라운 일들이 벌어졌다. 이 규정은 한 가구가 구매 혹은 보유할 수 있는 주택의 수를 제한하는 데 목적이 있었다. 그런데 아파트를 여러 채 보유한 가구들이 이 규정에 따른 벌금이나 금융비용의 부담을 덜고자 새 규정이 발효되기 전에 위장이혼을 감행하는 일이 많았다. 이혼을 하면 남편과 아내가 각각 한 가구를 구성하게 되어 실질적으로는 아파트를 여러 채 보유해도 법적으로 문제가 되지 않게 된다. 결국에 이 규제책은 주택시장에 영향을 미치지 전에 먼저 가족구조에 영향을 미친 셈이 되고 말았다![16]

잘못된 주택등록시스템

부동산시장에 신뢰할 만한 정보가 부족한 또 다른 원인은 중국에는 부동산 보유 및 등록에 관한 통일된 제도가 없다는 데 있다. 이처럼 자료관리체계가 허술하다 보니 가구당 보유할 수 있는 주택의 수가 제한돼 있다 해도 여러 지역에서 부동산을 구입하는 식으로 얼마든지 법망을 피해갈 수 있었다.

최근에는 부패한 정부관리와 은행관계자가 부동산을 뇌물로 받은 사건이 몇 차례 발생했다. 이들은 아파트나 주택을 수십 채나 보유하고 있었다. 그러니 이와 비슷한 사건이 얼마나 많을 것이며 들어가 살고 싶은 마음이 없어서 혹은 대중의 눈이 무서워 그냥 비워둔 아파트

예고된 버블

가 또 얼마나 많을지 의심스럽지 않을 수 없다.

일례로 안후이[安徽] 성 허페이[合肥]시의 도시재건축 담당 공무원이었던 팡광윈[方廣雲]은 아파트 18채를 뇌물로 받은 혐의로 기소됐다.[17] 그런데 이 사건은 다양한 불법행위로 아파트를 192채나 소유한 광둥성의 관리 자오하이빈[赵海滨]에 비하면 새 발의 피일 뿐이다.[18]

이러한 부정부패 사건은 정부관리에 국한되지 않는다. 언론에 팡졔[房姐, 복부인]로 알려진 궁아이아이[龚愛愛]라는 사람이 있었는데, 그는 작은 지방은행의 부행장인데도 베이징에 집을 40채나 소유한 10억 위안대의 재산가다. 이처럼 부동산은 뇌물 수수나 횡령 같은 불법행위의 단골 품목이 됐으며 '검은' 부동산은 공안이나 사법당국이 개입하여 파헤치지 않는 한 실소유주가 겉으로 드러나지 않는다.[19]

⋮ 세입자 보호법

집을 사는 것과 임대하는 것의 가장 큰 차이는 그 집에 대한 통제권과 사용의 연속성에서 찾을 수 있다.

중국에서는 사실 이것이 매우 민감한 사안이다. 집주인이 집을 팔겠다고 하면 세입자는 그 결정에 따라 집을 비워줘야 한다. 임대차 계약의 조기 종료에 따른 보상금이 지급된다고 해도 세입자들은 계약과 관련한 이런 저런 분쟁이 일어났을 때 적절한 법적 보호를 받지 못할까 전전긍긍한다.

주택가격상승 때문에 문제가 더욱 심각해졌다. 집값이 오르자 기존의 주택소유자 가운데 집을 팔아 현금을 챙기거나 더 큰 집을 사려고 하는 사람들이 많아졌다. 집주인이 어떤 선택을 하든 임대차 계약의 조기 종료라는 결과를 낳기는 마찬가지고 세입자는 다시 살 집을 구해야 하는 상황이 된다. 다시 말해 집주인의 결정 때문에 세입자는 더 비싼 집을 구해야 하는 상황으로 '내몰릴' 수도 있다.

대다수 선진국이 집주인 마음대로 임대료를 정하거나 주택 임대차 계약을 종료하지 못하도록 그 권한을 제한하는 것도 다 이러한 이유에서다. 예를 들어, 독일은 지난 2013년에 임대차 계약 후 3년 내에 임대인이 임대료를 15% 이상 올리는 것을 금지하는 법을 제정했다.[20] 세계에서 '자유시장 정신'이 가장 투철한 국가라 할 홍콩에서조차 임차인 보호는 아주 확실하게 이루어지고 있다.[21]

어쨌거나 이 사안은 정부의 의지와 태도가 관건이다. 중국정부가 주택시장안정화와 투기수요 억제의지가 정말로 강하다면 대다수 선진국처럼 세입자 쪽에 서서 이른바 세입자 친화적인 정책을 펼칠 것이다. 이러한 정책은, 모든 사람이 두발 뻗고 편히 쉴 수 있는 안정된 안식처를 제공하는 것뿐 아니라 세입자들이 자신이 살던 집에서 쫓겨날 걱정을 더는 하지 않아도 될 때까지 투기수요를 억제하는 방향의 정책이어야 할 것이다.

: 정부의 보증

부동산규제정책의 일부를 재고해야 할 필요가 있을 때 정부는 각종 규

예고된 버블

제법망에 뚫린 구멍을 의도적으로 모른 체하는 경우도 있다. 중국정부는 지난 10년 동안 부동산시장을 규제할 것이냐 말 것이냐를 결정하면서 매번 똑같은 딜레마에 빠졌었다. 2005년, 2007년, 2012년에 정부가 부동산시장 과열 문제에 칼을 들이댔을 당시 처음에는 아주 야심차게 여러 가지 규제책을 내놓았다. 그러나 결국에는 경제성장과 사회안정을 요구하는 목소리에 매번 무릎을 꿇었다.

주택가격하락을 위해 노력하는 듯하다가 나중에는 슬그머니 꼬리는 내리는 일이 반복되자 주택시장은 절대로 하락하지 않는다는 사실을 정부가 은연중에 보증하면서 이에 대한 헛된 믿음만 키운 꼴이 됐다. 주택을 구입한 사람들이 구입 직후 부동산가격이 하락할 기미를 느끼고 항의하는 사태가 벌어질 때마다, 구매자들을 안심시키고자 정부가 나서서 업자들에게 가격하락은 없다는 약속을 하라고 주문했다. 그러면 업자들은 반대로 주택가격이 상승하여 구매자들이 크게 이득을 봤을 때 그 이익금을 내놓으라고 주장한 적이 있느냐며 왜 업자들만 그런 부담을 져야 하냐고 볼멘소리를 내곤 했다.

본질적으로 정부의 이러한 보증은 미국의 국책 모기지(주택담보대출)업체인 패니메이(Fannie Mae, 연방저당협회)와 프레디맥(Freddie Mac, 연방주택담보대출공사)의 주택금융보증과 크게 다르지 않다. 이는 '아메리칸 드림'을 기치로 모든 사람이 주택을 보유할 수 있게 하겠다는 원대한 계획의 일환이었다. 미국정부와 이들 기관의 암묵적 보증이 직접적인 원인이 되어 2000년대 초에 부동산투자 열풍이 불다가 2000년대 말에 결국 그 거품이 꺼져버렸다.

부동산개발업체도 정부의 지원과 보증을 등에 업고 주택구매자를 끌어들이기 위한 나름의 유인책을 내놓았다. 중국의 개발업체들은 특히 상업용 부동산의 임대수익률을 보장하고 나섰다. 두말할 것도 없이 이때 약속한 건 시중의 현행수익률을 훨씬 웃도는 '비현실적으로' 높은 수익률이었다.

이러한 고수익 보증을 정말로 믿었다가 나중에 낭패를 보는 투자자가 꽤 있었다. 부동산개발업체 거의 대부분이 이러한 약속을 이행하지 않았다. 그래서 지금까지도 이에 관한 분쟁과 소송이 잇따르고 있다. 주변 부동산의 현행 수익률이 겨우 3~5% 수준인데 업체들 대부분이 8~10% 수익률을 약속했던 것이다.[22]

부동산개발업체가 수익률 보증 약속을 불이행하는 사태로 말미암아 정부와 부동산업체가 제공하는 보증이 얼마나 신빙성 있고 또 얼마나 지속가능하느냐의 문제가 불거졌다. 거품 형성기에 '너무 좋아서 진실이 아닌 것처럼 느껴질' 정도로 좋은 투자 기회였던 것이, 그 거품이 꺼지고 난 후에야 그것이 진실이 아니었음이 드러났다.

앞에 언급한 미국은 물론이고 다른 국가에서도 주택가격이 천정부지로 치솟던 시절에 이와 비슷한 상황이 수도 없이 벌어졌었다(예: 1980년대 일본, 1990년대 홍콩, 2000년대 영국). 당시 각국의 투자자들은 임대수익률이 바닥을 치든 말든 부동산가격은 계속 상승하리라는 믿음에 모든 것을 걸었다.

그러나 안타까운 현실이지만 언젠가는 음악이 멈추고 파티도 끝날수밖에 없다. 세계금융위기 기간에 미국에서 벌어진 상황을 보면 가격원칙을 비롯하여 이 세상에 그 어떤 자산도 기본경제원칙에서 영원히 벗어나지는 못한다는 사실을 다시 한 번 실감하게 된다. 아이러니하게

예고된 버블

도 시장조정이나 경기후퇴와 같은 단기적 문제를 해결하고자 내놓은 해법이 앞으로 더 큰 문제를 일으킬 재앙의 씨앗이 될 수도 있다.

2011년에 정부가 시행한 부동산 규제책이 2013년과 2014년의 주택시장하락의 원인이라고 주장하는 사람도 물론 있다. 그러나 기껏해야 3년밖에 안 된 규제책이 최근의 부동산경기 냉각에 중대한 영향을 미쳤으리라 보기는 어렵다. 그보다는 투자자와 투기자의 기대감이 약해지기 시작했다는 부분이 더욱 우려스럽다. 시장에 대한 기대감이 사라지면 부동산 거래가 활력을 잃을 수밖에 없기 때문이다.

： 성장에 목매는 정부

투기자들의 여러 가지 믿음 가운데 한 가지는 맞는 것 같다. 즉 과연 정부가 주택가격상승 문제를 정말로 심각하게 바라보고 주택가격을 하락시킬 의지가 정말 있을까 하는 부분이다. 정부관리들은 이러한 의지를 분명히 밝혀왔다. 2012년에 원자바오[溫家寶] 총리는 '정부업무 보고서'에서 수차례에 걸쳐 부동산 규제책의 목적은 '부동산시장의 완만한 성장'[23]을 뒷받침하는 것이라고 말했다. 물론 유교 사상을 근간으로 하는 중국사회는 '중용'의 도(道)라는 관점에서 '완만한' 성장이 과연 무엇을 의미하는지 곰곰이 생각해보게 됐다.

여러 가지 면에서 정부의 지원, 아니 적어도 정부의 동의가 뒷받침되지 않는 한 중국의 주택시장은 성장하지 못했을 것이다. 과거 중국정부가 몇 차례 엄격한 규제책을 시행했을 때 실제로 주택가격이 하락하기도 했지만 그 효과가 지속되지는 않았다. 중국정부는 매번 애초의 노선을 바꿔 가격상승 억제정책을 백지화했다. 이러한 규제가 투자자의 기대심리를 위축시킬까 우려했던 것이다.

여기서 중요한 부분은 정부가 그렇게 한 이유가 무엇이냐는 것이다. 물론 여기에는 정치적 및 사회적 고려가 반영돼 있다. 모든 국민이 더 나은 삶을 살 수 있게 하겠다는 정부의 약속이 이러한 규제책의 발목을 잡았다. 주택시장이 꾸준히 성장하면 모든 국민이 적어도 한 동안은 행복을 누릴 수 있다. 그런데 이러한 규제책은 장기적으로 국민의 삶의 질을 향상시킬지는 몰라도 일단 풍족한 삶을 누리게 하겠다는 정부의 약속을 이행하는 데는 차질을 빚을 수 있다.

지난 10년간 중국정부의 최우선 과제이자 최대 화두는 바로 경제였고 더 구체적으로 말하면 '고속성장'이었다. 중국은 부동산 부문 투자가 전체 고정자산투자의 26%를 차지한다. 건설, 철강, 시멘트, 화학, 가구, 가전, 부동산임대 등 부동산 부문과 밀접한 관련이 있는 산업까지 포함하면 부동산 및 부동산 관련 투자가 전체 고정자산투자의 33%를 차지하며 중국경제성장률의 16%를 차지한다.[24]

이러한 자료를 바탕으로 부동산투자가 10% 감소하면 고정자산투자와 경제성장률이 각각 3.3% 포인트와 1.6% 포인트 하락하는 결과를 낳는다. 이러한 수치만 보면 부동산이 전체 경제성장률에 미치는 영향력이 어느 정도인지 감이 잘 오지 않을지 모른다. 그러나 부동산시장이 위축되면 토지매각을 주수입원으로 하는 지방정부의 재정수입이 심각한 타격을 입고 더 나아가 이것이 지방경제의 성장둔화로 이어질 수 있다. 또 경제성장둔화와 자산가치하락은 은행의 자산건전성을 해

예고된 버블

치고 이것이 은행의 대출축소로 이어져 더 심각한 경기침체를 유발한다. (이에 관해서는 뒤에 더 상세히 다룰 것이다.)

상황이 이렇게 복잡하게 전개되지 않더라도 부동산시장의 하락으로 경제성장률이 1.6% 포인트 감소하면 8%, 7.5% 혹은 7%의 성장률을 유지하려는 정부의 의지는 물 건너가고 경제성장에 대한 사람들의 기대와 확신에도 악영향을 미친다.

지방정부의 재정상태만 살펴봐도 그동안 부동산이 지방정부의 재정수입원 역할을 톡톡히 해왔다는 사실이 극명하게 드러난다.

지방정부는 2013년에 토지매각으로 4조 1,200억 위안의 재정수입을 올렸다. 토지매각이나 부동산개발과 관련된 세금 및 수수료를 통해 조달한 1조 600억 위안을 포함하여, 부동산과 부동산 관련 활동으로 창출한 수입이 2013년도 지방정부 예산에서 차지하는 비중이 75%를 넘었다.[25]

다시 말해 토지매각이 중앙정부지원금과 기타 재정수입원을 능가하여 지방정부의 가장 중요한 수입원이 됐다. 지방정부로서는 부동산의 성장 없는 GDP성장률을 끌어올리는 데 필요한 그 어떤 개발 작업도 진행할 수가 없다. 지방정부관료가 해당 지역의 GDP성장률을 끌어올리지 못하면 승진 기회를 노리기 어렵다.

주택가격하락으로 토지매각이 지지부진하고 더불어 부동산개발이 축소되면 지방정부의 재정건전성과 부채담보에도 문제가 생길 수 있다. 이 모든 것이 토지매각으로 조달한 재정수입에 그 바탕을 두고 있기 때문이다.[26]

마지막으로, 부동산은 은행권에도 지대한 영향을 미친다. 2005년 중국 전체 미상환 대출의 14%가 부동산 관련 대출이었고 2013년에는 이 비율이 20%를 넘었다. 특히 신규 대출 중 부동산 관련 대출이 차지하는 비중은 이보다 더 높은 26%였다. 그리고 여기에 철강, 시멘트, 가구 등 부동산과 밀접한 관련이 있는 부문까지 포함하면 이 비율이 더 높아지는 것은 두말할 필요도 없다.[27]

뿐만 아니라 수많은 경제전문가들은 그림자금융권의 비대화와 위험도 높은 신탁상품의 급증에 가장 큰 힘을 보탠 것이 부동산이라고 평가한다.[28] 2014년 3월 31일 현재, 미상환 부동산 신탁상품의 규모는 총 1조 1,500억 위안이었고 이는 전체 신탁상품의 10.4%에 해당한다.[29] 여기에는 지방정부 융자플랫폼 같은 기타 부동산 관련 대출기관은 포함되지도 않았다. 이러한 상황을 고려할 때 부동산가격이 하락하면 전체 은행권도 위태로워질 수 있다.[30] (이 부분은 제6장에서 더 상세히 다룰 것이다.)

여러 정부기관이 수행한 스트레스 테스트(stress test, 경기침체 등 외부 충격에 대한 위기관리 능력을 평가하는 것으로서 발생 가능한 예외적 사건이 터졌을 때 금융계가 받는 잠재적 손실을 측정하는 기법-역주) 결과를 보면 중국 부동산가격은 전체 경제와 금융안정성에 치명상을 일으키지 않는 것으로 나타난다. 한 정부기관은 중국의 주택가격이 50% 하락해도 은행권에 해를 입히지 않는다고 주장했다.[31]

이러한 결과나 주장은 지나치게 안일한 정부의 시각을 드러내고 있다. 중국 부동산시장이 건전하다고 주장하는 쪽은, 중국은 주택을 구매할 때 융자를 엄청나게 많이 받는 미국이나 기타 선진국과 달리 가계저축률이 높고 주택구매 시 선수금을 많이 내도록 한 규정 덕분에 가계의 주택융자부담이 그리 크지 않다고 말한다.

아주 틀린 말은 아니다. 그러나 주택가격이 전체 경제에 미치는 영향은 간단하게 평가할 일이 아니다. 2007~2009년 세계금융위기 때 목격한 대로 부동산가격하락은 가계소비와 재정상태뿐 아니라 정부의 재정상태(예: 유럽재정위기)와 금융안정성[예: 미국 베어스턴스(Bear Stearns)와 리먼브라더스(Lehman Brothers)의 파산]에도 지대한 영향을 미친다.

앞으로 확인하게 되겠지만 중국은 주택구입에 따른 가계부채비중은 낮을지 몰라도 부동산개발업체의 레버리지 수준은 매우 높다. 실제로 중국 부동산개발업체의 레버리지 수준은 다른 국가에 비해서도 그렇고 중국 내 다른 산업 부문에 비해서도 높은 편이다. 사실 주택가격이 엄청나게 올랐을 때 나타나는 이른바 '부의 효과(Wealth Effect, 자산가격이 상승하면 소비도 증가하는 현상. '자산효과'라고도 함-역주)'도 무시할 수는 없다.

서남재경대학의 조사로는 주거용 주택이 전체 가계자산의 65%를 차지하며 이는 다른 금융자산의 비율보다 훨씬 높은 수준이다. 그리고 이러한 자산 비율의 상당 부분이 평균 340%의 수익률을 기록한 주거용 주택에서 비롯된 것이다.[32] 주택가격상승세가 주춤하면서 가격이 하락하기 시작하면 지난 10년 동안 가계소비를 부추겨왔던 부의 효과가 역전되면서 이른바 '역(逆) 부의 효과(자산가치하락으로 소비가 위축되는 현상-역주)'가 나타나게 될 것이다.[33]

중국 가계자산 중 부동산이 차지하는 비중은 다른 대다수 선진국과 비교해 상당히 높은 수준이며 이것이 다른 경제 부문에서의 소비촉진에 기여한 바가 크다. 요컨대 중국 가계는 부동산자산에 대한 편중도가 매우 높다. 따라서 주택가격이 하락하면 중국의 가계재정과 소비 패턴이 심각한 타격을 입을 것이다. 이는 아마도 부동산시장 거품이

꺼졌을 당시 미국 가계가 겪었던 것보다 훨씬 큰 타격일 것이다.

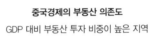

중국경제의 부동산 의존도

GDP 대비 부동산 투자 비중이 높은 지역

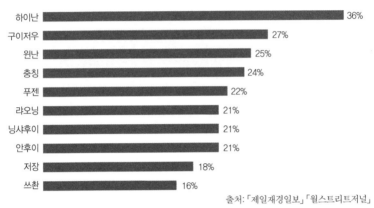

하이난	36%
구이저우	27%
윈난	25%
충칭	24%
푸젠	22%
랴오닝	21%
닝샤후이	21%
안후이	21%
저장	18%
쓰촨	16%

출처: 「제일재경일보」 「월스트리트저널」

: 위기에 빠진 부동산개발업체

중국은 주택을 구입할 때 대출을 많이 받지 않기 때문에 이 부분에 관한 한 가계의 부담은 그렇게 크지 않다. 그러나 제2장에서 살펴봤듯이 부동산개발업체는 비싼 신탁상품을 통한 레버리지 비중이 높은 편이다.

상장사의 재무제표를 근거로 한 조사 결과 이들 업체의 자산 대비 부채비율(debt-to-asset ratio)이 60%를 넘는 것으로 나타났다. 부동산 업계에서는 자산 대비 부채비율 60%를 재정적 안정성의 최저 기준으로 보고 있다.[34] 물론 완공된 부동산의 판매가 개시되고 임대보증금과 계약

예고된 버블

금이 들어오기 시작하여 현금흐름이 좋아지면 업체의 레버리지 수준이 낮아질 수 있다.

그러나 부동산 판매 개시가 개발업체의 재무건전성에 긍정적이기만 한 것은 아니다. 만약에 신축 부동산의 판매율이 감소하거나 판매가 부진하면 레버리지 비율이 급격히 증가할 것이다. 수많은 부동산개발업체가 홍콩 금융시장을 통해 비우량채권같이 금리가 높은 금융상품을 이용하거나 국내시장에서 신탁상품을 통해 자금을 조달하기 때문에 부동산시장이 침체하고 부동산개발업체의 재정건전성이 악화하면 부동산시장에 대한 기대와 신뢰도가 급속히 냉각되고 금융비용이 갑자기 증가하면서 그렇잖아도 어려운 부동산 부문의 목이 더 조여들게 되는 것이다.

2015년에 만기가 도래하는 부동산 신탁상품의 상환 규모는 2,000억 위안이 넘었다.[35] 이는 2014년의 만기상환 규모 1,090억 위안의 약 2배다. 만기상환 압박이 증가하면서 2014년 2분기 동안 이 신탁상품의 신규 발행 규모가 407억 위안으로 감소했다. 이는 지난 3년 이래 최저 수준이었다. 부동산시장이 냉각되자 투자자들 사이에서 소규모 업체를 중심으로 부동산개발업체의 줄도산이 일어나는 것 아니냐는 우려가 높아졌다.[36]

부동산과 그림자금융에 대한 우려가 커지자 금융감독당국은 2014년 6월 초에 부동산개발업체의 재무상태를 철저히 감시하겠다고 말했다. 당국의 이러한 발표는 상하이 남부에 소재한 부동산개발업체 저장싱룬부동산[浙江興潤置業有限公司]이 파산한 3월 이후 업계에 디폴트가 확산될지 모른다는 세간의 우려가 기우가 아님을 확인시켜 주었다.[37]

주택가격상승에 대한 투자자들의 기대에 변화가 생긴 것처럼 시장 상승에 대한 개발업체들의 기대에도 변화의 기류가 감지됐다. 2014년 말에 정부가 주택구입과 주택담보대출에 대한 규제를 완화했는데도 시장이 크게 반등하는 기미가 나타나지 않자 개발업체의 실망이 이만저만이 아니었다.

이러한 현상의 배후에는 공급과잉이 자리하고 있었다. 통계자료에 의하면 대다수 도시 거주민들은 평균적으로 1인당 최소한 주택 한 채씩은 보유한 것으로 나타났다.[38] 그러므로 개발업체로서는 토지경매나 신규 주택건설사업에 참여하는 일에 좀 더 신중을 기해야만 하는 상황이 된 것이다. 이런 변화에 따라 부동산개발업체는 이제 부동산구매계약에 따르는 보너스 제공, 임대수익률 보장, 할인서비스 제공 등과 같은 적극적인 판촉전을 더 이상 벌이기 어렵게 됐다. 그렇다 보니 주택판매가 지지부진할 수밖에 없다.

： 변화의 조짐

낙관론자들은 도시화가 중국 부동산시장에 새로운 성장 잠재력을 가져올 것이라고 말한다. 만약 정말로 전국 인구 60%라는 도시화율 목표가 달성된다면 도시인구가 8억 명이 될 것이다. 이렇게 되면 도시에는 평균 100제곱미터(약 30평) 크기의 주택 2억 7,200만~2억 8,500만 호(현재 중국 가구의 평균 크기인 3인 가족 기준)가 더 필요한 셈이다. 주거공간면적으로 치면 중국의 도시화 계획이 완결되기까지 총 250억~280억 제곱미터가 필요하다는 계산이다. 2013년 현재 확보한 공간이 180억 제곱미터고 매년 10~15억 제곱미터가 공급된다고 가정한다면 이렇게 불어난 도시인구를 다 수용하는 데 필요한 공간을 다 확보하기까지 10년은 족히 걸릴 것이다.[39]

그러나 몇 가지 변화 조짐 때문에 이러한 단순계산의 현실성에 제동이 걸린다.

첫째, 중국의 가족 규모가 축소되고 있다. 중국 인구의 급속한 고령화와 함께 가족의 규모가 이미 줄어들기 시작했고 이러한 추세는 당분간 계속될 것이다. 이러한 부분을 고려한다면, 도시화가 완결됐을 때의 도시 가구 수는 앞서 계산한 것과 같다고 하더라도 가족 규모의 축소와 함께 필요한 주거공간의 크기도 줄어들 것이다.[40]

둘째, 결혼 가능한 연령대의 인구가 줄어들고 있다. 출생률이 최고점에 달했던 1981~1990년 이후 출생률이 점점 감소하여 1987년에 21.5%였던 출생률이 2002년에는 이의 절반 수준인 12%로 줄어들었다. 대학졸업 후 결혼하여 가정을 꾸리는 젊은이들이 줄어들면 아파트 수요도 함께 감소할 것이다.[41]

셋째, 도시화 진행률이 기대했던 수준에 못 미칠 수 있다. 정부가 도시화 계획의 진척을 위한 대책을 내놓았는데도 도시화 진행 속도가 더뎌지고 있음이 여기저기에서 이미 감지됐다. 2013년에는 도시화율이 1.16% 포인트 증가하는 데 그쳤으며 세계금융위기를 겪었던 2008년을 제외하면 이는 1996년 이래 최저 수준이다. 2000년부터 2010년까지 도시인구의 평균증가율은 3.9%였는데 이후 점점 감소하여 2013년에는 2.7%가 됐다.[42]

마지막으로, 새로운 도시이주자들의 구매력 부족 혹은 구매력 결여가 문제다. 도시의 주택가격이 치솟으면서 상황은 더욱 심각해졌다. 도시화와 함께 많은 사람이 대도시로 가는 것이 사실이다. 그러나 이것이 새로운 현상도 아니고 그 수가 생각만큼 그렇게 많지도 않다는 것이 문제다. 지난 20년 동안 이미 많은 농촌 인구가 도시로 이주했다. 이렇게 도시로 온 이주노동자들은 도시의 후커우[戶口, 중국의 호적]에 등재되지 않기 때문에 도시인구통계에 잡히지 않아서 사회보장 혜택도 받지 못한다.

신규 도시이주자 대다수가 고향에 이미 주택이 있을 수 있고 일부는 도시로 와서 또 주택을 사는 사람도 있을 것이다. 이 부분을 고려한다면 현재의 통계는 실제 도시화율을 제대로 반영하지 못한 것일 수 있다. 신규 도시근로자의 평균임금은 현재 이들이 거주하는 도시의 평균임금보다 상대적으로 낮고 이들 도시의 주택가격은 고향인 농촌의 주택보다 훨씬 비싸다. 그러므로 신규 도시이주자들이 새 거주지에서 아무리 집을 사고 싶어도 현실적으로 주택을 구입할 능력이 안 될 수 있다.

요컨대 낙관론자들의 기대와는 달리 앞으로 진행될 도시화가 부동산경기를 부양하는 효과는 그다지 크지 않을 것이다.

: 추세 변화의 동력

투자자로 하여금 주택가격이 계속해서 상승하리라는 비현실적인 기대감을 버리게 하려면 정부가 무엇을 어떻게 해야 하는가? 요컨대 그동 안 정부가 해왔던 암묵적 보증에 대한 출구전략이 무엇일까?

무엇보다도 GDP 지향적 자세부터 버려야 한다. 그동안 부동산 및 부동산 관련 부문이 중국의 경제성장률에 크게 이바지한 것이 사실이 다. 따라서 부동산가격 안정화 정책은 경제성장을 저해하는 요소로 작 용할 가능성이 있다.

투자자와 투기자에게 앞으로 정부가 부동산가격상승을 보증하는 일은 없으리라는 점을 이해시키려면 먼저 정부가 더 이상 고성장 전략 을 추진하지 않겠다는 약속부터 해야 한다. 고성장 전략을 버리는 대 신에 국민의 삶의 질과 만족도를 높이는 데 더 중점을 두고 경제성장 의 속도와 질, 모두를 고려하는 쪽으로 정책의 방향을 잡아야 한다.

더불어 재정개혁추진과 적절한 재산세부과 정책 또한 부동산 부문 의 다양한 문제를 해결하는 데 도움이 될 것이다. 중앙정부와 지방정 부 간에 재정수입 배분과 책임을 재조정하는 것도 개혁의 한 부분이 다. 이렇게 하면 지방정부도 토지매각수입 증대를 위해 부동산가격상 승을 부채질하는 일을 자제하게 될 것이다.

또 재산세 수입은 지방정부의 안정된 재정수입원이 돼줄 것이고 따 라서 자꾸 불어나는 지방정부의 부채 문제를 해결하는 데도 도움이 될 것이다. 재산세를 부과하면 투기자들의 부동산 보유비용이 엄청나게 증가할 것이다. 그 결과 부동산 투기의욕이 저하되고 가격상승률도 감 소할 것이다.

마지막으로 부동산 정보등록 및 공개시스템을 투명하게 해야 한다. 최근에 중국정부가 추진한 반(反)부패정책 역시 주택가격을 억제하는 데 효과가 있었다. 특히 고소득층을 겨냥한 고급주택시장에서 가격을 억제하는 데 효과가 있었다. 그렇다고는 해도 재산세부과를 개시하고 양도소득세를 더 효과적으로 징수하려면 더 투명하고 더 정확한 부동산 등록 및 정보공개 체계가 갖춰져야 한다.

부패 관련 정보가 투명하게 공개되면 앞으로 정부관료가 주택의 형태로 뇌물을 받을 기회도 줄어들 것이고 엄청난 규모의 그림자금융 수요를 창출할지도 모를 법망의 구멍도 어느 정도는 메워질 것이다.

예고된 버블

제4장

위험 요소를
무시하고 있는 주식시장

맹인 나라에서는
눈이 하나 있는 사람이 왕이다.

-데시데리우스 에라스무스

: 중국을 겨냥한 공매도?

제1장에서 언급했듯이 2011년에 머디워터스의 카슨 블록은 토론토 증시 상장사인 시노포리스트가 '수십억 달러 규모의 폰지 사기'를 저질렀다는 의혹을 제기하여 일약 세계적인 유명인사로 떠올랐다.[1] 블록의 이 조사보고서가 발표된 이후 시노포리스트의 주가는 80%나 폭락했고 이 회사의 주주였던 세계적인 투자자 존 폴슨은 보유지분 전부를 처분하면서 7억 2,000만 달러를 잃었다.[2] 나스닥에 상장한 몇몇 기업도 이와 비슷한 일을 겪었고 머디워터스와 같은 일부 리서치사와 자산관리사는 이들 중국 상장사 주식에 대한 공매도 포지션을 늘리기 시작했다.

나스닥 상장사 주식에 대한 공매도가 이어지자 중국 내에서 큰 논란이 빚어졌다. 어떤 비평가들은 이러한 '치졸한' 행위는 처음부터 중국을 겨냥한 것으로서 공매도라는 도구를 통해 중국기업과 중국경제 전체를 위협하고 있다고 주장하기도 했다. 또 지금까지 발생한 모든 금융위기의 원흉이 공매도라고 주장하며 나스닥 중국 상장사에 대한 공매도 행위를 비판하는 사람도 있었다.[3]

이러한 사례에서 볼 수 있듯이 대다수 중국인과 투자자들은 공매도 관행에 익숙하지 않다.

: 공매도 경험 부족

이러한 비난이나 불만을 쏟아놓는다고 해서 무조건 투자자들만 탓할 일은 아니다. 2007년에 중국 A주 시장에 공매도가 처음 도입된 이후에도 공매도 행위는 지극히 제한적으로 이루어졌을 뿐이다. 나스닥과 기타 서구 선진국 증시에서는 공매도가 흔하게 이루어지는 데 비해 중국에서는 공매도를 의혹의 시선으로 바라보는 사람들이 많았다. 즉 공매도는 중국과 중국기업을 위기에 몰아넣기 위한 하나의 음모라고 볼 것이다. 공매도와 공매도자에 대해 이처럼 곱지 않은 시선을 보내는 곳이 중국만은 아니다.

전 세계적으로 증시감독당국은 시장안정을 위협할 소지가 있다는 이유로 공매도 비중이 지나치게 높아지는 것을 우려하고 있다. 공매도에 대한 이 같은 편향된 시각은 과거 암스테르담증권거래소에서 있었던 한 사건에 뿌리를 두고 있다. 암스테르담거래소는 17세기에 개설된

예고된 버블

세계 최초의 증권거래소다. 당시 공매도에 대한 감독당국과 투자자의 반감이 워낙 강해서 나폴레옹 집권 시절에는 이를 법으로 금지했다.[4]

공매도를 탐탁지 않게 보기는 예나 지금이나 마찬가지다.[5] 공매도가 시장혼란을 유발할 수 있기 때문이다. 즉 시장하락을 유도하는 잘못된 정보로 투자자들을 부추겨 의도적으로 하락장을 만들 수 있는 것이다. 실제로 2007~2009년 세계금융위기 당시 수많은 국가가 공매도를 금지했던 이유 가운데 이러한 점도 포함돼 있다.

그러나 필자가 예일대학 동료와 함께 진행한 연구 결과 이러한 우려를 뒷받침할 만한 증거는 별로 없었다. 오히려 공매도를 금지하는 것은 상장사의 재무상태에 대한 일부 정보(특히 부정적인 정보)가 시장에 노출되는 것을 차단하는 결과가 된다. 특정 주식에 대해 긍정적인 정보를 가진 투자자가 그 주식을 사들여 주가를 올리는 것에 문제를 제기한 사람이 있었는가! 이것은 괜찮다고 하면서 부정적인 정보를 가진 투자자가 공매도를 통해 주가를 끌어내리는 것은 잘못됐다고 하는 것이 과연 정당한 태도일까? 과거 인류의 금융역사만 봐도 숱한 거품현상 속에서 가격이 급등한 사례가 어디 한두 번이었던가!

리먼브라더스가 파산을 신청한 2008년 9월 세계금융위기 당시 공매도가 금융주에 치명타를 가한 경우를 제외하면, 공매도자가 금융위기를 불러일으켰다거나 공매도자들이 지닌 부정적 정보가 전혀 사실이 아니라는 점을 뒷받침할 만한 확실한 증거는 없다. 조사 결과 금융위기 동안에도 몇몇 금융주를 제외하고 공매도 금지는 급작스러운 주가하락을 막는 데 그리 큰 효과가 없었던 것으로 드러났다.[6]

오히려 공매도자를 비난하고 위협하며 공매도자에 적대적인 반응을 보이는 상장사가 그렇지 않은 기업보다 금융부정이나 사기에 연루된 경우가 더 많은 것으로 나타났다. 요컨대 공매도자의 부정적 정보를 무조건 사기로 몰아가는 것은 부당하다고 본다.

리먼브라더스의 경우가 그 좋은 예다. 리먼브라더스는 2008년 금융위기가 본격화하기 이전에 주가하락으로 이익을 보려는 목적에서 의도적으로 자사에 대한 부정적 정보를 유포했다는 혐의로 그린라이트캐피털(Green Light Capital)의 데이비드 아인혼(David Einhorn)을 고소했다. 리먼브라더스는 2008년 여름에 이 헤지펀드계의 거물을 상대로 잠재적 손실에 대한 보상을 청구하겠다며 기세가 등등했다. 그 결과는 어땠나? 모두가 알다시피 리먼브라더스의 참패였다. 리먼브라더스가 법적 절차를 개시하기도 전에 데이비드 아인혼이 내놓은 각종 자료와 정보가 사실인 것으로 드러났다. 따라서 이 싸움은 리먼브라더스가 그린라이트캐피털을 상대로 손해배상청구 소송을 제기하는 것이 아니라 오히려 자사의 파산을 신청하는 것으로 막을 내렸다.

대다수 감독당국이 공정공시와 규정준수를 중요하게 생각한다. 그러면서 또 한편으로는 공매도가 일부 시장 혹은 전체 시장에서 주가하락을 유발할 수 있다는 부분을 크게 우려한다. 그런데 만약에 공매도자의 생각대로 특정 기업의 재무상태에 정말로 문제가 있다면 어떻게 될까? 공매도자가 정확한 정보를 알려준 부분에 대해 다들 고마워해야 하는 것이 아닐까?

또 감독당국의 우려대로 일부 공매도자가 잘못된 정보로(의도적일 수도 있음) 주가하락을 유발한 경우라도 이 때문에 이득을 보는 쪽이 분명히 있지 않을까? 공격적 공매도 이후 주가가 급락한 상황에서 매우 낮은

예고된 버블

가격에 해당 주식을 사들인 스마트 투자자(smart investor, 고수익을 위해 장세 변화에 따라 신속하게 움직이는 단기투자자-역주)는 공매도자의 이러한 행동 덕분에 큰 이득을 볼 것이다. 따라서 이들은 주가를 적당히 떨어뜨려 준 공매도자가 고맙지 않을 수 없을 것이다.

월가에 회자하는 말 중에 이런 것이 있다. '주가폭락은 최적의 매수 기회로 이어진다'. 일례로 애펄루사매니지먼트(Appalosa Management)의 데이비드 테퍼(David Tepper)는 2009년에 가장 큰 수익을 올리며 성공투자로 한 해를 마무리했다. 헤지펀드투자자인 테퍼는 2008년 시장붕괴기에 공매도 덕분에 주가가 폭락한 금융기업의 주식과 채권을 사들여서 큰 돈을 벌었다. 시장이 존재하는 한 가격변동은 늘 있는 법이다. 어떤 거래에서든 이익을 보는 쪽이 있으면 손해를 보는 쪽도 있다. 그러므로 정부는 섣불리 개입하지 말고 한 걸음 물러나서 시장이 어느 편 투자자의 손을 들어주든 개의치 말고 그냥 지켜봐야 한다.

증감위는 주식시장개혁이라는 시급한 과제를 앞에 두고도 시장상승에 대한 강박에 가까운 압박감에서 헤어나지 못하고 있다. 그 결과 서구 주식투자자들이 '그린스펀 풋(Greenspan Put, 시장침체를 막고자 계속해서 유동성을 공급했던 그린스펀의 정책을 빗댄 말로서 위기가 발생할 때 정부가 나서서 구제해주리라는 믿음이 여기서 비롯됨-역주)'을 맹신했듯이 중국 투자자들은 'CSRC(증감위) 풋'을 굳게 믿게 됐다.

중국 투자자들은 주가가 크게 폭락하는 것을 정부가 모른 체하지 않을 것이라고 굳게 믿는다. 사회안정을 우선시하는 정부가 이 안정을 위태롭게 할 시장하락을 그대로 보아 넘기지는 않을 것이라고 여기기 때문이다. 주가하락으로 손실이 발생할 때마다 투자자들은 증권사 지점과 증권거래소, 심지어 증감위 청사 앞에서 항의시위를 벌이며 시장 상승에 도움이 될 소식 혹은 더 이상의 가격하락을 막아줄 대책을 내 놓으라고 요구했다. 사실 투자자들이 정부의 암묵적 보증을 믿고 주식 시장을 떠나지 않은 것도 있다.

미국의 일부 연구자는 기술주에 대한 공매도가 어려웠던 것이 1990년 대 말의 닷컴거품에 공헌한 부분이 있으며[8] 부동산자산이 다른 자산보다 거품이 발생할 가능성이 훨씬 큰 이유 가운데는 부동산시장에 공매도 개념이 없다는 것도 포함된다고 주장한다.

이러한 맥락에서 보자면 강세장이 항상 좋은 것도 아니고 약세장이 항상 나쁜 것도 아니다. 공매도를 허용하면 관련 주에 대해 더 많은 정보를 확보할 수 있다. 따라서 더 광범위해진 정보가 가격에 반영된다면 더 정확하고 더 안정적인 가격형성을 기대할 수 있다. 좀 더 장기적인 안목으로 봤을 때 공매도가 주식시장을 약화시킨다는 감독당국의 생각과는 달리 실제로는 공매도가 금융시장을 안정시키는 중요한 도구가 된다.

: 파생상품의 발전

시장급등과 거품을 방지할 수 있는 또 하나의 시스템이 바로 파생상품 거래다. 공매도와 비슷하게 파생상품(선물과 옵션) 거래는 부정적 정보를 다른 시장참여자와 공유하는 것을 가능하게 한다. 부정적 정보를 입수한 투자자가 파생거래를 통해 그러한 정보를 시장에 공개하는 역할을

예고된 버블

한다고 보면 된다. 근 10여 년의 준비 기간을 거쳐 2009년에 비로소 중국 주식시장에 주가지수 선물상품이 등장했다.

중국시장이 파생상품 거래를 꺼리는 이유는 1995년에 국채선물시장에서 발생한 유명한 '327 국채사건'(상하이 증권거래소 투자자였던 중국 한룽[漢龍]그룹 류한[劉漢] 회장은 1995년 2월 다른 투자자 3명과 연합해 '327 국채(國債)'라는 이름의 금융상품 선물(先物)에 대해 가격을 올려 되팔고 빠지는 식으로 막대한 이익을 챙겼다. 이 수법은 중국 증권사에 큰 오명을 남긴 사건으로 기록되었고 류한에게는 후에 사형이 집행됐다.-역주)와 무관하지 않다. 한 증권사가 의도적으로 국채(재정부채권) 가격을 조작하는 바람에 아직 햇병아리 단계였던 파생시장에 수습 불가능한 가격변동이 발생했다. 이 때문에 수많은 투자자가 큰 손실을 봤고 정부가 개입하여 기업을 구제해야 하는 상황에 몰리면서 결국 국채선물시장이 폐쇄된 채 꼬박 10년을 흘려보냈다.

중국 투자자들이 파생상품 거래를 꺼리는 또 한 가지 이유는 파생상품이나 파생상품 거래와 관련한 위험관리에 익숙지 않은 기업이 국제시장에서 파생상품 거래에 나섰다가 큰 손실을 냈기 때문이다. 중국 에너지 부문의 선도적 국유기업인 중국항공유총공사(中國航油, China Aviation Oil, CAO)가 2004년에 국제 시장에서 선물거래를 했다가 수억 달러의 손실을 냈다.[9] 또 국가물자비축국(國歌物資備蓄局, Chinese State Reserve, SRB)은 구리 선물거래로 역시 수억 달러의 손실을 봤다.[10]

세계금융위기 기간인 2008년에는 거대 국유기업인 중신그룹(Citic Group)의 계열사 중신타이푸(Citic Pacific)가 복합파생상품에 대한 투기성 거래로 1,000억 홍콩 달러를 손해 봤다. 이외에도 수많은 기업과 큰손 투자자들이 이색 파생상품 거래로 큰돈을 날렸던 것이다.[11]

중국정부는 이와 같은 부정적 경험 때문에 파생상품은 '대량살상무기'라고 믿게 됐다. 따라서 정부는 중국기업에 대해 파생상품을 통한 아주 기본적인 헤지(hedge, 위험자산의 가격변동에 따른 위험을 줄이거나 없애는 투자전략-역주) 거래마저도 금지했고 중국에 파생상품 시장을 육성하는 일은 더더욱 망설이게 됐다. 중국이 파생상품에 대해 이처럼 부정적인 시각을 갖는 것도 전혀 이해 못 할 바는 아니다. 그러나 이러한 태도는 파생상품이 적절한 자산가격형성과 과도한 가격변동을 억제하는 데 도움이 된다는 부분을 간과한 것이다. 이러한 형태의 시장제동장치가 없으면 투기 분위기가 과도하게 조성되어 거품 수준으로 가격이 폭등했다가 폭락하는 패턴이 반복될 가능성이 커진다.

그러나 파생상품(예: 지수선물과 국채선물) 거래를 꺼리는 가장 큰 이유는 공매도와 마찬가지로 이것이 주식시장하락으로 이어질 수 있다고 보기 때문이다. 그래서 감독당국은 시장하락을 우려하여 상승장이 유지되는 동안에는 파생상품 거래를 허용할 생각이 없었던 것이다. 상승장에서도 이러한데 하락장에서는 더 말할 것도 없었다. 이미 하락세를 탄 시장이 선물거래로 가격이 더 하락할 수도 있다고 보기 때문이다. 이러한 태도 때문에 중요한 헤지 거래 수단이자 효과적인 시장균형화 수단인 파생상품이 중국에서는 10년 넘게 뒷전에 밀려 있다가 이제야 비로소 물 위로 고개를 내밀게 됐다.

이러한 변화는 2006년과 2008년 A주 시장 상황에서 비롯된 측면이 있다. A주 시장의 종합주가지수는 2006년에 약 1,000포인트에서 2008년에는 무려 6,100포인트까지 상승했다가 시장이 폭락하면서 다시 1,600선으로 떨어졌다. 투자자들, 특히 경험과 기술이 아직 부족한 개인투

예고된 버블

자자들은 고점에 거의 도달할 즈음에 주식을 샀다가 이내 하락장이 형성되면서 큰 손해를 보는 일이 비일비재했다.

이는 중국 투자자에 국한된 것이 아니고 전 세계 어느 시장에서나 볼 수 있는 보편적인 현상이다. 미국증시를 비롯한 기타 수많은 국가의 증시를 관찰한 결과 개인투자자들은 증시 역사상 최대 강세장(예: 1990년대 말 닷컴거품기, 2007~2009년 세계금융위기 이전의 시장 폭등기)에서 큰돈을 잃는 사람이 많았다.[12] 이쯤 되면 개인투자자를 위한 감독당국의 보호방향이 잘못된 것이 아닐까를 의심해볼 수 있다. 당국의 생각과 달리 강세장이 투자자에게 무조건 유리한 것이 아니고 약세장이 투자자에게 무조건 불리한 것도 아니다.

지수선물이나 지수선물옵션 같은 파생상품 거래나 공매도를 통해 부정적 시장전망을 가격에 반영시킬 수 있다면, 제동장치 없는 폭주기관차처럼 가격이 폭등하여 시장거품이 형성되는 것을 어느 정도 차단된다.

필자가 칭화대학 동료와 함께 진행한 연구에서 파생상품이나 공매도 거래는 2005년부터 2007년까지 중국의 주식워런트증권[equity linked warrant, ELW, 일정한 시기에 일정 수의 주식을 일정한 가격에 살 수 있는 '권리'(워런트)가 표창된 유가증권-역주] 시장에서 겪었던 것과 같은 투기적 거품현상을 차단하는 데 효과적인 것으로 나타났다.[13]

: 과도하게 엄격한 상장요건

감독당국의 시장상승 의지는 비단 유통시장(secondary market, 이미 발행된 유가
증권이 공정한 가격으로 매매·유통되는 구체적인 거래 시장을 뜻함. 발행시장이 자본의 증권화를
담당하는 1차시장이라면 유통시장은 증권의 자금화를 담당한 2차시장으로서 우리가 말하는 통상
적 주식시장이 여기에 해당함-역주)만이 아니라 A주 시장의 상장요건에도 그대
로 반영돼 있다.

2014년 9월에 뉴욕 증권거래소에 상장해 뉴욕 증시사상 최대 규모
의 IPO를 기록한 중국최대 전자상거래 업체 알리바바를 생각해보라.
중국인들은 자국기업이 국제시장에 그렇게 화려하게 등장했다는 사실
에 환호하면서도 한편으로는 알리바바가 왜 중국이 아닌 미국에서 주
식을 공개했을까 의아스러워했다.

답은 아주 간단하다. 알리바바는 중국에 상장하고 싶어도 할 수 없
었다.

증감위는 A주 시장의 상장요건을 통해 알리바바, 바이두(중국최대 검
색엔진), 텐센트(인터넷 서비스 및 게임 서비스 전문기업)와 같은 대다수 중국 대
기업을 비롯하여 특정 업종에 속한 기업의 상장을 금지했다. 이러한
규제는 중국 금융시장과 투자자 모두의 손발을 묶는 눈엣가시 같은
존재다. 이러한 제한 때문에 중국 투자자의 투자대상은 차이넥스트
(CHINEXT, 중국판 나스닥 혹은 코스닥) 상장사에 국한될 수밖에 없다. 그런데
이들 대다수가 초고속성장 기업이 아닌 '적당히' 성장하는 기업이라서
이곳에 투자한 사람들에게 적지 않은 손실을 안길 가능성이 컸다. 수
많은 중국기업이 해외상장을 선택하는 이유는 바로 엄격한 상장요건

예고된 버블

때문이다. 해외시장에서는 자사에 대한 인지도가 상대적으로 낮아 기업가치평가에서도 손해를 볼 수 있음에도 어쩔 수 없이 그 방법을 택할 수밖에 없다.

상장사의 재무요건을 규정하고 그 기업의 기초재무여건(펀더멘털)을 철저히 조사하는 것은 일견 투자자보호를 위한 적절한 조치로 보인다. 그러나 실제로는 이러한 실사조사 때문에 투자자들이 상장사의 재무 건전성을 맹목적으로 믿으며 이러한 맹신을 바탕으로 이들 기업에 무조건 투자하는 일이 생긴다. 결과적으로 감독당국의 애초 의도는 투자자를 보호하는 것인데 실제로는 이것이 오히려 무책임한 투자를 유발하여 큰 손실을 발생시킨다.

한편, IPO에 적합한 재무요건을 정해놓은 것이 오히려 역효과를 내기도 한다. 즉 이런 요건을 악용하여 분식회계나 이익조정(earnings management, 투자자나 채권자를 오도하거나 계약관계에 영향을 주려는 목적으로 재무보고나 회계처리 과정에 개입하여 공시되는 재무정보를 변경하는 행위-역주)을 통해 IPO요건을 충족시키려는 기업에 부당한 혜택을 주는 결과를 낳기도 한다. 세계 각국의 연구결과를 보면 장기적 차원에서의 잠재이익을 미리 끌어다가 단기이익을 부풀리는 등의 적극적 이익조정행위는 장기적으로 투자자의 수익에 악영향을 미친다.[14] 다른 국가의 경우 투자자들이 이러한 엄격한 상장요건 및 이로 말미암아 과도하게 부풀려진 공모가(公募價) 때문에 피해를 볼 일은 없다. 그러나 안타깝게도 A주 시장의 투자자들은 IPO 직후 주가가 폭락하거나 이익(이익조정 후에 나타나는 실제 이익수치)이 급감하면서 큰 손실을 보는 경우가 많다.

: 역외 현금흐름 차단

간접적이기는 하나 자본시장에서의 암묵적 보증과 관련이 있는 또 하나의 규제가 바로 자본계정에 대한 통제다. 현행 중국의 외환관리 규정상 경상계정(current account)의 현금흐름은 자유로우나, 일반적으로 금융활동 및 투자와 관련이 있는 자본계정(capital account)은 그렇지가 않다.

무역 관련 활동과 관련된 경상계정 부분은 10년 전에 이미 규제가 철폐됐으나 자본계정 부분에 대한 규제는 여전하다. 예를 들어, 중국에서 5만 달러 이상을 투자하거나 이 정도 금액의 투자자금을 회수하려면 국가외환관리국(State Administration of Foreign Exchange, SAFE)의 승인을 얻어야 한다. 5만 달러는 중국인 1인당 연간(역년 기준) 환전한도다.

이러한 규제는 외화보유액 증가, 통화공급과잉(무역흑자로 증가한 외환을 강제매수하여 시중에 위안화가 과도하게 풀림) 등 중국경제에 여러 가지 문제를 불러 일으켰다.[15,16]

이는 중국 투자자들의 해외투자상품에 대한 수요가 억눌려 있다는 의미다. 중국자본이 해외금융시장으로 유출되는 것을 막으려는 이러한 규제 때문에 중국의 투자자들은 차선책을 택할 수밖에 없는 상황이 된 것이다. 즉 어쩔 수 없이 투자가치가 높은 외국 자산은 포기하고 그럭저럭 괜찮은 국내기업이나 부동산에 투자가 집중되는 현상이 발생한다.

이렇게 자본의 역외 흐름을 제한함으로써 중국 투자자로 하여금 상대적으로 투자가치가 낮은 국내자산에 투자하게 하는 것도 정부의 암묵적 보증 때문이다.

예고된 버블

이렇게 국내 일부 자산에 투자가 집중되다 보니 심지어 같은 기업인데도 다른 금융시장에서보다 A주 시장에서 주가가 더 높게 형성되는 현상이 발생한다.[17,18] 예를 들어, 같은 기업 주식인데 A주 시장에서는 홍콩 증시보다 100% 더 높은 가격에 거래된다는 조사결과가 나왔다. 다시 말해 선전이나 상하이 증시에 상장된 기업의 주식은 홍콩증시로 오면 주가가 반토막이 난다는 의미다.[19,20]

중국 자본시장의 개방화, 지수선물과 주식옵션 같은 파생상품거래의 증가, 지하외환시장을 통한 차익거래 증가 등을 통해 이러한 주가 격차는 점차 줄어들고 있다.

이러한 추세변화는 자본규제를 통한 증시 떠받치기에 몰두했던 정부의 암묵적 보증이 점차 사라지고 있음을 의미한다. 2014년에 중국 상하이 증시와 홍콩 증시 사이의 교차매매를 허용하는 이른바 후강퉁 [滬股通, 여기서 '후'는 상하이, '강'은 홍콩을 의미-역주] 제도를 도입한 것 또한 이러한 변화에서 비롯된 것이다. 이 새로운 제도에 따라 중국 국내 투자자와 해외투자자는 홍콩 혹은 상하이 증시에 개설된 증권거래 계정을 통해 교차거래를 할 수 있다. 앞으로 역외자본흐름이 더욱 원활해져서 정부가 자본통제를 통해 시장상승에 대한 암묵적 보증을 제공하는 일이 점차 사라지기를 바란다. 암묵적 보증의 근절에서 한발 더 나아가 중국증시에서도 시장에 기반을 둔 투명한 주가결정 시스템이 자리 잡기를 바라마지 않는다.

: 투자자의 관점

중국은 인구로 보나 면적으로 보나 세계최대 규모다. 그 덕분에 고속성장국가 반열에 올랐으면서도 정부와 감독당국이 주식시장상승에 대한 암묵적 보증을 계속한 결과 2009~2014년 세계증시 투자자 가운데 A주 시장 투자자들의 투자실적이 최악에 머물렀다.

이러한 모순적 상황은 IPO 과정에서 적나라하게 드러난다. 중국기업 중에는 IPO를 통해 세계증시사상 최대규모의 IPO를 기록한 곳도 있고 상장 첫날 일일 최고 주가상승폭을 기록한 곳도 있다. 그러나 중국기업의 IPO에 응했던 투자자는 주가 과대산정, 과다모집, 급격한 실적악화 등 중국기업의 IPO 과정에서 나타난 고질적인 문제점을 지적하며 볼멘소리를 냈다.

예를 들어, 2012~2014년 시장하락기에도 대다수 IPO 공모가격이 주가수익률 40배 수준에서 산정됐다. 당시 기존 상장주의 주가수익률이 20배 정도였다는 점과 비교해볼 만하다. 그 결과 수많은 기업이 IPO를 통해 예상공모액을 훨씬 웃도는 자금을 조달했다. 그런데 문제는 자본이득을 노리고 과다모집을 통해 조달한 자금을 자사의 주력사업과 별 관계도 없는 부문에 투자했다는 점이다.

A주 시장에 상장하려는 기업은 주가 고평가와 과다모집에 초점을 맞추기 때문에 IPO 과정에서 적극적으로 이익조정에 참여하는 일이 공공연하게 벌어진다. 그 결과 상장된 270개 종목 가운데 4분의 1(65개 기업)이 IPO 직후 이익이 감소했고 이 가운데 절반은 증감위가 정한 상장요건을 충족시킨 직후 손실을 기록한 것으로 나타났다.[21]

이러한 이유로 공모주에 투자했다가 쓴맛을 보는 일이 빈번해지면서 투자자들은 현행 IPO 체계의 타당성에 의문을 제기하면서 증감위에 이 부분에 대한 개혁을 요구하기에 이르렀다. 이러한 불평불만이 다른 사람도 아니고 여전히 공모주청약에 열을 올리는 투자자들의 입에서 나온다는 사실이 좀 아이러니하기는 하다. 조금만 더 생각해보면 왜 증감위의 선결과제가 IPO 절차개혁이라고 하는지 이해가 갈 것이다.

한편, 투자자들은 시장이 과평가됐다고 보기 때문에 1차시장(발행시장)이든 2차시장(유통시장)이든 간에 중국증시에 대한 투자의욕이 상실된 상태라 할 수 있다. 그런데 국내시장에서는 주식 말고 딱히 투자할 만한 종목이 없다는 것도 문제다. 중국 투자자들은 역외자본흐름을 제한하는 자본통제정책 때문에 해외시장에서 거래할 수 없다. 그래서 국내주식 가운데 그나마 조금 낫다 싶은 유망주를 선택하는 외에 달리 마땅한 대안이 없다. '맹인국에서는 눈이 하나라도 있는 사람이 왕이다'라는 말이 있다. 해외시장에서 거래할 수 없는 상황이라면 국내시장에서 가장 유망한 종목이 '맹인국의 왕'일 수밖에 없다. 비록 '한쪽 눈이 없다는 결함'이 있더라도 중국에서 가장 나은 이 종목들이 '맹인국', 즉 중국투자업계를 호령하게 되는 것이다.

그러나 문제는 이보다 훨씬 복잡하다. 첫째, IPO 과정은 기업이 투자자에게 첫선을 보이는 무대라 할 수 있다. 그런데 정보의 비대칭성(information asymmetry, 경제 주체 사이에 정보 격차가 생기는 현상-역주) 문제 때문에 IPO 기업의 실제 재정상태를 정확히 평가하기가 더 어렵다. 그래서 중국 IPO 시장에서 숱한 '맹인' 중에 그나마 눈이 하나라도 있는 이른바 '애꾸눈'을 구별해내기가 그리 쉽지는 않다.

게다가 IPO 직후에 나타난 공모주의 실적으로 이 종목의 장기적 실적을 판단하기도 어렵다. 그러므로 투자자는 매수할 종목에 대해서는 물론이고 매도시점도 잘 판단해야 한다. 이러한 부분은 투자자에게 꼭 필요한 기술인데 안타깝게도 대다수가 이러한 기술이 부족하다.

마지막으로, IPO 공급량이 제한돼 있고 대체로 IPO 주식의 '단기' 수익률이 시장평균을 웃돌기 때문에 IPO 주식에 대한 수요가 여전하다. 이 때문에 중국 IPO 주식의 공모가가 다른 시장에서보다 훨씬 높게 형성되는 것이다.

이 문제를 해결하고자 증감위는 건설부가 추진한 주택가격안정화정책을 본떠 몇 가지 대책을 수립했다. 건설부는 주택가격억제를 위해 필요하다고 판단될 때 가격상한선을 정해 신규 주택을 그보다 비싼 가격으로는 팔지 못하게 한다.

이러한 한시적 조치는 일부 고급주택시장에서 일시적으로 가격상승을 억제하는 효과가 있었다. 그러나 이 한시적 가격규제 조치가 완화되고 나면 고급 주택가격은 시장평균을 훨씬 웃돌며 엄청난 반등세를 나타냈다. 그러므로 이처럼 단기적인 대책으로는 장기적 차원에서의 자원의 오(誤)배분과 시장가격왜곡의 문제를 효과적으로 해결하지 못한다.

IPO 주식에 대한 증감위의 정책도 이와 비슷한 결과를 낳았다. 정부는 상장 첫날의 주가수익한도를 미리 정해 IPO 주식의 주가폭등을 통제하려 했다. 그러나 첫 상장일 이후 몇 주 정도가 지나면 첫날의 수익한도 때문에 '손해' 본 부분을 상쇄하고도 남을 정도로 주가가 엄청나게 상승하는 것이 일반적이었다.

예고된 버블

: 사모펀드투자자의 비현실적인 기대감

IPO를 통해 고수익이 창출되면서 여러 가지 복잡한 문제가 발생했다. 일례로 신규 상장주의 가격이 폭등하면서 단기간에 큰 수익을 내자 개인투자자나 기관투자자나 상장을 앞둔 기업의 이른바 '비상장 지분'에 투자하려고 안달이 났다. 다시 말하자면 이는 상장가능성이 매우 커서 IPO 과정을 통해 '종잇조각'이 '금싸라기'로 변할 수 있는 종목에 투자하는 것이라 할 수 있다.

이는 순식간에 백만장자 혹은 억만장자를 만들어낼 수도 있는 초고수익적 투자 방식이다. 그래서 통상적으로 인수와 합병 혹은 기업매수와 구조조정을 통해 기업가치를 높인 후 되팔아 고수익을 창출하는 일을 전문으로 하는 사모펀드(사모투자전문회사)들은 상장이 임박한 중국기업에 눈독을 들이고 있다. 이런 우스갯소리가 떠돌 정도였다. "중국 호텔연회장에 가면 테이블마다 사모펀드 관계자가 꼭 앉아 있다. 이들은 상장 준비 중인 기업이 상장절차를 무사히 밟아 승인을 받을 수 있도록 전력을 다한다."

사모펀드가 성행했던 2009~2011년에는 2가지 신조어가 크게 유행했었다. 하나는 '사모펀드 대중화(PE mass)'로 말 그대로 '모두가 사모펀드에 투자'한다는 의미다. 또 하나는 '사모펀드 부정(PE corruption)'이라는 말인데 정부관료가 사적인 이익을 좇아 기업의 상장을 도와주는 것을 의미한다.[22,23]

: 1차시장과 2차시장

IPO 과정에서 주가가 고평가되는 현상과 관련한 문제가 또 하나 있다. 장기적 관점에서 볼 때 이렇게 주가가 과도하게 높아지면 '개미'(소액투자자)라 불리는 개인투자자가 주를 이루는 2차시장 투자자들이 IPO 기업에 투자할 기회를 얻기 어렵게 된다.

통상적으로 IPO 기업은 기존의 상장사보다 실적이 저조했다.[24] 이러한 현상은 중국에서 특히 두드러진다. IPO에 대한 억눌린 수요(통화량증가와 잠재적 투자수요를 바탕으로 함)와 인위적인 공급억제(IPO 신청 및 승인절차를 바탕으로 함) 때문에 IPO 가격고평가 문제가 더욱 심각해지면서 이것이 IPO 주식의 실적저조로 이어진다.

대다수 개인투자자는 이러한 가격형성 메커니즘을 잘 모른 채 IPO 직후 비정상적으로 높게 형성된 가격에 그 주식을 사들인다. 아마도 이렇게 투자한 사람 대부분이 투자원금을 회수하지 못할 것이다. 세계최대기업이자 중국최대 국유기업 가운데 하나인 페트로차이나(PetroChina)는 시장호황기였던 2007년에 상장했고 이때 주가가 40위안을 넘었다. 그러나 상장 이후 얼마 못 가 시장이 붕괴하면서 주가는 10위안 선으로 떨어졌고 IPO 당시 형성된 가격으로 주식을 샀던 수많은 투자자가 엄청난 손실을 보고 말았다.

전 세계 시장의 IPO 주식은 실적이 저조한데도 중국에서는 IPO 주식의 가격이 유난히 고평가돼 있다. 주가가 하락하고 고평가 수준이 낮아졌는데도 IPO 주식은 여전히 A주 시장의 과평가를 주도하고 있다. 거래가격이 홍콩증시를 비롯한 다른 증시보다 높은 것도 이러한

예고된 버블

이유에서 비롯된 측면이 있다.

ː 단기투자와 과도한 변동성

IPO 주식의 고평가는 투자자의 투자 시계(視界)에도 영향을 미친다. 사모펀드에 집중할 것이 아니라면, 가치투자 원칙을 바탕으로 한 장기투자전략을 버리고 시계를 짧게 가져가는 것이 최선이라고 생각하는 투자자가 늘고 있다.

거의 모든 IPO 주식이 고평가됐다는 점을 생각한다면 많이 틀린 생각도 아니다. 어차피 과평가된 주식은 시간이 지나면 가치가 하락할 것이고 투자자는 큰 손실을 볼 수밖에 없다. 이 때문에 통상 장기투자자로 분류되는 기관투자자 가운데 초단기적 주가변동에서 이익을 보려는 사람이 많아지면서 전체 시장의 투자 시계가 훨씬 짧아졌다.

이처럼 장기적 투자전략을 도외시하는 일이 반복되면 잠재적 유망주(장기적으로 볼 때)를 외면하는 우를 범하게 된다. IPO 주식투자를 통한 단기적 고수익이라는 짜릿한 경험이 주는 비현실적 기대감 그리고 그러한 투자의 장기적 효과를 무시한 데서 비롯된 근시안적 투자성향이 A주 시장의 투기심리를 더욱 부추긴다. 예측할 수 없는 방향으로 주가가 제멋대로 움직이는, 이른바 '원숭이시장(주가가 오락가락하는 것이 제멋대로 날뛰는 원숭이 같다고 해서 붙여진 이름-역주)'에서 주식의 실적이 중구난방인 것도 이러한 근시안적 단기투자에서 비롯된 것이라 할 수 있다.

: 투자자보호?

증감위는 IPO요건을 엄격하게 정한 목적은 투자자들이 '썩은 사과'를 사서 큰 손실을 보는 일이 없도록 보호하려는 것이라고 주장한다. 그러나 증감위의 의도가 정말 그것이라면 투자자보호의 초점은, 상장사에 대한 재무정보가 공정하고 투명하며 시의적절하게 이루어졌는지 또 개인투자자들이 노련한 기관투자자의 먹잇감이 되지 않았는지에 맞춰져야 한다.

앞서 잠깐 언급했듯이 이와 비슷한 서방의 사례로 전 연준의장 앨런 그린스펀(Allan Greenspan)의 이름을 딴 '그린스펀 풋'이라는 것이 있다. 그린스펀이 증시부양을 위해 혹은 최소한 시장조정을 피하고자 적극적으로 통화완화정책을 폈기 때문에 전 세계 투자자들은 너나 할 것 없이 '마에스트로(경제계 거물 혹은 대가라는 의미에서 그린스펀에서 붙여진 칭호)'가 어떤 마법을 부려서든 미국증시 역사상 최대 강세장을 어떻게든 유지해줄 것으로 믿었다. 주식시장에 대한 헛된 희망과 기대를 품게 한 그린스펀 풋 때문에 1990년대 말에 투기성 투자가 극에 달했고 결국은 저 유명한 닷컴거품이 한껏 부풀었다 꺼지고 말았다.[25]

그린스펀은 닷컴거품붕괴의 여파를 상쇄하고자 적극적인 통화정책을 계속 유지하면서 자산가격상승을 이끌어내려 했다. 이 정책은 과도한 유동성 창출로 이어졌다. 이 과도한 유동성 때문에 미 재무부채권과 같은 안정자산의 가치가 하락하면서 세계부동산시장과 부동산에 기초한 확정금리부증권(fixed income securities) 같은 위험자산으로 투자자본이 흘러들어 갔다.

시장은 닷컴거품붕괴로 도탄에 빠진 미국과 세계경제를 구하고자 거듭된 통화완화정책으로 수십억 달러를 창출한 그린스펀의 용기 있는 선택에 박수를 보냈다. 그러나 2007~2008년에 다시 세계금융위기를 맞게 된다. 이러한 위기를 통해 투자자와 금융감독당국은 인위적 대책은 경제와 금융계 전체를 왜곡하는 결과밖에 낳지 못한다는 사실을 다시 한 번 깨닫게 됐다. 시장은 이러한 인위적 손길을 뿌리치고 결국은 자신의 모습을 드러낼 것이다. 그것도 이러한 인위적 저항에 대해 아주 비싼 대가를 치르게 하면서 말이다.

투자자는 자신의 경험에서 교훈을 얻어야 한다. 이 말은 특히 중국 투자자들이 새겨들어야 한다. 세계증시 역사와 비교하면 중국증시는 한참이나 뒤처져 있기 때문에 중국 투자자들은 주식시장 경험이 일천할 수밖에 없다. 그런데 지난 수십 년 동안 투자자들이 A주의 높은 가격변동성 때문에 단기적으로 큰돈을 벌었고 이러한 경험이 왜곡된 믿음으로 이어지면서 문제가 복잡해졌다. 이러한 투자로 경이적인 수익을 올린 투자 사례에 고무되어 다른 투자자들 역시 자신들도 단기간에 큰돈을 벌 수 있다는 헛된 기대를 품게 된 것이다.

: 상장사의 관점

IPO 과정과 상장폐지

중국은 회사채시장이 거의 존재하지 않는다 해도 과언이 아닐 정도로 발달이 되지 않은 상태라 IPO와 유상증자가 기업이 자금을 조달하는 주요 수단이 됐다. 일부 기업이 이러한 유형의 자본시장을 선호하는 이유는 시장규제자 역할을 하는 증감위의 상장심사절차에서 찾을 수 있다.

감독당국이나 증권거래소가 수행하는 상장심사는 IPO 신청기업의 상장적합성을 평가하고 투자자를 보호하는 것을 목적으로 한다. 그러나 이는 투자자가 생각하는 상장심사의 목적과는 약간의 온도 차가 있다.

서방의 상장심사 절차는 IPO를 신청한 기업이 주식상장의 최소 요건을 갖췄는지 또 필요한 구비서류를 모두 제출했는지에 초점이 맞춰져 있다. 그러나 이러한 심사는 상장으로 자금을 조달하려는 기업의 재무정보와 주가평가의 정확성을 보증하지는 않는다. 이 부분은 IPO 거래당사자인 인수업자(혹은 인수단)가 해야 할 몫이다. 이외 투자은행도 투자설명회(로드쇼)를 통해 잠재적 투자자에게 상장사의 가치와 공모가 책정의 정확성을 보증하는 책임을 어느 정도 진다.

그러나 중국에서는 상장심사가 이와는 다르게 진행된다. 중국기업은 투자설명회를 개시하기 전에 증감위와 증권거래소의 승인을 구해야 한다. 증감위는 상장승인에 필요한 정보의 적합성을 판단하는 외에 조사위원회를 구성하여 해당기업의 사업전망과 재무건전성을 검토한다. 이는 본질적으로 투자자를 위한 조치임에도 상장신청기업에 대한 실사가 진행됐다는 사실 자체가 해당기업에 대한 투자자의 기대와 판단에 영향을 미친다. 대다수 투자자, 특히 개미투자자들은 IPO 과정에 대해 잘 모르기 때문에 실사에 들어갔다는 사실만 보고 해당기업이 상장요건을 충족시켰을 뿐 아니라 증감위가 보증한 건전하고 안전한 투자대상이라고 오해한다.

이렇게 생각하는 사람들의 논리는 아주 단순하며 일견 타당성이 전혀 없지는 않다. 증감위를 상대로 IPO 승인절차를 밟기가 워낙 까다로우므로 일단 IPO 신청절차를 개시한 것만으로도 이미 우량기업이라는 의미 아니겠느냐는 것이다. 상장은 아직 꿈도 못 꾸는 다른 숱한 기업과 신청이라도 한 기업은 뭐가 달라도 다르지 않겠는가? 중국에서 IPO 기업에 대한 가치가 고평가된 것은 투자자들의 이 같은 맹신과 국내 투자수단의 제한으로 말미암은 잠재수요 때문이다.

일단 상장이 되면 기업의 태도가 완전히 바뀐다. 투자수요가 증가하고 상장폐지의 위험이 거의 없다는 사실을 바탕으로 상장사와 그 기업의 지배주주는 투자자에 대한 수익배당 부분은 아랑곳하지 않은 채 주식시장에서 IPO를 통해 자금을 더 끌어모으는 데 혈안이 된다. 이러한 이유 때문에 다른 국가의 증시에서와 달리 중국증시에서 배당금 지급이나 자사주매입 사례가 극히 드문 것이다.

중국에서는 상장하기가 매우 어렵고 비용도 많이 들기 때문에 일단 상장이 된 기업은 이후 상장폐지를 걱정할 필요는 없다. 상장사는 최악의 경우 부실기업이 되더라도 여간해선 상장폐지가 되지 않으며 최소한 '셸(shell, 껍데기뿐인 부실상장사를 의미하며 우회상장을 노리는 기업의 표적이 됨-역주)'의 지위는 누릴 수 있다. 상장자격이 있는 우량기업이라고 해도 상장이 쉽지 않고 시간도 오래 걸리기 때문에 우회상장을 시도하는 일이 많다. 이처럼 자격은 갖췄으나 아직 상장을 하지 못한 비상장 우량기업을 '진주'라고 하는데 이 뭘 기업이 우회상장의 대상으로 탐내는 기업이 바로 셸이다. 따라서 상장에 성공했다는 사실만으로도 '셸 기업이라는 가치'가 창출되는 효과가 있다. 그래서 수년간 줄곧 손실을 내는 기업이라도 상장사라는 이름에 부여된 '셀 가치(진주를 품었다는 의미의 표현-역주)'만으로 20억 위안이 넘는 시가총액을 만들어낼 수 있다.

요컨대 중국에서는 상장도 상장폐지도 어려운 시장현실이 투자가 능한 상장사의 수를 인위적으로 제한하는 결과를 낳았다. A주 시장 투자자들은 희소성 때문에 그 가치가 과평가된 소수 상장사를 선택할 수밖에 없다. 이처럼 선택할 수 있는 투자대상이 제한되다 보니 투자 자금이 편중되는 현상이 발생하고 이러한 투자편중화로 상장사의 가치가 고평가되는 식의 악순환고리가 형성된다. 같은 상장 주식인데 국내 증시와 해외증시에서 그 실적에 차이가 생기는 것도 이러한 이유에서다. 그렇다면, 상장사는 주식시장에서 이렇게 조달한 자금으로 무엇을 하는 것일까?

부동산투자 다각화와 그림자금융

중국기업의 재무보고서에 나타난 흥미로운 부분은 이들 기업이 IPO 이후 다른 수입원을 통해 엄청난 이익을 창출한다는 사실이다. 복잡한 재무보고서를 들먹일 필요 없이 간단히 말하자면 이러한 부가 수입원으로 크게 2가지를 들 수 있다. 부동산개발과 금융투자수익이 바로 그것이다.

제너럴일렉트릭(GE) 같은 거대복합기업이 특정사업에 특화된 전문 기업보다 더 높은 가치를 창출하는가에 관한 논쟁은 오래전부터 이어져 왔다. 다른 국가와 비교할 때 중국기업은 상대적으로 그 역사가 짧고 아직도 고도성장기를 구가하고 있다.

어쨌거나 어떤 기업이든 핵심역량은 제한된 몇몇 분야에 집중되기 마련이다. 그런데 중국기업은 어느새 모두가 부동산개발 전문가가 돼 버렸다. 이 부분이 매우 우려스럽다. 부동산개발과 별 상관이 없는 상장사가 금융투자로 수익을 내고 있다. 자금융통이 시급한 기업에 고금리로 돈을 빌려주고 고수익을 얻는 상장사가 한둘이 아니다. 이렇게 자금을 빌리는 기업 중에 부동산개발업체가 상당수를 차지한다.

중국의 중소기업은 이른바 '금융억압' 때문에 자본이나 자본시장에 접근하기가 어렵다. 이익의 극대화를 노리는 상장사가 이러한 기회를 놓칠 리 없다. 상장사는 주식시장에서 IPO와 유상증자를 통해 쉽게 자금을 조달할 수 있다. 이들 기업은 상장사가 누릴 수 있는 이러한 독점적 지위를 이용하여 쉽게 조달한 자금을 다른 기업에 빌려주고 막대한 이자수익을 챙기는 것이다.

배당과 자사주매입 부재

중국 주식시장과 상장사의 또 한 가지 특징은 자사주를 매입하는 기업이 거의 없다는 점이다. 궈수칭[郭樹淸]은 증감위 위원장에 취임한 직후 상장사에 대해 자사주매입을 촉구했다. 그러나 당시에 주가가 주당순자산(book value per share, BPS)을 밑돌았던 상장사들은 이러한 요청에도 냉담한 반응을 보였다. 이러한 요청이 '소귀에 경 읽기'밖에 안 된다고 판단한 궈수칭 위원장은 이번에는 주주들에 대한 최소한의 배당을 시행하게 했다.[26]

주주환원을 꺼리는 중국 상장사의 풍토는 자사주매입을 통해 주주들에게 배당금을 지급하는 서구자본시장의 최근 추세와 극명한 대조

를 이룬다.[27]

자사주매입을 시행하면 다음해에 해당기업의 주식가치가 7~8% 포인트 정도 상승한다는 연구 결과가 있다. 이러한 실적향상은 기업이 시장과 효과적으로 소통했기 때문이다. 자사주매입은 시장에서 자사주식이 저평가되고 있다는 경영진의 시각을 확실하게 보여주는 행동이다. 따라서 기업이 자사주를 매입하는 목적은 자사의 실제 가치를 시장에 드러내어 주주가치를 향상시키는 데 있다.

중국의 상장사는 다른 국가보다 배당에 신경을 쓰지 않을뿐더러 그나마 실시하는 배당도 현금배당보다는 주식배당의 형태로 이루어진다.[28] 게다가 이러한 배당지급은 주주에게 신주인수권을 부여하는 이른바 주주배정방식으로 이루어지기 때문에 주주에게 이익을 환원한다는 차원보다는 신주발행을 통해 자금을 더 조달한다는 의미가 더 강하다.

이처럼 중국의 상장사가 투자자와 이익을 공유하는 데 인색한 이유는 IPO 과정에 내포한 암묵적 보증에 그 뿌리를 두고 있다. 대다수 기업은 하고 싶어도 못하는데 이들과 달리 상장사는 자본시장을 통해 손쉽게 자금을 조달하는 특권을 누리고 있다. 또 상장이 폐지되어 이러한 특권을 잃을 염려도 별로 없다. 그러니 배당금이라는 '당근'을 굳이 제공하며 주주들의 비위를 맞출 이유가 어디에 있겠는가!

물론 외부투자자들의 눈에는 주가가 너무 낮아보여도 경영진은 자사주가 저평가됐다고 생각하지 않을 수도 있다. 주가에는 앞으로의 사업전망과 기업가치에 대한 경영진의 기대가 반영돼 있다. 그 낮은 주가에도 경영진은 매우 만족할지도 모른다. IPO에서 주가가 과도하게 높게 형성된 것이라서 현재 주가가 그보다 낮아졌다고 해도 기업의 실제 가치보다는 여전히 높은 수준일 수 있기 때문이다.

한편, 이전(移轉)가격, 이전(移轉)수익, 우선배당, 주주배정, 사영기업 대출 등과 같은 다양한 형태의 특수이해관계자 간 거래를 통해 상장사의 지배 주주가 A주 시장에서 조달한 자산을 사적으로 착복한다는 사실은 중국시장에서는 이미 공공연한 비밀에 속한다.[29] 이러한 관행을 지속하자면 배당이나 자사주매입을 통한 주주환원보다 사내 잉여현금흐름을 유지하는 쪽이 당연히 이득일 것이다.

장기투자 포지션을 취한 투자자로서는 기업의 재무상태나 실적이 투자자의 수익으로 이어지지 않는 것에 환멸을 느꼈고 이것이 결국은 A주 시장에 대한 신뢰를 무너뜨렸다. 장기투자자들은 실적 호조를 기록한 기업이 그 이익을 투자자와 공유하지 않는 냉엄한 현실 앞에서 투자의욕을 상실했다.

관점을 달리하자면, 기업의 이익을 투자자와 공유하지 않으면서 내부자나 지배 주주를 중심으로 공공연히 이익을 조작한 기업이 꽤 짭짤한 단기수익을 창출했다. 그러니 상장사 가운데 장기투자자를 겨냥하여 배당금을 지급하거나 자사주를 매입하려는 기업이 어디 있겠는가!

지난 수십 년 동안 감독당국은 A주 시장 상장사의 기업지배구조 개편을 위해 부단히 노력해왔다. 중국증시의 저조한 실적은 이처럼 부실한 기업지배구조 탓이라고 주장하는 사람들이 많다.[30] 상장사의 기업지배구조와 관련한 숱한 문제는 너무 엄격한 상장요건과 거의 불가능한 상장폐지 관행에 그 뿌리를 두고 있으며 이는 정부가 행하는 암묵적 보증의 또 다른 유형이다. 상장요건을 완화하여 더 많은 기업을 증시에 입성시키고 상장폐지를 현실화하는 것만으로도 지금까지 이 장에서 설명한 문제가 많은 부분 해결될 것이다.

제5장

금융혁신과
또 다른 융자경로

비즈니스에는 딱 2가지 기능밖에 없다.
바로 마케팅과 혁신이다.

-밀란 쿤데라

중국경제의 경이적인 성장속도에 익숙했던 사람들도 뮤추얼펀드회사인 텐홍[天弘基金]이 단 1년 만에 중국최대(관리자산규모 기준) 펀드사로 성장한 것에는 혀를 내두를 수밖에 없었다. 이러한 초고속성장은 인터넷과 금융의 성공적 결합 그리고 금리자유화 추세에 힘입은 바가 컸다.

중국최대 전자상거래 회사인 알리바바는 2013년 초여름에 알리바바 온라인 장터와 전자결제서비스를 사용하는 엄청난 고객군단을 대상으로 단기투자신탁상품(money market fund, MMF)의 일종인 위어바오[餘額寶]를 출시했다.

위어바오는 출시 후 약 1년 만에 1억 명이 넘는 투자자를 끌어들였으며 이 상품을 관리하는 텐홍은 일약 중국최대 뮤추얼펀드사로 발돋움했을뿐더러 전 세계에서도 세 손가락 안에 드는 펀드사가 됐다.

애초 위어바오는 알리바바 온라인결제계정에 남은 돈이 있는 고객을 대상으로 만든 단기자산관리 서비스였는데 남은 돈으로 투자할 수 있다는 장점 때문에 수많은 고객을 끌어모을 수 있었다. 또 인터넷과 금융의 결합이라는 금융혁신을 통해 수많은 소액계정을 관리해야 하는 부담과 위험을 제거하고 당일출자 및 회수가 가능한 초고속 초간편 거래시스템을 제공하여 소액투자자가 안심하고 편리하게 투자할 길을 열어주었다.

이러한 편리성 외에도 위어바오가 큰 인기를 끈 이유는 높은 수익률이었다. 2013년 당시 예금금리는 3.5% 수준이었으나 위어바오는 6.5~7%의 수익률을 기록했다. 그러자 위어바오는 인터넷 기술과 금융의 결합이 이룬 최고의 성공 사례로 회자되었으며, 위어바오를 통한 텐홍의 이 같은 성공에 고무된 다른 전자상거래회사와 인터넷회사들도 자사의 온라인거래 공간을 통해 유사금융상품을 내놓기 시작했다. 이러한 움직임에 속도가 붙으면서 '인터넷금융'이라는 새로운 혁신이 화려하게 꽃을 피웠다.

그런데 소액투자자들이 양질의 자산관리 서비스를 받을 수 있고 또 인터넷금융상품에 투자할 기회가 생겼다며 반기는 쪽이 있는가 하면 위어바오의 등장이 2013년 6월에 발생한 신용경색과 단순히 시기가 묘하게 맞아떨어진 것만이 아니라 신용경색을 유발하기까지 했다고 주장하는 쪽도 있었다. 은행의 유동성 부족과 경제 전반에 걸친 체계적 신용경색 때문에 '상하이 은행 간 대출금리(SHIBOR, 시보, 중국의 은행 간 대출금리 지표임-역주)'가 13.44%로 대폭상승하면서 콜금리가 30%까지 치솟았다. 그러면 그 많은 예금은 다 어디로 빠져나갔을까? 은행과 감독당국 모두 그 돈이 새로운 금융상품 쪽으로 흘러들어갔다고 봤다. 인

예고된 버블

터넷금융상품의 등장과 금리자유화 추세를 타고 예금자들이 은행에서 예금을 빼내 새로운 금융상품에 투자했다는 것이다.

은행도 하지 못한 일인데 인터넷금융이라는 이 혁신적 금융 도구는 대체 어떻게 투자자들에게 고수익을 안긴 걸까? 또 여타 뮤추얼펀드사의 CEO들이 그토록 하고 싶어도 못 하는 일임에도 대체 어떤 식으로 그 많은 개미투자자에게 MMF를 팔 수 있었을까?

간단히 말하자면 텐홍이 다음과 같은 몇 가지 과제를 성공적으로 풀어냈기에 가능한 일이었다.

첫째, 텐홍은 알리바바가 깔아놓은 견고한 고객 기반 덕분에 수많은 소액투자자를 대상으로 한 MMF 판촉에 성공할 수 있었다. 텐홍은 투자가능한도의 최소화와 손쉬운 투자금회수(펀드사 입장에서는 '상환') 정책을 통해 소액계정이라는 이유로, 또 자금회수율과 서비스 제공단가가 높다는 이유로 은행이나 뮤추얼펀드 같은 기존의 금융기관으로부터 외면당했던 수많은 잠재 고객을 끌어들일 수 있었다. 소액투자처를 찾던 수많은 개미가 드디어 자신들의 소액계정을 관리해줄 맞춤형 투자 서비스회사를 발견했던 것이다. 또 텐홍의 입장에서는 수억 명에 달하는 대규모 투자 군단을 고객으로 맞을 수 있게 됐다. 어떤 의미에서 보자면 텐홍이 개미투자자 군단의 소액자산에 대한 새로운 관리모델을 수립한 것이라 해도 과히 틀린 말은 아닐 것이다.

둘째, 텐홍은 은행금리보다 높은 수익률을 제공한다. 텐홍은 2013년 하반기 동안 7%에 육박하는 수익률을 기록했다. 이는 은행예금금리의 약 2배에 해당하는 수준이며 이로써 돈을 어디에 투자해야 하는지를 투자자에게 확실히 보여준 셈이었다. 더불어 알리바바는 투자자에게 위어바오가 은행예금만큼 안전한 투자처라는 점을 확실하게 각인시켰다. 이처럼 안정성과 수익성을 다 갖춘 매력적인 상품이라는 이미지로 투자자의 마음을 사로잡은 덕분에 그동안 가장 입에 맞는 투자처라고 여기며 은행에 돈을 맡겼던 예금자들이 이 신종상품에 끌려 계속 이탈하는 현상이 나타났다.

마지막으로, 인터넷 기술 덕분에 위어바오의 고객은 이제 은행을 찾아가 길게 늘어서서 기다리는 수고를 하지 않아도 된다. 투자자는 휴대전화를 이용하여 간편하게 자금이체를 할 수 있다. 고객서비스와 사용자 친화적 인터페이스 구축이라는 면에서 진일보한 상품이다.

그러나 위어바오가 한창 인기를 구가할 즈음 많은 사람들이 이같은 '저위험, 고수익' 상품이 실제로 존재할 수 있는지 의문을 품기 시작했다. 위어바오는 MMF에 뿌리를 두고 있다. 미국과 서구 선진국의 투자자 대다수가 MMF는 은행예금만큼이나 안전한 상품이라고 생각했다. 이러한 믿음이 완전히 잘못됐다고 볼 수도 없다.

1971년에 MMF가 처음 등장한 이후로 펀드의 기준가격인 주당순자산가치(net asset value, NAV)는 1달러 밑으로 떨어진 적이 없었다. 이 1달러는 펀드투자자가 손실을 보느냐 아니면 이익을 내느냐를 가르는 기준점이다. 그런데 2007~2008년 세계금융위기 당시 리먼브라더스의 파산과 리먼브라더스가 보유하거나 판매한 수많은 금융상품 때문에 미국의 몇몇 MMF가 파산을 신청했다. 이 때문에 투자자들이 큰 손실을 봤을 뿐 아니라 미국 신용시장이 거의 초토화되다시피 했다. 이 사례에서 확인할 수 있듯이 수많은 투자자가 MMF는 은행예금만큼 안전하다고 믿고 있으나 사실은 그렇지가 않다.

중국에서는 MMF가 디폴트에 빠진 사례가 없고 알리바바라는 대기업의 명성도 있기 때문에 수많은 투자자가 텐홍 펀드는 안전한 상품이며 그 어떤 MMF보다 안전하리라 굳게 믿었다. 위어바오에 투자한 사람들은 텐홍 펀드와 알리바바 그리고 중국정부가 투자자의 손실을 그냥 봐 넘기지 않을 것이라 굳게 믿었고 이러한 믿음을 바탕으로 이 상품에 더 많은 돈을 쏟아부었다.[1]

그렇다면 MMF는 어떻게 소액투자자에게 그렇게 높은 수익을 안겨줄 수 있었을까? 그 해답은 금리자유화에 있다. 일례를 들어보자. 중앙은행인 인민은행과 은행업감독관리위원회의 엄격한 규제를 받는 중국의 모든 은행은 통일된 예금금리 기준을 철저히 준수해야 한다. 따라서 일반 보통예금일 때는 고객유치를 위해 은행들이 가격(금리)경쟁을 벌일 일이 없다.[2]

그러나 1,000만 위안이 넘는 고액 '정기예금'이라면 이야기가 달라진다. 이때는 은행과 예금자가 협의하여 금리를 정할 수 있으므로 은행 간에 치열한 예금유치경쟁이 벌어진다. 대개는 가장 높은 금리를 제공하는 은행이 예금유치에 성공하게 된다. 따라서 이때 금리는 당연히 보통 예금금리보다 훨씬 높아진다.

물론 이렇게 높은 금리를 적용받으려면 예금을 최소한 1~2년은 예치해야 한다. 이런 점에서 보면 이 정기예금은 서구의 양도성예금증서(CD) 같은 장기투자상품에 더 가깝다.

텐홍은 고객으로부터 단기자금을 수탁하고 이를 은행의 장기정기예금상품에 투자하여 통상적 은행예금금리보다 높은 수익률을 기록했다. 그런데 텐홍은 자사가 2007~2009년 세계금융위기 이전에 미국과 유럽은행권에서 한때 크게 활성화됐던 구조화 투자회사(Structured Investment Vehicle, 이하 SIV, 투자은행이 장기고수익자산에 투자할 목적으로 설립한 투자전문자회사를 말함-역주)와 더 가깝다고 생각한다.

1988년 이후로 SIV는 주로 신종기업어음(commercial paper, CP)을 통해 단기신용시장에서 자금을 융통한 다음 이를 부채담보부증권(collateralized debt obligations, CDO) 같은 장기고수익상품에 투자했다. 이들 SIV는 거의 부외거래를 하지만 은행은 자사의 신용을 바탕으로 SIV의 신용도를 끌어올리려 했다. 차입금리를 조금이라도 더 낮추려는 목적이었다. SIV가 최전성기를 누리던 시기에는 SIV가 보유한 약 30곳의 자산이 4,000억 달러가 넘었으며 상술한 것과 같은 고수익투자상품으로 은행에 막대한 수익을 안겨 줬다.[3]

그러나 미국 서브프라임 시장(비우량 주택담보대출 시장)의 붕괴와 신용시장 냉각으로 대다수 SIV가 투자에서 큰 손실을 내면서 신용시장에 일대 혼란을 일으켰다. 그 결과 2008년 말이 되자 거의 모든 SIV가 무너졌고 2009년 시장이 반등한 이후에도 재기하지 못했다.

위어바오도 이러한 위험과 전혀 무관하지는 않다. 유동성 과잉상태일 때는 투자자 대부분이 암묵적 보증을 과신한 채 무모하게 고수익상품만 좇게 된다. 그러나 상황이 반전되어 유동성 위기가 찾아오면 저금리 기조만 믿고 자금을 융통하여 투자에 임했던 사람들은 특히나 회복 불가능한 정도의 엄청난 재앙을 맞게 될 수도 있다.

또 SIV에 대한 신뢰도는 모회사인 은행의 신뢰도에 바탕을 둔다. 그런데 2007~2008년 세계금융위기로 은행의 재무상태가 악화하면서 은행의 명성도 땅에 떨어졌다. 결국 이 금융위기가 최고조에 달할 즈음

예고된 버블

SIV도 하나둘 나가떨어지는 운명을 맞았다.

물론 알리바바는 2014년에 IPO를 통해 미국증시에 화려하게 등장하며 일약 중국최대 기업의 반열에 올랐다. 그러므로 알리바바 정도의 자본력이라면 위어바오를 뒷받침해줄 여력이 얼마든지 있을 것이다. 그러나 위기가 한창이던 2008년 당시를 돌이켜보며 위기 때는 역시 '현금이 최고'라는 말을 실감하지 않을 수 없다. 그러므로 만약에 그러한 위기가 닥친다면 아무리 알리바바라도 투자손실로 허덕이는 텐홍에 무조건 손을 내밀지는 못할 것이다.

미국의 SIV가 올린 고수익 대부분이 서브프라임증권(비우량 주택담보대출채권)처럼 적어도 금융위기 발발 이전에는 표면적으로 안전해 보였던 고수익증권에 투자한 결과물이었다. 그런데 이후에 고수익증권에 도사린 위험이 표출되면서 그 상품에 집중적으로 투자했던 SIV는 나락으로 떨어지고 말았다.

이와 마찬가지로 전술한 중국의 정기예금상품이 2007~2008년 세계 금융위기 이전의 서브프라임 증권보다 얼핏 안전해 보여도 최근에 벌어진 사태를 보면 안심할 상황은 아닌 듯하다. 즉 2014년에 중국기업의 신탁상품과 회사채가 디폴트 사태에 빠진 것을 보면 중국 시중은행들의 자산유동성과 우발채무(偶發債務, 장래 일정한 조건이 발생했을 때 채무가 되는 것-역주)를 우려하지 않을 수 없다. 더구나 당시의 서브프라임증권 대다수가 세계적인 신용평가기관으로부터 AAA 등급을 받은 초우량증권이었다는 점을 생각하면 더 기가 막힐 노릇이다. AAA 등급은 중국 국채도 받지 못한 엄청나게 높은 신용등급이다.

물론 위어바오가 성공할 수 있었던 이유는 불공정할 정도로 유리한

위치에서 은행예금과 경쟁했기 때문이라고 주장하는 사람들도 있다.[4]

우선 텐훙은 당국의 규제를 받는 은행이 아니라서 위어바오를 판매할 때 지급준비금을 따로 비축해둘 필요가 없었다. 이는 자본비용(자본조달 및 운영과 관련된 비용-역주) 측면에서 엄청난 이득이다. 또 어마어마한 규모의 소액투자자 군단을 기반으로 당일출자 및 회수가 가능한 초고속·초간편 거래시스템 덕분에 유동성 비용도 대폭 줄일 수 있었다. 마지막으로, MMF 판매는 은행업감독관리위원회의 규제를 받지 않는다. 사실 은행업감독관리위원회는 금융상품과 유사한 성격의 저축상품에 대해서는 더 엄격한 규제를 가한다. 이 또한 위어바오에 엄청난 이득이 아닐 수 없다.

물론 나중에 이와 비슷한 상품이 속속 출시되고 금리자유화가 진행되면 위어바오의 수익률은 점점 하락할 수밖에 없다. 따라서 출시 후 1년이면 수익률이 5% 밑으로 떨어지고 18개월 정도 지나면 4% 밑으로 떨어질 것이다. 그런데도 이러한 상품에 대한 수요가 여전하다는 사실은 중국의 금융억압 상태가 매우 심각하고 또 중소기업과 가계의 금융 및 투자수요가 아직도 충족되지 않았다는 점을 여실히 드러내는 것이다.

고수익 투자상품에 대한 갈증이 심한 상태에서 투자와 위험에 관한 이해가 상대적으로 부족한 대다수 투자자는, 결국 '위험' 부분에는 눈을 감은 채 금융은 물론이고 전체 경제와 사회안정을 위태롭게 할 금융대란의 길로 들어서고 마는 것이다.

중국에서 투자손실이 발생하면 투자자들이 펀드회사나 은행(상품 판매자)을 찾아가 항의하는 사태가 흔하게 벌어진다는 점을 고려한다면

예고된 버블

위어바오 투자에서 손실이 났을 때 수억 명에 달하는 투자자들이 이와 똑같은 일을 하지 않는다는 보장이 없다.

그리고 최대 소액투자자를 기반으로 하는 중국최대펀드에서 손실이 발생하거나 디폴트 사태가 벌어진다면 정부가 분명히 이쪽에 주목하게 될 것이다. 또 중국의 투자자들이 거의 그렇듯이 위어바오 투자자 역시 문제가 생겼을 때 정부가 나서서 자신들을 구제해주리라 굳게 믿고 있지 않겠는가!

：P2P대출과 관련 파생상품

2006년에 모건스탠리(Morgan Stanley), 인터내셔널데이터그룹(International Data Group, IDG), 워버그핀커스(Warburg Pincus, 사모펀드 전문 기업-역주) 등 세계적인 기업의 초기투자를 받아 중국최대 P2P금융회사 가운데 하나인 이신인터넷금융서비스회사[宜信旗下互联网金融服务平台, CreditEase, 이하 '이신']가 설립됐다. 이신은 직원이 4만여 명에 이르며 2014년 말 기준으로 관리자산이 수십억 위안에 이를 것으로 추산된다.

은행업감독관리위원회의 규제를 받는 신탁상품과 달리 이신 같은 P2P대출업체는 규제대상이 아니다. 일반적으로 P2P대출업체는 투자규모가 100만 위안 미만인 가계를 겨냥한다는 것도 하나의 이유다.

평균거래액이 1만 위안 정도인 전통적 P2P대출업체와 달리 이신은 온라인에서 자금을 모아 오프라인에서 투자하는 방식의 사업모델을 채택했다. 온라인에서 소액자금을 모집한 다음 그 자금을 고수익 확정

금리부상품에 투자하는 방식이었다. 이러한 혁신적 사업방식 덕분에 이신의 평균거래규모는 약 10만 위안에 이르렀으며 이는 전통적 P2P 대출업체 거래규모의 10배에 해당한다.

감독당국의 눈에는 이러한 차이가 별로 크게 다가오지 않을 수도 있다. 그러나 대주와 차주를 직접 연결해주는 전통적 P2P사업모델과의 경쟁에서 이신의 이 새로운 사업모델이 확고한 우위를 선점했다. 이신은 어떻게 보면 P2P대출업체라기보다는 확정금리부상품을 전문으로 하는 투자관리업체에 더 가깝다. 일부 경쟁업체는 '투자에 따른 위험을 직접 부담하지 않는 전통적 P2P대출업체와 달리 이신은 투자에 따른 손실과 이익에 대해 책임을 지므로 엄밀히 말해 이신은 P2P회사가 절대로 아니'라고 주장했다.[5]

이신 측은 온라인을 통해 조달한 자금을 수익률, 위험수준, 만기 등이 각기 다른 다양한 상품에 투자하는 사업방식은 고객의 자본과 위험을 분산시켜 투자자에게 고수익을 안겨주는 데 매우 효과적이라고 주장했다. 그러나 '제3 관리자'라는 보호장치가 없고 각 투자자의 거래관계 정보도 공개되지 않는 상태에서 이신의 이 사업모델은 애초에 주장했던 방향과는 달리 은행대출이나 그림자금융(WMP와 신탁상품 등)과 비슷한 형태의 것으로 흘러갔다.

거대한 자본 풀을 기반으로 유동성 공급이 계속 원활하다면 조달 자금을 다양한 금융상품에 투자함으로써 그 상품의 안전성을 확보하는 데 어려움이 없을 것이다. 그러나 같은 자본 풀 내의 금융상품에 자본을 분산 투자할 수 있다는 바로 그 이유 때문에 문제가 생길 수 있다. 이러한 투자 구조하에서는 투자자나 감독당국이 개별 상품의 손익

구조와 결과를 명확히 확인하기 어렵다는 맹점이 있다. 실제로 이신의 창업자 겸 CEO 탕닝[唐寧]의 지배하에 있는 다른 기업과 계정을 이용하여 특수이해관계자 간 거래가 이루어졌다는 보고도 있었다.

당국의 규제도 받지 않고 관련 정보도 공개되지 않는 상황이 되자, 이신을 비롯하여 이와 유사한 업체들이 투자자본을 과연 잘 관리하고 있을지에 의문을 품는 사람들이 늘어났다. 제3의 관리자가 존재하지 않는 펀드라면 그 자금이 경영진의 주머니로 흘러들어 갔는지 아닌지를 확인할 방법이 없다.[6]

: 신종 P2P대출모델

이신은 대출자와 차입자를 직접 연결해주는 전통적 P2P사업모델과 다른 방식으로 P2P대출사업을 꾸려가는 '신종' P2P금융업체다. 사실 중국의 수많은 P2P금융회사가 성공할 수 있었던 것은 온오프라인 공조 시스템을 기반으로 하는 새로운 P2P대출사업모델(온라인 자금모집과 오프라인 투자)에 힘입은 바가 크다. 이러한 혁신적 방식은 2가지 면에서 P2P 금융에 큰 도움을 준다.

첫째, 온라인에서는 대출자와 차입자 간에 대출거래가 이루어지고 오프라인에서는 투자거래가 이루어진다. 대체로 신종 P2P모델상에서는 자금이 어떻게 투자되는지 확인하기가 어려워서 이 부문에 대한 일종의 규제공백이 생기는 측면이 있다. 그러나 아이러니하게도 이러한 불투명성 덕분인지 이 새로운 사업모델을 취한 P2P플랫폼은 지난 몇 년간 연 15~20%의 높은 수익률을 기록했다.

둘째, 전통적 방식과 달리 대출자와 차입자가 직접 거래하는 대신에 대출자(투자자)가 내놓은 자금으로 P2P대출업체가 직접 대출 및 투자결정을 하는 시스템이다. 따라서 이때의 P2P대출업체는 투자자문사나 자산관리회사의 성격에 더 가깝다고 할 수 있다. 규제와 비규제의 경계를 묘하게 넘나든 덕분에 중국의 신종 P2P대출업체 중에는 1만 명이 넘는 직원을 거느리며 연간 100억 위안(거래액 기준)에 달하는 자산을 관리하는 등 성공을 구가하는 곳도 생겨났다. 이는 선진국 P2P대출업체를 훨씬 능가하는 수준이다.

이 같은 성공과 함께 새로운 중국형 P2P대출 사업이 당국의 규제망에 포착됐고 위험수준 또한 높아졌다. 그중 일부는 이미 표면화되기 시작했다. 은행업감독관리위원회의 한 관계자인 왕옌시우[王岩岫]는 2014년에 등록된 P2P대출업체 1,200곳 가운데 150곳이 디폴트 상태에 빠졌다고 밝혔다. 그리고 수많은 업체가 P2P사업을 운영하는 데 필요한 자본 및 위험관리역량을 갖추지 못했다고 주장했다. 설상가상으로 대다수 업체가 투자자에게 고수익을 약속하며 사업설명서에 구체적인 사업정보나 위험성을 정확히 밝히지 않은 채 암묵적 보증으로 투자자들을 호도하고 있다.

: 연체와 위험관리

모든 P2P대출업체, 아니 적어도 서구 P2P금융회사 대다수가 골머리를 않는 것 가운데 하나가 연체와 채무불이행 관리다. 초창기 미국의 P2P 대출업체 가운데 하나인 프로스퍼(Prosper.com)는 신용등급이 가장 높은 고객도 연체율이 1.55%나 된다고 밝혔다. 그리고 신용등급이 가장 낮은 차입자의 연체율은 29%에까지 이르기도 한다.[7] 이렇게 연체율이 높으면 금융회사가 자본의 15% 정도를 지급준비금으로 비축해놓아야 하며 더불어 회사의 자기자본이익률(return on equity)은 10~15% 정도 감소하게 된다.

프로스퍼의 고객 대다수는 연체된 신용카드금액을 결제하려고 이곳의 문을 두드리는 데 비해 중국에서는 사업자금을 융통하려고 P2P 금융회사를 이용하는 경우가 많다. 당시 중국은 고속성장 가도를 달리고 있었고 기업활동도 활발했기 때문에 돈을 빌리는 사람들은 그 돈을 갚을 수 있다고 믿어 의심치 않았다. 대출자와 차입자 모두가 중국경제가 계속해서 호황을 누릴 것이고 2009년에 4조 위안 규모의 대대적 경기부양책이 시행된 이후에 그랬던 것처럼 신용시장완화가 계속되리라는 전제를 낙관하고 있었다.

일례로 이신은 자사가 위험관리를 잘하고 있다고 생각했다. 이신의 창업자이자 CEO인 탕닝은 언제나 아주 자랑스럽게 이신 고객 중 손해를 본 사람은 단 한 사람도 없다고 말했을 정도다.[8]

2014년 초에 주택가격상승세가 주춤하고 경기둔화가 시작되기 전까지는 사실 그랬다. 그러나 2014년 초부터 이상 조짐이 일기 시작했다. 이신의 대출상품 몇이 디폴트 위기를 맞게 된 것이다. 결국 2014년 4월 9일에 이신의 대출자(투자자) 수천 명이 집단 소송을 제기했고 부동산업체에 대출해줬던 8억 위안은 끝내 채무불이행 상태에 빠졌다.

중국의 주택시장이 냉각되고 부동산개발업체가 담보로 내놓았던 자산의 가치가 하락하자 이신은 자사투자자(대출자)에게 제때에 투자금을 상환해주지 못하는 상황이 됐다. 이신은 담보자산을 활용하여 문제를 해결할 수 있도록 채무자와 협상을 벌이고 있다며 투자자들을 안심시키려 했으나 앞으로 감당해야 할 미상환 부채규모에 비하면 그 정도는 빙산의 일각이라며 문제의 심각성에 우려를 표하는 사람이 많았다. 그동안 이신이 부동산이나 석탄 광산같이 위험수준이 높은 부문에 투자를 해왔기 때문이다. 이 일에 대해 잘 아는 한 관계자는 이렇게 꼬집었다. "수많은 업체가 22%라는 높은 금리에 혹해서 위험관리 부분은 외면한 채 고수익만 생각하고 여기저기 대출해주기에 바빴다."[9]

이 일이 있은 직후 「제일재경일보」는 이신이 관련된 또 다른 사건을 보도했다. 이신이 투자한 화룽푸인 펀드(HuaRong PuYin Fund)가 결국 사기펀드로 판명이 나면서 관계자들 모두 해외로 도피하는 것으로 막을 내린 사건이었다. 이신은 자사투자자(대출자)로부터 조달한 2억 위안을 화룽 프로젝트에 쏟아부었는데 이때 투자한 사람들 대다수가 몇 개월 동안 투자금을 돌려받지 못했다.

기업의 명성이 실추되는 것을 우려한 이신 측은 이번 사태와 관련된 투자자(대출자)에게 자금을 상환하여 이들을 달래려 했다. 그러나 이러한 구제행위는 투자자에게 P2P대출은 안전하다는 인식을 심어주고 말았다. 그러자 P2P개인대출자들 사이에서는 무모하게 위험을 부담하려는 경향이 더 강해졌고 이것이 결국은 더 큰 재앙의 씨앗이 될 수도 있었다. 결과적으로 P2P금융관행이 본의 아니게 또 다른 형태의 암묵적 보증을 만들어낸 셈이었다.[10]

예고된 버블

또 한 가지 우려되는 부분은 연체에 관한 통일된 기준이 없다는 점이다. 상환기일이 60일 경과했을 때를 연체로 보는 업체가 있는가 하면 90일 혹은 120일 경과했을 때를 연체로 보는 업체도 드물지 않다. 이러한 P2P금융업체는 당국의 규제망 밖에 있기 때문에 업체 스스로 밝힌 연체율을 근거로 P2P대출업체의 자본비용을 평가하는 것이 과연 타당한 것인지 의문이 생길 수밖에 없다.

P2P대출업체가 말하는 연체율과 실제 연체율 간에 차이가 생기는 것도 이러한 배경과 무관하지 않을 것이다. 프로스퍼는 모든 채무가 만기에 도달했을 때의 연체율은 25.44%였으며 이는 만기 이전에 추정한 연체율인 13%를 훨씬 웃도는 수준이었다고 한다. 사람들은 급속히 팽창하는 대출규모 때문에 이신을 비롯한 P2P대출업체들이 밝힌 연체율이 실제보다 심하게 과소평가되었을지 모른다고 생각하기 시작했고 조달한 자금이 대체 어디에 투자됐는지에도 신경을 썼다.

또 이신과 기타 P2P대출업체가 '대마불사'가 되려고 하는 것이 아니냐는 의심을 품기 시작했다.[11] P2P대출업체들이 사업 및 투자자 기반을 그토록 급속히 확장하며 계속 몸집을 불려나갔다가 나중에 디폴트 위기라도 맞게 되면 어떤 일이 벌어질지 우려하는 사람들이 많아졌다. 연줄처럼 서로 엮여 줄줄이 이어지는 디폴트 사태에 수많은 투자자가 피해를 본다면 과연 그때도 정부가 계속 팔짱만 끼고 있을 수 있을까? 아니면 규제 범위 밖이더라도 P2P대출업체와 그 투자자들을 구제하러 나설 것인가?[12]

앞서 언급했듯이 은행업감독관리위원회의 관계자 왕옌시우는 2014년 6월에 1,200개 P2P대출업체 가운데 150개 업체가 디폴트를 선언했다고 밝히면서 P2P업계에 내재한 위험을 관리하려면 시장진입장벽을 높이고 정보를 투명하게 공개하는 일이 시급하다고 주장했다. 또 수많은 P2P대출업체가 자금 여력도 충분치 않고 또 뭔가를 보증하고 말고 할 법적 지위도 갖추지 않았는데도 자사가 내놓은 금융상품의 수익을 보장하고 있다고 주장했다. 왕엔시우는 또 그러한 무책임한 보증은 결국 업체의 디폴트와 투자자 손실로 이어질 수 있다고 강조했다.[13]

: 구리담보대출

2014년 3월 7일에 구리의 가격이 지난 2년 이래 일일 최고 낙폭을 기록했다. 중국은 세계최대 구리소비국으로서 세계 구리수요의 40%를 차지하고 있다. 구리는 건축, 송전선, 냉장고, 기타 부문에서 사용되며 산업 및 사업활동 수준을 가늠하는 척도로 여겨지기도 한다.

지난 2년 동안 구리가격이 하락한 것은 중국의 제조업 경기가 나빠지면서 구리수요가 감소한 탓이었다. 그런데 3월 7일에 발생한 가격하락은 이와는 다른 원인이 작용한 결과였다. 중국의 한 태양광업체가 회사채를 상환하지 못하고 디폴트를 선언한 일이 그 원인이었다. 이는 중국 회사채시장 사상최초의 디폴트였다.

중국에서는 정부가 통제하는 엄격한 대출 기준을 피해가고자 기업이나 투자자가 구리를 담보물로 사용하는 일이 많다. 중국기업은 구리를 수입할 때 통상 신용장을 개설한다. 「월스트리트저널」은 기사를 통해 중국의 수입업자는 수입한 구리를 팔거나 담보대출을 받아 이 자금

예고된 버블

을 수익률이 더 높은 자산에 투자하고 3~6개월 후에 도달하는 신용장 만기일에 대출금을 상환하는 경우가 많다고 밝혔다.[14]

사실 중국에서는 융자동(融資銅), 즉 구리를 담보로 자금을 융통하는 일이 흔하다. 대다수 업체가 아예 처음부터 구리를 대량으로 수입하는 이유가 바로 여기에 있다. 통상적으로 수입업자는 거래은행에서 6개월 만기신용장을 개설하고 수입거래가의 15~30%를 신용거래 증거금으로 예치한다. 대출금을 이용한 투자의 '수익'과 대출'비용(금리)' 간의 차액 그리고 위안화의 평가절상이라는 호재를 등에 업고, 수많은 무역업체가 대출로 융통한 자금을 단기고수익 투자상품에 투자하거나 심지어 부동산 투기에 사용하기도 한다.

이처럼 융자동을 활용하는 업체로서는 구리가격이 하락하지 않기를 바라야 한다. 가격이 하락하면 하락분을 상쇄시킬 만큼의 담보(구리)를 추가로 제공하거나, 구리를 더 매각하거나, 하락폭만큼의 자금을 더 조달해야 한다. 어느 쪽을 취하든 수입업체는 또다시 구리를 매각해야 할 것이고 그렇게 되면 구리가격은 더 하락한다.

수입업체는 구리의 담보가치를 극대화하기 위해 같은 담보물을 여러 은행에 제공하여 계속 대출받는 방법을 사용한다. 심지어 수입업자가 항구의 수입물 보관 업자와 짜고 은행을 속여 이미 다른 곳에 수차례 담보로 제공했던 구리로 다시 대출받는 사례도 드물지 않았다.

2014년 6월 초에 금융 대기업인 중신그룹의 계열사 중신자원(Citic Resources)은 자사와 거래했던 투자펀드 더청[德成, Decheng]이 같은 담보물을 여러 차례 제공하여 실제보다 훨씬 부풀려진 담보가치를 바탕으로 부당하게 거액을 대출받은 사실이 있다고 밝혔다.[15]

이 사건 이후 중신그룹은 자사가 칭다오 항에서 융자동을 한 적이 있다고 밝히면서 이 거래 및 거래고객 중에 이와 유사한 사례가 있는지 조사하는 중이라고 말했다. 이와 함께 스탠다드차타드(Standard Chartered), 비엔피파리바(BNP Paribas), 에이비엔암로(ABN Amro) 같은 세계적인 은행 역시 그러한 기만적 금융거래가 있었는지 확인하기 위해 조사에 착수했다고 밝혔다.[16]

다행히 중신자원의 손실 규모가 걱정할 만큼은 아니었다. 그러나 더청은 융자동에 손댔던 수많은 업체 중에서도 피라미 수준에 불과하고 칭다오 항 또한 구리수입이 가장 많은 항구도 아니었다는 부분이 투자자를 크게 동요시켰다. 관세가 면제되는 상하이 자유무역지구에만 구리가 75만 톤이나 보관돼 있으며 이는 칭다오항에 있는 구리량의 10배에 해당한다. 그곳에 보관중인 구리의 85%가 대출을 위한 담보물로 제공된다고 봐도 무방하다.[17]

골드만삭스(Goldman Sachs)는 2010년 이후 이와 같은 수입원자재를 담보로 한 대출규모가 총 1조 위안에 달할 것으로 추정하고 있다. 국제신용평가기관인 피치의 조너선 코니시(Jonathan Cornish)는 2008년에 GDP의 130% 수준이었던 중국의 미상환 부채가 2013년에는 GDP의 220%로 증가했다고 말한다. 코니시는 이 기간에 중국 국내 총부채가 급속히 증가한 것은 융자동 같은 비전통적 금융수단에서 비롯된 측면이 크다고 보고 있다.[18]

구리를 비롯하여 금이나 니켈처럼 가치 밀도가 높은 원자재를 담보로 한 금융거래는 중국의 은행권 전체를 압박할 뿐 아니라 환율 상승의 압박요소로도 작용한다.

예고된 버블

이에 따라 중국 외환관리국(SAFE)은 2014년 5월에 이 같은 유형의 금융거래금지를 목적으로 한 새로운 규제 법안을 마련했다. 외환관리국은 일부 기업이 통상 6개월인 신용장 만기일 이전에 수입 구리를 담보로 제공하여 실제 담보가치의 10~30배로 대출을 받았다는 사실을 인정했다.

외환관리국은 이러한 금융관행을 막고자 각 은행에 대해 외화로 표시되는 대출의 규모를 줄이고 외화 예대율을 종전의 150%에서 75~100% 수준으로 낮추라고 했다. 이러한 규정에 따라 은행은 동일한 대출액에 대한 지급준비금을 더 늘려야 한다. 따라서 신용장을 기초로 한 외화대출 시 은행이 부담해야 하는 대출비용이 증가하여 대출을 억제하는 효과가 발생하게 된다.

또 새 규정에 따라 기업은 상세한 거래기록과 담보물에 관한 세부 정보를 제출해야 한다. 수입업체는 거래량과 담보물의 크기가 회사의 재무 수준을 넘어설 때는 신용장 액면가액을 낮춰야 한다. 이러한 규정은 만기 이전의 신용장을 이용하여 수입원자재를 담보로 거액을 대출받는 관행에 제동을 걸 수 있다.

이는 국제구리가격뿐 아니라 신용장 발행으로 위험에 노출됐던 은행의 재무구조에도 긍정적 영향을 미칠 것이다. 더불어 시중통화공급과 경제성장에도 공헌하리라 기대하는 사람들이 많다. 골드만삭스의 증권 및 시장분석가 맥스 레이튼(Max Layton)은 2012년에 급속히 증가한 시중통화량 가운데 그레이마켓(Grey Market, 회색시장, 공정가격보다 비싸게 거래되는 시장으로 공정시장과 암시장의 중간 시세가 형성됨-역주)과 이러한 원자재 담보금융을 통한 '핫머니(hot money, 금융시장에서 빠르게 움직이는 투기성 단기자금-역주)'가 차지하는 비중이 약 3분의 1이라고 주장했다.[19] 이 핫머니 대부분이 부동산이나 WMP 같은 투기성자산으로 몰려 신용팽창과 자산거품을 더욱 부추겼다.

중국정부가 이러한 핫머니의 흐름 경로를 완벽하게 차단하려 하지 않는 이유가 여기에 있다. 자본의 흐름을 갑자기 막아버리면 원자재담보금융을 통한 저비용금융의 수요를 충족시키는 데 차질을 빚을 수 있다. 과거의 위기경험에서 확인할 수 있듯이 금융경로가 갑자기 막히면 이것이 결국 투기와 자산거품으로 이어지고 더 나아가 금융 부문과 국가경제 전체에 큰 재앙을 불러일으킬 수 있다. 그래서 중국정부는 원자재 담보금융관행을 '점진적'으로 금지하고 그러한 금융에 대한 위험 노출을 '관리'하는 쪽으로 규제의 방향을 잡았다.

중국정부는 그동안 감당할 수 없는 재앙이 닥칠까 우려하여 시장이 갑작스럽게 하락하는 것을 두고 보지는 않을 것이라는 사실을 암묵적으로 보증해왔다. 이러한 관점에서 보면 그간 정부가 너무 편의적인 발상에 따라 안일한 선택을 한 것이 아닌가 하는 생각을 떨치기 어렵다.

: 철광석과 기타 원자재 담보금융

융자동과 마찬가지로 철광석 거래를 통한 금융도 성행했다. 2014년 4월 18일에 은행업감독관리위원회는 모든 은행에 대해 철광석 거래를 통한 금융이 이뤄졌는지를 조사하라고 지시했다.

이번 조치는 2013년 말, 철광석 거래에 관한 규제완화 이후 얼마 지

예고된 버블

나지 않은 시점에서 나온 것이다. 중국경제성장률과 부동산가격상승세가 주춤한 상황임에도 철광석 수입량은 2013년 동기(同期) 대비 19%나 증가했다.

이처럼 철광석 수입 물량이 급증한 것은 담보금융수요가 증가했기 때문이라고 보는 시각이 많다. 중국의 한 유력 경제매체는 중국 내 주요 항의 철광석 재고량이 1억 1,000만 톤을 넘어섰으며 이는 2013년 동기(同期)의 총재고량 7,500만 톤을 30% 이상 웃도는 수준이라고 보도했다.[20] 이러한 주장은 중국의 철광석 재고과잉과 철광석 가격하락에 관한 후속 보도 이후 세간의 주목을 받게 됐다.[21]

융자동과 비슷하게 수입업체는 담보물 가격의 최대 70%를 개설 금액으로 하여 신용장을 개설한다. 이런 신용장에서 요구하는 금리는 통상 3~5%로서 은행들이 제공하는 WMP나 신탁상품의 투자수익률보다 훨씬 낮은 수준이다.

국제구리가격의 변동시스템과 마찬가지로, 철광석 자체의 가격이 하락세면 당연히 철광석의 담보가치도 하락하게 된다. 즉 철광석의 양이 미리 정해져 있다고 할 때 철광석의 가격이 하락하면 담보가치도 하락하고 담보가치가 하락하면 같은 담보량으로 융통할 수 있는 자금의 액수도 줄어든다.

철광석의 가격이 하락했다고 하자. 그러면 철광석을 담보로 대출을 받으려는 수입업자가 이전과 같은 수준의 담보가치를 기대하려면 철광석을 더 많이 수입해야 한다는 계산이 나온다. 이러한 상황이 되면 은행은 업체가 철광석을 왜 그렇게 많이 수입하는지 의아하게 생각하게 된다. 또 수입업체 입장에서는 철광석의 보관 및 운송비용이 증가하게 된다. 가격이 하락한 만큼 철광석의 양을 늘려야 전과 같은 담보 가치를 기대할 수 있으므로 운송해야 하는 철광석의 양이 더 늘어나기 때문이다. 철광석의 가격이 하락하면 금융도구로서의 가치도 그만큼 떨어지므로 철광석을 담보물로 사용하는 일도 줄어들 것이다. 따라서 철광석에 대한 수요도 감소하고 가격도 더 하락하게 된다.

감독당국의 경고에 따라 수많은 은행이 철광석을 담보로 한 대출을 중지하거나 증거금률(margin requirement)을 현행 10~20%에서 30~50%로 대폭 인상했다.

일부 추정치에 의하면 증거금률을 10%만 올려도 담보대출금의 규모를 20~30억 위안 정도 줄일 수 있다고 한다.

더욱 우려되는 부분은 대다수 신용장의 만기일이 2014년 중반기에 몰려 있다는 점이다(당시 중국에 큰 위기가 올 것이라는 관측도 있었지만 정부의 정착 대응에 힘입어 비록 근본적인 문제는 해결되지 않았지만 위기가 터지지는 않았다.-역주). 신용장의 만기가 임박하면 수입업체들은 서둘러 철광석을 처분해야 하는 상황에 몰린다. 가뜩이나 시장 상황이 안 좋고 철광석의 가격도 하락한 상황이라 이를 처분하는 일도 쉽지가 않다. 따라서 수입업체 간에 철광석 팔아치우기 경쟁이 붙을 수밖에 없고 결국 이 때문에 철광석의 가격은 더 하락할 것이다.[22] 이렇게 해서 악순환이 시작되는 것이다.

그래도 철광석담보금융은 다른 원자재를 담보로 하는 것보다는 좀 낫다고 주장하는 사람도 있다. 철광석금융은 그 주기가 통상 2개월 정도로 다른 담보물 금융보다 훨씬 짧다는 것이 그 이유다.

그러나 감독당국과 투자자들은 철광석을 담보로 융통한 자금이 부동산, 부동산 관련 신탁상품, WMP 등과 같이 유동성이 부족하고 수익성이 낮은 부문으로 흘러들어 갔다는 점에 여전히 우려를 표하고 있다. 전에는 안전성과 유동성에 문제가 없던 부문일지 몰라도 부동산경기침체 여파로 앞으로 이 부문에서 심각한 유동성 문제가 불거질 수도 있다. 철광석 가격하락과 증거금 기준 상향조정이라는 또 다른 압박요소와 더불어 이러한 유동성의 문제 때문에 채무자들은 전에는 상상조차 못했던 깊은 수렁에 빠지고 말 것이다.

철광석 가격하락에 '암묵적 보증'까지 더해지니 불난 집에 기름을 들이부은 격이 됐다. 수입업체는 금융비용(신용장을 통한 담보금융의 금리)과 투자수익(신탁상품이나 기타 WMP의 수익률)의 차이에서 발생하는 수익 외에도 위안화의 가치상승에서도 큰 이득을 봤다. 이 위안화의 가치상승이 또 하나의 암묵적 보증으로 작용한 셈이다.

지난 8년 동안 달러화 대비 위안화의 평가절상률은 연평균 3% 포인트 정도였다. 따라서 중국에서 달러화로 표시된 신용장을 근거로 대출을 받아 신탁상품이나 WMP에 투자하면 이 상품의 수익률과 상관없이 3%의 수익률은 거저먹고 들어가는 셈이었다.

그러나 안타깝게도 이러한 추세에도 변화가 생겼고 하필 철광석 수입업체 입장에서는 최악의 시점에 그러한 일이 벌어졌다. 요컨대 2014년이 시작된 이후 위안화의 가치가 4% 넘게 하락했다. 대다수 업체가 위안화의 가치절상에 익숙해져 있었기 때문에 환율변동에 대비한 이른바 헤징(hedging, 가격변동에 따른 위험을 줄이거나 없애는 전략-역주)에는 전혀 신경 쓰지 않았다. 그 결과 철광석의 가격, 금리, 증거금률, 환율 등 모든 요소가 갑자기 철광석 수입업체에 불리하게 돌아가기 시작했다. 혹자는 이를 두고 '민스키 모멘트(Minsky moment, 부채의 무게를 감당할 수 없게 되면서

금융위기가 시작되는 시점-역주)'를 운운하기도 한다.[23]

경제성장둔화, 만성적 생산력과잉, 기간산업 부문에서의 부채 증가 등의 문제가 점점 두드러지면서 연쇄 디폴트의 위험성 또한 커지고 있다. 최근에 중국철강공업협회의 부비서장 리신추앙[李新創]은 생산력과잉이 '상상을 초월할 정도도 심각한 수준'이라며 이 문제에 크게 우려를 표했다.[24]

통상적으로 구리가격의 변동에 대비한 헤징 조치를 해놓는 융자동과 달리 철광석 담보대출 때는 철광석의 가격변동에 대비한 조치를 거의 취하지 않았다. 그 결과 철광석 가격이 하락하면 매각압력이 커지고 이러한 매각압력이 가격하락을 더욱 부채질하게 된다.

더구나 철광석 현물시장은 구리시장보다 유동성이 매우 낮고 선물시장은 아직 미성숙한 단계다. 따라서 가격변동에 대비하는 수입업체가 매우 드물다. 이 때문에 가격변동이 생길 때 더 극심한 피해에 노출되므로 현재의 투자포지션을 청산하는 일에 몰두하게 된다. 일례로 은행들은 2014년 상반기에 철광석 담보금융과 관련한 부실채권규모가 수십억 위안에 이른다고 보고했다.[25]

: 기업 간 상호보증

앞서 설명한 것과 같이 기업인들은 서로 명시적 보증을 제공하여 자금을 융통하는 방법을 찾아냈다. 이러한 상호보증 관행은 특히 저장 성 소재 기업 사이에서 성행했다.

예고된 버블

상호보증은 대기업에 비해 상대적으로 은행대출을 받기 어려웠던 중소기업을 중심으로 시작됐다. 대출을 받고 싶어도 제공할 담보가 없을 때 기업들이 서로 보증해주는 방법을 사용하게 된 것이다. 즉 대출받을 기업이 나중에 대출금을 상환하지 못할 시 대신 갚아주겠다는 약속을 하고 대출을 받게 하는 방법이다.

기업이 은행에 대출을 신청하면 은행은 그 기업에 담보물 제공을 요구한다. 은행은 제공된 담보물의 총가치를 기준으로 대출액을 정하게 된다. 통상적으로 은행은 담보가치의 최대 50%에 해당하는 액수를 대출해주고 나머지 50%는 3~5개 기업의 보증을 '담보' 삼아 대출해준다.

상호보증은 사영기업이 은행대출을 받을 수 있는 매우 효과적인 금융수단이었다. 그리고 대출회사 간에도 이러한 상호보증 관행이 공공연해지면서 정도와 규모의 차이는 있어도 저장 성의 거의 모든 기업이 '상호보증'에 발을 담그게 됐다.

문제는 이러한 관행에 익숙해진 기업인들이 사업확장보다 대출금을 다른 곳에 투자하는 것이 더 이득이라는 사실을 깨달았다는 점이다.

의류, 신발, 안경, 가전제품 등 전통적 수출산업 부문에 종사하는 저장 성 소재 기업들은 2010년 중반 이후 인건비는 계속 증가하고 국제경쟁도 날로 심해지자 엄청난 압박감을 느꼈다. 그러면서 부동산, 천연자원, 주식시장, 고수익 금융상품 등과 같은 투자 분야로 눈을 돌리기 시작했다.

개중에는 위험도가 너무 높고 투자 결과가 과히 좋지 않은 것도 있었다. 그러나 2009년 대대적인 경기부양책 이후로 상황이 달라졌다. 과하다 싶은 정도로 시중에 유동성이 공급되면 전통적 투자품목(은행예금)에서 발생하는 수익은 아무것도 아닌 것이 돼버린다. 그리고 신용팽창과 자본역외유출에 대한 엄격한 제한 때문에 모든 자산가격이 치솟는 것은 불 보듯 뻔한 일이 된다.

이러한 상황을 간파한 저장 성의 노련한 상인과 기업인들은 신용팽창을 염두에 둔 채 은행에서 있는 대로 대출을 받아 고위험상품에 대한 투자포지션을 적극적으로 늘렸다. 저장 성의 기업들은 서로 위험을 분산시키고 각각의 위험노출도를 증가시키기 위해 적극적으로 상호보증에 임했고 이를 통해 스스로 감당할 수 있는 수준 이상으로 대출을 받으려 했다.

2012년에 인민은행이 실시한 원저우[溫州] 대출시장에 대한 조사결과, 2011년 한 해 동안의 총대출금 가운데 단 35%만이 사업활동을 하는 데 사용됐다고 한다. 나머지 65%는 투자 및 투기에 사용됐다. 이 문제에 정통한 사람들은 실제로는 총대출 규모와 투자 및 투기에 사용된 금액 모두 인민은행이 조사한 수치보다 훨씬 클 것이라고 믿는다.[26]

이와 같은 상호보증 관행이 사업확장에 필요한 자금을 조달하려는 중소기업에 은행대출을 받을 길을 열어줬다는 것은 분명한 사실이다. 그러나 그 기업이 은행에서 대출받은 자금을 본래의 목적인 사업확장이 아니라 위험도 높은 투자에 사용한다면 문제가 심각해진다. 통화공급의 증가와 세계경제의 회복은 거의 모든 유형의 투자에 호재로 작용했다. 그러나 미 연준이 양적완화를 점차 축소하고 중국경제가 침체기로 들어서면서 부동산, 신탁상품, 지방채 같은 투자 부문의 위험이 표면화됐다.

사실 상호보증 관행이 굳어지는 데 일조한 것은 바로 은행이다. 은행의 대차대조표 확장을 위해 경영진은 대출을 신청하는 기업에 대해 실제로 필요한 금액 이상으로 대출을 받으라고 요구했다. 그러면 은행은 초과대출 부분을 다른 기업에 빌려주고 여기서 나오는 이자수입을 원(原) 대출신청자, 즉 1차 차입기업과 나눠 가졌다.

이렇게 해서 이 1차 차입기업은 2차 차입기업에 빌려준 초과대출금의 안전성을 암묵적으로 보증하는 셈이 된다. 은행권의 대출 관행과 '대출금 대비 예금비율'에 관해 조사를 거듭한 결과 이 관행을 이용해 대출규모제한 규정을 피하고 또 대출을 통해 대차대조표를 계속 확장해나가는 은행이 점점 늘고 있다는 사실이 드러났다.

상호보증으로 서로 묶여 있는 이상 투자에 문제가 생겼을 때 해당기업만 피해를 보는 것이 아니다. 그 기업이 대출받도록 보증을 해준 기업도 그 손실을 같이 떠안아야 한다.

다양한 투자자산(부동산, 철광석 등등)의 가격하락은 수많은 기업에 영향을 미쳤다. 투기를 통해 더 빠르고 더 쉽게 돈을 번 수많은 제조기업이 본업인 제조활동에서 눈을 돌려 고수익을 올리는 분야에 초점을 맞췄다는 사실 때문에 문제가 더 심각해졌다. 한때 고수익을 올려주던 투자 사업 부문이 이제 힘을 못 쓰고 있다. 그 통에 문득 정신을 차려보니 전통적 수익 창출원이었던 제조 부문의 경쟁력은 이미 상실됐고 쉬이 정상화를 기대하기도 어려운 상황이 되었다.

제6장

감속성장 시대의
'신창타이'

'신창타이' 시대에 경제는 급속한 성장이 아니라
완만한 성장이라는 특징을 지닌다.

-빌 그로스

중국은 수십 년 동안 경이적인 고속성장을 이룩하면서 이제 세계경제에서 큰 비중을 차지하는 경제대국이 됐다. 요컨대 중국은 단 10여 년 만에 영국과 프랑스, 독일, 일본을 모두 제치고 세계 2위의 경제국으로 올라섰다.

중국의 경제성장은 세계경제 구조의 기본 틀과 수요체계에 근본적인 변화를 일으켰으며 그 성장의 흔적과 영향력이 전 세계에 두루 미치고 있다. 중국인 관광객이 세계 대도시를 휘젓고 다니며 명품핸드백에서부터 분유에 이르기까지 싹쓸이 쇼핑으로 흥청망청 돈을 써주어 여러 기업의 주가를 쥐락펴락하는 일은 이제 낯설지 않은 풍경이 됐다.

또 중국의 대기업이나 고액자산가들은 세계적인 브랜드와 기업을 인수하거나 고가의 대저택을 마구 사들였다. 1980~1990년 부동산거품이 한창이던 일본에서 벌어졌던 일들이 중국에서 재현되고 있었다. 중국인 이민자들은 대도시의 중심지로 몰려들면서 그 지역의 부동산가격을 한껏 올려놓았다.

커피와 코코아 같은 농산물부터 구리와 알루미늄 같은 천연자원에 이르기까지 각종 원자재를 공급하는 국제상품시장은 중국경제성장에 대한 기대감으로 극심한 가격변동을 겪었다.

좀 더 현실적인 관점에서 앞으로 10년간의 평균 GDP성장률을 8%(과거의 성장속도에는 못 미치는 수준이지만) 정도로 추정한다 해도 다른 선진국의 성장속도에 비하면 여전히 2배 정도 높은 수준일 것이다. 중국은 지난 세계금융위기를 비교적 순탄하게 넘기면서 전 세계 투자자에게 정부의 문제해결 능력이 탁월하다는 인상을 남겼다.

중국경제가 꾸준히 성장하는 모습을 지켜본 사람들은 중국이 미국을 제치고 세계최대 경제국이 될 날이 머지않았다는 생각을 하게 됐다. 좀 더 신중한 입장에서 앞으로 중국의 연평균 경제성장률 추정치를 7% 정도로 잡는다고 해도 미국의 성장률보다 2배는 높은 수준이므로 10년 정도면 미국을 따라잡고 세계 1위의 경제국이 되는 계산이었다.

중국경제에 관한 한 그 성장의 '속도'와 '규모'에 대해 이제 더는 트집 잡을 부분은 없다고 본다. 문제는 성장의 속도가 아니라 질이다.

시간이 갈수록 성장둔화가 점점 두드러지고 있다. 물론 지난 10년간 눈부신 경제성장을 이룩하는 중에도 성장둔화를 우려한 사람들이 없지 않았다. 그러나 그때마다 중국경제는 계속해서 성장에 박차를 가하면서 이러한 우려를 보기 좋게 불식시켰었다. 전 세계를 끙끙 앓게 했던 세계금융위기 직후 중국은 대대적인 경기부양책을 통해 연간 10%의 성장률을 기록하며 다시 한 번 세상 사람들을 깜짝 놀라게 했다. 중국경제의 경이적인 회복력은 2008년 세계금융위기 이후의 세계경제 회복에도 크게 보탬이 됐다.

온갖 악재가 난무하는데도 2009~2010년에 시작된 대규모 경기부양책을 통해 2007~2009년 금융위기 이전의 경제성장률을 회복한 중국을 보고 세계 각국은 놀라움을 금치 못했다. 그러나 2009~2010년의 경기부양책 자체가 전례가 없을 정도의 대규모 정책이었기 때문에 이러한 정책을 바탕으로 이룩한 경제성장을 미래의 성장 수준을 평가하거나 예측하는 기준으로 삼는 것은 곤란하다.

오히려 2009~2010년의 경기부양책이 엄청난 효과를 냈다는 바로 그 이유 때문에 정부는 앞으로 어떤 부양책을 써도 이와 같은 정도의 효과를 보기는 어려울 것이다. 요컨대 이제 중국은 연 10%의 성장률을 기록하던 때로 돌아갈 수는 없을 것이다.

중국경제가 성장둔화를 겪는 것은 사실이다. 지난 30년 동안 중국이 이룩한 경제성장은 그 유례를 찾아볼 수 없을 정도로 경이적인 수준이었고 인류 역사를 다 뒤져도 그만한 성장 기록은 찾기 쉽지 않다.

그러나 성장둔화라는 기정사실 앞에서 중국도 이제는 속도에 맞춰져 있던 초점을 옮겨 어떻게 하면 꾸준히 그리고 균형 있게 성장할 수 있는지 그 방법을 찾는 것이 중요하다. 일단은 주요성장동력으로 일컬어지는 수출, 소비, 투자 등 3가지 요소가 지난 수십 년 동안 중국의 경제성장과 어떤 관계로 엮였는지를 살펴볼 필요가 있다. 각 성장동력의 지속가능성을 분석해보면 앞으로 중국의 경제성장률을 예측하는 데 도움이 될 것이다.

: 수출경쟁력의 상실

소비, 투자, 수출 등 3가지 성장동력은 중국이 경제 기적을 이뤘던 지난 30년 동안 매우 흥미로운 변화 추세를 나타냈다. 약 20년 전만 해도 '중국산(made in china)'이라는 말은 대다수에게 여전히 생소한 단어였다. 그런데 이제는 '중국산' 하면 자연스럽게 '세계의 공장'이라는 이미지가 떠오른다.

20년 전에는 수출이 중국경제성장의 핵심동력이었다. 그러나 그 이후에는 '투자'가 경제성장을 이끌면서 수출은 두 번째로 밀려나게 됐다.

최근 무역통계를 보면 이 같은 추세가 두드러진다. 2014년 2월, 중국의 수출은 1년 전보다 18.1% 감소했을 뿐 아니라 이러한 감소세는 지난 12개월 동안 연속으로 이어진 것이었다. 2009년 8월 이후 가장 큰 낙폭을 보인 이 같은 수출 감소세는 중국경제의 성장 전망을 어둡게 함을 물론이고 세계 경기회복에도 어두운 그림자를 드리웠다. 중국이 '세계의 공장'이라 일컬어진 이후로 중국의 수출 통계치가 세계의 수요를 가늠하는 척도로 사용되기도 했다.

중국의 수출량이 감소한 것이 물론 이번이 처음은 아니었다. 1997~1998년 서남아시아 금융위기 때 그리고 2007~2009년 세계금융위기 때도 수출이 감소했다. 이번이 그때와 다른 점은 수출 감소세의 장기화에 있다.

중국을 '세계의 공장'으로 만든 일등 공신은 바로 '값싼 인건비'였다. 그런데 지금은 다른 국가의 인건비가 중국보다 훨씬 낮다. 미 의회는 2000년부터 2013년까지 중국의 인건비가 매년 11.4%씩 증가했다고

예고된 버블

말한다. 2000년에는 멕시코의 30% 수준이었으나 2013년에는 멕시코보다 50%나 높았고 베트남보다는 168% 이상 그리고 캄보디아보다는 5배 이상 높았다. 2020년에 중국 국민의 1인당 소득이 2배로 증가하여 1만 위안을 넘어서게 된다면 값싼 인건비를 바탕으로 한 수출경쟁력은 결국 완전히 사라지고 말 것이다.

인건비 증가와 고령화 외에 젊은 세대의 태도변화도 중요한 변수다. 지난 10년 동안 '밀레니엄세대(1980년대부터 2000년대에 태어난 신세대-역주)'라 불리는 젊은 층의 일에 대한 태도에 근본적인 변화가 생겼다. 빈곤에 허덕이던 부모세대와는 달리 이제는 젊은 세대 거의 전부가 물질적으로 풍족한 삶을 누리기 시작했다. 이러한 변화된 환경 속에서 밀레니엄 세대는 부모세대처럼 그야말로 '죽을 듯이' 열심히 일하는 데는 관심이 없다. 그보다는 개인의 꿈을 실현하는 데 더 관심이 있다. 그러다 보니 중국의 노동인구는 더 줄어들고 그 결과 인건비 수준은 더욱 높아지게 됐다.

다국적 기업은 일찌감치 이러한 추세를 감지하고 생산 본거지를 중국에서 다른 국가로 옮기기 시작했다. 일례로 2000년 당시 나이키는 전체 생산량의 40%를 중국공장에서 생산했다. 그런데 2013년에는 그 비율이 30%로 떨어졌고 대신 베트남이 전체 생산량의 42%를 차지하게 됐다.

다국적 기업과 중국 국내기업 모두 인건비가 싼 곳을 찾아 동부 연안에서 서부 내륙지역으로 생산시설을 점점 옮겨가는 상황이었다. 그러나 조사결과 발달수준이 높은 동부 연안 지역과 내륙 오지의 임금격차가 급격히 좁혀지면서 그 격차가 10% 이내로 줄어든 것으로 나타났다. 이러한 추세라면 앞으로 1~2년이면 내륙 오지의 임금이 동부 연안의 임금을 거의 따라잡을 것이고 그렇게 되면 굳이 내륙 오지로 생산 시설을 옮길 필요도 없을 것이다. 그래서 기업들은 아예 중국을 떠나 인건비가 훨씬 싼 다른 국가로 떠나기로 했다.[1]

: 노동생산성의 정체

중국의 경제성장을 가로막는 주요 걸림돌이 바로 노동생산성의 악화다. 이 주제에 관한 수많은 연구조사결과 2000년대 초 이후로 중국의 노동생산성이 정체 상태인 것으로 드러났다. 대다수 사람이 중국의 눈부신 경제성장은 생산요소를 많이 투입했기에 가능한 일이었다고 생각한다. 이러한 생산요소로는 고전경제학에서 말하는 노동과 자본 그리고 체감상의 생산요소인 환경과 국민건강 등을 들 수 있다.

2012년도 세계은행 조사자료에 의하면 2011년에 중국의 노동생산성은 1980년보다 8배나 높았고 1990년보다는 약 2배가 높았다. 그러나 다른 국가와 비교하면 이야기가 좀 달라진다. 즉 중국의 노동생산성은 같은 기간 미국 노동생산성의 12분의 1 그리고 일본의 11분의 1 수준에 불과했다. 더욱 놀라운 부분은 30년 동안 눈부신 성장을 이룩했음에도 중국이 인도나 태국, 모로코보다도 노동생산성이 낮다는 사실이었다.[2] 최근 중국과 인도의 경제성장을 비교한 자료를 보면 두 국가의 인구는 비슷하지만 노동인구는 중국이 인도보다 2배나 많았다.[3] 중국의 노동생산성이 그만큼 떨어진다는 뜻이다.

예고된 버블

노동생산성의 정체 현상은 중국이 이룩한 경제성장의 한 단면으로서 양적인 성장뿐 아니라 이제 질적인 성장을 도모해야 하는 현실을 보여주는 단적인 증거다. 중국이 지난 30년, 특히 10년 동안 경이적인 경제성장을 이룩했다는 사실은 각종 통계자료는 물론이고 중국인의 삶의 질이 엄청나게 높아진 것만 봐도 충분히 체감할 수 있다. 그러나 성장가도를 달리다 느닷없이 병목에 걸리자 그동안 고속성장에 가려져 있던 문제점이 노출되기 시작했다.

생산성저하 문제를 해결하는 가장 빠른 방법은 생산요소를 더 투입하는 것이다. 노동생산성이 정체 혹은 저하된 이상 중국으로서는 노동력을 더 투입할 수밖에 없다. 지난 10년 동안의 경제성장을 견인한 쌍두마차는 통화정책과 신용팽창을 통해 만들어낸 과잉 '유동성' 그리고 값싼 '노동력'이었다. 현재 중국은 인건비는 점점 증가하고 노동생산성은 점점 떨어지는 상황에서 수출의 한계를 느끼기 시작했다. 수출은 지난 20년간 중국의 경제성장을 이끈 일등공신이었고 그 토대는 바로 값싼 노동력이었다. 그러나 이제 상황이 달라졌고 세상 사람들은 중국이 '값싼 노동력으로 승부하던 시절'은 이제 지나갔다고 말한다.

: 국내소비력 부진

수출부진이 계속된다면 국내소비 진작을 통해 경제를 활성화하는 수밖에 없다. 경제성장모델의 성공적 전환은 가계소비가 얼마나 증가하느냐에 달렸다. 따라서 앞으로 중국경제성장의 열쇠는 소비증가에서 찾아야 할 것이다.

일부 자료에 의하면 중국의 가계소비가 연 8~9% 정도 증가하면 연 6~7%의 성장률을 유지할 수 있다고 한다. 이 정도 성장률이면 1인당 GDP 목표치인 1만 달러에도 도달할 수 있고 중진국 함정(middle income trap, 개발도상국이 초기에는 순조롭게 성장하다 중진국 단계에서 성장이 둔화하거나 정체되는 현상-역주)도 극복할 수 있을 것이다.

표면적으로는 중국의 소비력에 문제가 없어 보인다.

사실 지난 10년 동안 세계적인 관광지나 대도시에서 흔하게 볼 수 있던 풍경이 바로 중국인 관광객의 이른바 '싹쓸이' 쇼핑이었다. 그래서 세상 사람들은 중국 소비자의 구매력이 엄청나다고 실감하고 있다. 루이뷔통이나 프라다 등 파리나 밀라노에 있는 명품 매장에서는 엄청나게 늘어난 중국인 관광객을 상대하기 위해 중국어가 가능한 점원의 채용을 계속 늘렸다.

일부 매장에서는 브랜드의 품위와 매장 내 질서 유지를 위해 일일 입장객 수를 제한하는 곳도 있었는데 매장 밖에서 길게 늘어서 기다리는 손님도 대부분이 중국인 관광객이었다. 마치 동네 식료품점에서 장을 보듯 아무렇지도 않게 명품핸드백과 시계 매장을 돌아다니며 단 2시간 만에 수십만 달러를 펑펑 쓰는 사람도 있다.

중국에도 루이뷔통이나 프라다 매장이 많은 데 굳이 외국까지 와서 그 제품을 사는 이유가 무엇인지 언뜻 이해가 안 될 수도 있다. 실제로 중국 내 루이뷔통과 프라다를 비롯한 대다수 명품 브랜드가 지난 10년 동안 연간 30%의 매출신장률을 기록했다. 그런데 왜 여전히 외국까지 가서 그 제품을 사들이는 걸까?

예고된 버블

한번은 LA공항에서 관광객으로 보이는 사람들이 무리지어 서 있는 것을 보았다. 이 사람들은 각자 산 면세품을 꺼내 보이고 있었는데 그 중 한 사람이 물건을 너무 많이 사서 혼자 다 들 수가 없다며 친구에게 대신 좀 들어달라고 부탁하고 있었다. 커다란 짐 꾸러미에 놀란 그 친구는 이렇게 말했다.

"아니, 왜 이렇게 많이 샀어?"

그러자 짐을 들어달라고 부탁한 그 여성은 이렇게 대답했다.

"많이 살수록 돈 버는 거야. 내가 이걸로 돈을 얼마나 절약했는지 알려줄까?"

'많이 사면 많이 남는다!' 중국인 관광객이나 소비자가 외국에서 물건을 살 때 늘 하는 말이다. 「월스트리트저널」의 조사로는 같은 제품이라도 세계 주요 도시에서 파는 가격보다 중국에서 파는 가격이 훨씬 비싸다고 한다.[4] 이는 해당기업의 가격책정전략 때문이기도 하다. 즉 인구가 많고 명품수요가 많다는 점을 고려하여 일부러 중국 내 판매가를 그렇게 높게 책정한 것이다.

또 중국의 세금 및 관세 정책도 고가품의 가격을 더욱 높이는 데 일조했다. 미국에서 판매되는 같은 제품이 중국에서는 2배 비싼 가격에 팔리는 일은 아주 흔하다. 좀 더 극단적인 예로 아기 분유나 BMW 같은 고급 승용차는 가격 차이가 5배까지 나는 것도 있다.

애플의 주력 상품인 아이폰 같은 경우도 흥미롭다. 아이폰에 들어가는 부품은 거의 중국에서 만드는데도 중국 아이폰 가격은 다른 국가보다 훨씬 비싸다. 또 이동통신사가 판촉행사의 하나로 통신가입자에게 아이폰을 무료 제공하는 일이 있는데 중국 소비자에게는 이 또한 남의 일일 뿐이다.

이렇게 가격 차이가 크다 보니 외국에 나갈 기회가 있을 때마다 열심히 물건을 사들이고 그렇게 쇼핑한 물건으로 가방을 꽉꽉 채워 들어오는 것이다. 여기서 더 나아가 외국에 나갈 기회가 많은 사람 가운데는 따이꺼우[代购]라고 불리는, 구매대행업자도 있다. 이와 관련하여 2013년에 유명 항공사의 한 승무원이 화장품을 밀수하여 알리바바가 운영하는 중국최대 온라인 쇼핑몰인 타오바오[淘宝]에서 판매한 사건이 발생하여 사회적으로 크게 물의를 빚은 일이 있다.

법원은 100만 위안 이상을 탈세한 혐의로 이 승무원에게 징역 11년(나중에 징역 3년으로 감형됨)을 선고했다. 이 판결은 많은 논란을 불러 일으켰다. 중국인 대다수가 국내와 해외의 가격 격차가 너무 큰 것이 문제라 자신들도 똑같은 일을 했을 것이라며 판결 내용에 불만을 품었던 것이다.

중국인의 소비행태와 관련하여 또 하나 궁금한 것은 1인당 소득이 미국이나 일본 같은 선진국의 10분의 1 수준밖에 안 되는데 어떻게 명품을 그렇게 쉽게 사는가 하는 점이다. 또 중국인 관광객이 명품핸드백이나 시계를 사는 데 특히 관심이 많은 이유는 뭘까?

뒤에 설명하겠지만 명품을 직접 사용하기 위해서라기보다는 정부 관리에게 줄 선물용으로 사는 경우가 많았다. 매우 극단적인 사례이기는 하지만 산시성 안전검사국 국장을 그 예로 들 수 있다. 볼 때마다 다른 명품 시계를 찬 국장의 모습이 수상쩍어서 검찰이 수사에 나섰다. 수사결과 이 국장은 현금으로 뇌물을 100만 달러나 받은 외에 각기 다른 브랜드와 모델의 명품시계를 83개나 받아 챙긴 것으로 드러났다.

예고된 버블

중국인들이 명품을 좋아하는 이유는 문화와도 관련이 있다. 수십 년 동안 경제적으로나 정치적으로 억눌린 삶을 살았던 사람들은 이제 돈도 좀 벌었으니 남들처럼 풍족한 삶을 누리며 살아도 되지 않겠느냐고 느낀다. 다른 아시아 국가와 마찬가지로 체면과 위신을 중요시하는 중국인들은 자신의 성공을 다른 사람들에게 과시하려는 욕구가 매우 강했다. 그래서 고급 자동차, 명품핸드백, 시계 같은 값비싼 제품에 더 끌렸던 것이다.

이상의 상황은 앞서 가계소비를 증가시켜야 한다고 주장했던 것과 완전히 정반대다. 이렇게 돈을 잘 쓰는 데 왜 가계소비의 문제를 운운했을까? 이러한 의문의 해답은 '부의 분배'에서 찾아야 한다.

⠆ 자원의 부족

중국 GDP에서 소비가 차지하는 비중은 약 50%다. 이는 주요 선진국의 소비 비중인 70~80%보다 훨씬 낮은 수준이다. 중국과 함께 '브릭스(BRICS)'라 불리는 나머지 4개국(브라질, 러시아, 인도, 남아프리카공화국)과 비교해도 중국의 소비 비중이 낮은 편이라 그 이유가 점점 더 궁금하지 않을 수 없다. 그러나 좀 더 자세히 들여다보면 이러한 차이는 바로 '가계' 소비의 차이에서 비롯됐다는 점이 분명하게 드러난다. 미국의 가계소비가 GDP에서 차지하는 비중은 약 70%로 중국의 35%보다 2배나 높다.

그렇다면, 서구인들이 혀를 내두를 정도로 어떤 사람은 돈을 펑펑 쓰는가 하면 또 어떤 사람은 돈을 잘 쓰지 못하는 이유는 무엇일까? 가처분소득과 소득분배라는 2가지 요소가 해답의 열쇠를 쥐고 있다.

첫째, 중국도 다른 대다수 국가와 마찬가지로 먼저 세금을 내고 나머지 돈으로 소비활동을 해야 한다. 그런데 몇몇 조사자료를 보면 중국은 기업과 가계에 부과되는 소득세율이 세계에서도 가장 높은 수준에 해당한다.[5] 중국은 소득세 과세기준점이 상대적으로 낮아서 거의 모든 근로자가 과세 대상이며 세금환급의 기회도 거의 없다. 그러므로 중국의 과세정책, 특히 고소득층에 대한 과세정책 또한 소비부진의 한 원인이다.

게다가 GDP는 국부(國富)를 나타내는 것일 뿐 부의 분배 수준을 가늠하는 지표는 아니다. 인민은행이 발표한 공식통계자료에 의하면 중국의 지니계수는 0.48로 미국이나 기타 선진국보다 높다. 지니계수는 100여 년 전 사회적 소득불평등의 정도를 측정한 이탈리아의 통계학자이자 사회학자인 코라도 지니(Corrado Gini)의 이름을 딴 지표로 0에서 1까지의 수치로 나타낸다. 수치가 0에 가까울수록 소득분배가 평등하다. 물론 수치가 1에 가까운 것은 그 반대다. 국제표준에서는, 지니계수의 수치가 0.40을 넘으면 소득분배에 상당한 격차가 있다고 본다. 수치가 0.60을 넘을 경우, 소득격차가 극심하다는 것을 나타낸다. 서남재경대학의 조사자료로는 중국의 지니계수가 0.61로 세계최고 수준이다. 어느 쪽 수치가 더 신빙성 있는지 확실치는 않으나 이러한 소득분배불균형이 앞서 말한 의문의 해답이 될 수 있다.

마지막으로, 부동산경기호황 덕분에 집을 한 채 이상 보유한 사람은 엄청난 부를 축적할 수 있었다. 반면 집이 없는 사람들의 부담은 한층

예고된 버블

더 심해졌다. 중국에서는 집이 없으면 청혼도 못하는 상황이라 젊은이들은 허리띠를 졸라매고 악착같이 돈을 모아야 했다. 집 장만을 위해 저축을 해야 하기 때문에 함부로 지출하지 못하니 소비심리는 위축될 수밖에 없었던 것이다.

: 사회안전망에 대한 신뢰 부족

사회안전망을 확실히 구축하는 것도 국민의 소비심리를 활성화하는 데 큰 역할을 한다. 사회보장제도와 사회보장기금 같은 사회안전망이 확충되면서 중국인들도 사회보장의 혜택을 받기 시작했다. 그런데 중화인민공화국 출범 이후 첫 30년 동안 이어졌던 높은 출생률과 이후에 시행한 한 자녀 갖기 정책으로 말미암은 '인구구조의 급격한 변화' 그리고 '전환기의 중국 경제환경' 때문에 필요자금을 조달하는 데 문제가 생길 것이고 머지않아 사회보장제도에 구멍이 뚫릴지 모른다고 우려하는 사람들이 많다. 이는 특히 급속한 인구고령화를 겪는 대다수 선진국이 골머리를 앓는 문제이기도 하다.

　현재 중국의 사회보장제도는 전체 인구의 대다수를 차지하는 농촌인구가 아니라 도시인구중심으로 짜여 있다. 사회보장기금의 한 고위 당국자는 기금출범 당시의 운용자산규모가 얼마 되지 않았기 때문에 앞으로 심각한 수준의 재정고갈을 걱정해야 할지도 모른다는 점을 공개적으로 시인했다.[6] 중앙정부만큼 심각한 수준은 아니나 지방정부 역시 재정부족의 문제에 직면해 있다는 보고가 있었다.[7] 사회보장제도에 대한 우려와 불안 역시 소비심리를 위축시킨다. 한편으로는 사회보장제도의 확충이 가계소비 진작으로 이어진다는 해석도 가능하다.[8]

보건의료제도 역시 중요한 사회안전망 가운데 하나다. 10여 년간 보건의료제도 개혁을 지켜본 중국인들은 의료서비스의 품질 향상과 의료인 수급의 지속가능성 확보를 위해 또 한 번의 제도 재정비가 필요하다고 생각한다. 기대수명연장, 한 자녀 정책, 급변하는 사회적 가치, 의료기술의 발달에 따른 관련 비용의 증가 등 이 모든 상황이 중국 가계로 하여금 '저축은 더 많이, 소비는 더 적게'를 외치게 했다(한 가구 한 자녀 정책은 제한적이지만 한 가구 두 자녀 정책으로 완화되었다.-역주). 사회보장제도와 비슷하게 보건의료제도에 대한 전망 역시 불확실하다. 그러나 이 또한 보건의료제도의 개혁이 성공한다면 가계소비를 촉진하는 계기가 될 수 있다.[9]

: 반부패 운동이 반성장 운동?

중국공산당이 추진한 반부패(부패 척결) 운동은 2012년 12월 처음 시작된 이후로 온 국민의 열렬한 지지와 찬사를 받아왔다. 그러나 이 와중에도 이후 2년 내내 경제성장이 둔화한 것은 반부패 정책 탓이라고 주장하는 사람도 있다.

표면적으로는 둘 사이에 어떤 상관관계가 있는 것처럼 보이기는 한다. 반부패 운동 때문에 사치품매장이나 고급레스토랑에 찬바람이 불어 닥쳤다고들 생각한다. 정부당국이나 관공서의 공식연회에 널리 사용되던 고급위스키와 프랑스와인의 수요도 뚝 떨어졌다. 정부관료나 군장성의 연회에 빠지지 않고 등장하던 구이저우[貴州] 성의 마오타이주[茅臺酒, 중국의 4대 명주 중 하나-역주] 판매량도 반부패 운동이 벌어지기 직전 2년 동안의 판매증가율에 한참 못 미쳤다.

독일의 고급 자동차 BMW는 2013년 1분기에 8만 6,224대가 팔렸으며 이는 전년 대비 7.5%가 증가한 것이었다. 언뜻 괜찮은 성과인 것 같지만 2012년 동기에 기록한 판매증가율 37%에 비하면 '몹시 실망스러운' 수준이었다. 중국정부의 관용차량이라는 인식이 강한 폴크스바겐 아우디 또한 판매량이 겨우 14% 증가한 10만 2,810대에 그쳤다. 이 또한 41%의 판매증가율을 보였던 2012년에 한참 못 미치는 수준이었다.

반부패 운동이 시작된 2012년 4분기 이후 중국인들이 선물용으로 가장 선호하는 품목인 명품핸드백과 시계의 판매 역시 뚜렷한 하락세를 나타냈다. 2014년 1분기에는 프라다 제품의 판매량이 10% 이상 감소했고 스위스 시계의 판매량 역시 25.6%나 감소했다.[10]

5성급 호텔도 정부기관과 기업이 대규모 연회나 회의 일정을 취소하면서 큰 어려움을 겪었다. 국유언론은 2014년에 5성급 호텔 50여 곳이 4성급으로 낮춰달라며 등급하향조정 신청을 했다고 보도했다. 이는 고급호텔을 꺼리는 분위기 때문으로 급을 낮춰서 전처럼 국가공식 행사나 기업의 행사를 다시 유치하겠다는 계산이었다.[11] 또 이 반부패 운동 때문에 수많은 국유기업 그리고 심지어 사영기업까지 연례 회의나 단체수련회 같은 행사의 예산을 삭감했다.

기업인 그리고 그 기업인들이 만나고 싶어 안달인 정부관료가 즐겨 찾는 중화권 카지노의 메카 마카오 역시 어려움을 겪기는 마찬가지였다. 2014년 6월 현재, 마카오의 카지노 수입이 몇 년 만에 처음으로 감소했다. 정부관료와 국유기업 간부의 외국여행 요건이 더 강화되면서 관광업계도 몸살을 앓았다.

이러한 분위기 속에서 소매판매량의 증가세도 주춤했다. 그러자 일각에서는 반부패 운동이 소매판매 부진으로 이어졌고 더 나아가 이것이 국가경제 전체를 위태롭게 할 수 있다고 주장하고 나섰다.[12] 그러나 소매판매 감소는 비단 사치품 소비에만 국한된 것이 아니라 전 산업계에 두루 걸친 전반적 현상이었다. 일부 경제학자의 주장대로 이러한 현상은 가계소비부진보다는 정부가 주도하는 투자의 감소가 더 큰 원인일 수 있다.[13]

: 투자주도형에서 소비주도형 성장모델로

수출과 소비가 성장동력으로서의 힘을 발휘할 수 없게 되자 중국정부는 세 번째 성장 동인인 '투자'에 마지막 희망을 걸 수밖에 없었다.

수출과 비교하면 투자는 기본적으로 국내에 효과가 미치는 행위라서 경기부양에 직접적인 영향을 미친다. 게다가 투자는 주로 기업 수준에서 이루어지므로 가계 부문에 크게 의존하지 않아도 된다. 따라서 투자는 소비보다 경제성장률을 높이는 데 좀 더 직접적인 영향을 미칠 수 있다. 더구나 중앙 및 지방정부가 투자와 자본 정보에 대한 통제권을 보유하고 있기 때문에 다른 두 동력(소비, 수출)보다 상대적으로 통제

예고된 버블

하기가 더 쉽다.

물론 중국정부 또한 투자를 통한 경제성장 방식에도 한계와 부작용이 있을 수 있음을 인정한다.

일단 투자수익의 감소 문제를 들 수 있다. 실제로 2007~2009년 금융위기 이전에 약 20%였던 투하자본순이익률(Return On Invested Capital , ROIC)이 금융위기 이후 몇 년간은 15% 밑으로 떨어졌다. 경제학자들은 대다수 경제 부문에서 확인되는 생산력과잉 현상을 고려할 때 당분간 투하자본순이익률이 계속 감소할 것으로 보고 있다.[14] 노동생산성이 정체된 상태에서 투자만 계속 증가하면 투하자본수익률이 감소하는 것은 논리적으로 너무도 당연한 귀결이 아니냐는 것이다.

사실 정부 투자가 크게 만족할 만한 성과를 낸 것 같지는 않다. 2012년에 발표된 세계은행 보고서 '2030년 중국(China 2030)'에서 지적한 바와 같이 국유기업의 운영효율성과 투자수익률이 다른 국가보다 현저히 낮은 것은 사실 지난 10년 동안 국유기업의 몸집을 너무 불려온 탓이다.

2008년 이후로 사회기반시설 구축과 주택건설 부문에 엄청난 자금이 투자됐다. 지방정부는 지난 몇 년 동안 높은 금리로 토지를 매각하여 고수익을 올리려는 목적으로 신도시와 신공단 건설에 막대한 자금을 투자했다.

2011년에 시작된 부동산 규제책은 주택가격을 억제하거나 인하하는 효과는 전혀 없으나 지방정부의 투자수익률에는 이미 영향을 주고 있었다. 사회기반시설 프로젝트는 대부분이 투자금회수에 시간이 오래 걸리고 수익률도 높지 않다. 이런 상황에서 주택가격까지 지지부진하자 지방정부 융자플랫폼을 통해 프로젝트를 계속 진행하는 데 필요한 자금을 조달하는 수밖에 없었다.

투자에는 '시간적 불일치(temporal mismatch, 행위와 결과 사이의 시간적 격차-역주)'라는 고유한 속성이 있기 때문에 지방정부는 장기적으로 부채 수준이 높아지는 위험을 감수하면서까지 단기적인 차원에서 눈앞의 성장목표를 위해 '투자'라는 동력을 활용하는 데 열을 올렸다. 앞으로야 어찌됐든 당장 자금을 투자하면 지방경제를 살릴 수 있고 덕분에 개인적 출세 가도에도 도움이 된다는 사실을 알게 된 지방정부관료들은 이렇게 '미래의 돈'을 마구 끌어다가 건설 현장에 뿌려대며 성장률 경쟁에 더욱 몰두하게 됐다.

이러한 대대적 차입투자의 결과물이 바로 세계 언론에 심심찮게 등장하는 '유령도시'다.[15] 오르도스[鄂爾多斯]가 그 좋은 예다. 네이멍구 자치구[內蒙古自治區] 중남부에 있는 고원 지역에 조성된 이 신도시는 지역 전체가 완전한 유령도시로 전락했다. 아파트를 비롯한 건설공사가 완료되고 대금도 모두 지급된 이후 몇 년 만에 이렇게 버려지고 말았다.

단기간에 큰돈을 벌 수 있다는 유혹을 뿌리치지 못하고 주거용 주택이 이미 있는데도 너도나도 부동산 투기에 나섰던 것이 원인이었다. 본래 투기성이 강한 투자였기 때문에 2011년 당시 오르도스 신도시의 주택가격은 2배로 뛰었다. 그러나 그곳에 거주할 의사가 있는 사람은 별로 많지 않았고 세계 석탄가격 폭락으로 광산 자본의 유동성에 문제가 생기면서 단 2년 만에 가격이 원래 수준으로 돌아가 버렸다. 오르도스뿐 아니라 톈진[天津], 잉커우[營口], 창저우[常州], 구이양[貴陽] 등 잘 계획되어 건설이 완료된 도시들도 유령도시로 남아 있다.[16]

설상가상으로 투하자본순이익률은 자꾸 떨어지는데 그 투자를 위해 차입한 자본의 비용(금리)은 또 꾸준히 상승했다. 그러자 정부와 기업은 신규투자를 위해 더 많은 자금을 조달해야 하는 악순환에 빠졌다. 중국 은행권이 바젤II에서 정한 기준(자기자본비율 8% 이상) 때문에 여신의 한계에 다다르자 부동산개발업체와 지방정부는, 그림자금융 같은 신생 금융상품에 눈을 돌려야 하는 상황이 됐다.

정부의 암묵적 보증이 무색하게도 그림자금융을 통한 대출 비용은 은행대출의 2배는 족히 되고 경우에 따라서는 이보다 훨씬 높아지기도 한다. 그런데 주택가격이 제자리걸음 행보를 보이자 애초에 했던 투자에서 나오는 이익금으로는 대출금을 갚을 수 없는 상황이 돼버렸다. 마땅한 대안이 없는 상태에서 차입자는 기존보다 훨씬 높은 금리로 돈을 빌려 신탁상품이나 WMP에 투자하는 쪽으로 눈을 돌렸다. 이렇게 해서 이들 투자자는 하이먼 민스키가 말하는 금융위기 프레임워크상의 '폰지 사기성 차입자'가 돼버린 것이다.[17]

유령도시는 중국 부동산 부문을 비롯한 여타 경제 부문에서 발생한 과잉생산력의 한 단면이다. 사람들이 부동산을 사지 않으면 다른 대다수 경제 부문에서 치열한 가격경쟁이 벌어질 것이고 그렇게 되면 누구에게도 득 될 것 없는 상황이 전개될 뿐이다(제7장에서 더 자세히 다룰 것이다).

대규모 경기부양책과 무책임한 투자열풍이 몰고 온 난감한 결과에 당황한 정부는 2014년 초에 경기둔화가 다시 시작됐을 때, 정부 주도의 투자에 대해 이번에는 전보다 훨씬 더 신중한 태도를 보였다. 즉 중앙정부가 통제하기 쉽게 투자규모나 프로젝트 크기를 줄인 '소규모 부양책'을 연이어 시행하는 쪽으로 방향을 잡았다.

이러한 소규모 부양책은 확실히 이전의 대규모 부양책에서 노출된 문제를 상당 부분 해결하는 효과가 있었다. 그러나 당연한 결과지만 이처럼 어정쩡한 규모의 부양책으로는 역시 어정쩡한 부양효과 이상을 기대하기 어렵다. 2014년 1사분기에 성장률 7.4%를 기록한 이후 2사분기에 목표치 7.5%에 가까스로 도달했다. 성장률 목표 7.5%에 도달하지 못할까 우려하여 정부가 '투자 기반 경기부양책'이라는 카드를 또 꺼내 들지 모른다며 걱정하는 사람들도 있다. 이러한 대책은 사실 투자에 기반을 둔 대대적인 경기부양책을 기대하고 무턱대고 투자했던 사람들의 유일한 희망이었다.

: 왜 고속성장이 필요한가?

중국은 왜 그렇게 고속성장에 목을 매야 할까?

중국공산당은 국민(인민)에게 경제성장을 약속했다. 덩샤오핑[鄧小平]은 문화대혁명으로 피폐해질 대로 피폐해진 삶을 살아온 중국인들을 향해 '쥐만 잘 잡는다면 검은 고양이든 흰 고양이든 상관없다'고 말했다. 다시 말해 그 누구든 국가사회를 위해 일자리와 부를 창출해주는 사람이 최고라는 것이다.

이 혁신적 사고는 중국사회의 이데올로기 전환에 한몫했고 덕분에 경제성장에 대한 중국인들의 관심도도 높아졌다. 공산당은 10억 인민들에게 풍족하게 살게 해주겠다는 약속을 지켰고 덕분에 중국인들에게 앞으로 중국이 새로운 번영의 시대를 구가하며 세계최고의 국가로 거듭날 수 있다는 확신을 심어줬다.

예고된 버블

경제성장은 실업률과도 밀접한 관련이 있다. 1,000만 대학졸업생을 비롯하여 사회에 첫발을 내딛는 젊은이들이 일자리를 얻어 직업생활을 영위하려면 경제가 살아야 한다. 중국뿐 아니라 세계 어느 국가든 경제가 침체하고 실업률이 높아지면 젊은이들이 길거리로 나가 시위를 벌이고 이것은 정권을 유지하는 데 큰 부담이자 위협이 된다. 중국정부는 당연히 이집트나 리비아에서 벌어진 사태가 자국에서 재현되지 않기를 바랐다.

경제성장 목표치가 정해지고 나자 지방정부 간에 치열한 GDP 경쟁이 시작됐다. 싱가포르국립대학의 조사에 의하면 특정지역의 경제성장률이 전국 평균 성장률보다 0.3% 높으면 해당 지방정부관료가 승진할 기회가 8%나 증가한다고 한다.[18] 지역경제의 성장이 자신의 출세와도 직결된다는 사실을 인식한 지방정부관료는 해당 지역의 경제성장률을 높이는 일에 전력을 다했다. 지방정부관료는 임기도 짧고 임기 동안 부채를 얼마나 지든 이를 문제 삼지 않았기 때문에 무리해서라도 돈을 빌려 투자하는 일을 주저하지 않았다. 차입이든 아니든 여기저기 일을 벌여 성장률만 높이면 되기 때문이었다.

이러한 상황의 직접적인 수혜자가 바로 부동산이었다. 문화대혁명 시기를 거치면서 기업의 잠재력과 근로자의 창의력이 아주 오랫동안 억눌려왔고 경제가 상대적으로 낮은 수준에 머물러 있을 때 가장 강력한 힘을 발휘하는 것이 바로 성장지향적 사고방식이다.

그러나 속도에 초점을 맞춘 경제성장모델이 한계에 다다르며 그 모델에 내재한 온갖 약점이 노출되자 30년 동안 고속성장을 해온 중국경제는 이제 새로운 갈림길 앞에 서게 됐다.

현재 중국경제가 직면한 온갖 문제점이 구(舊) 성장모델의 직접적인 수혜자였던 부동산 부문에 집약돼 있다고 해도 과언이 아니다. 주택가격상승에 대한 가계의 맹신과 과잉투자가 판을 치던 시기가 지나고 나자 어느새 부동산 및 부동산 관련 부문이 중국경제성장에서 차지하는 비중이 20%를 훌쩍 넘어서게 됐다.

중국의 주택가격이 일부 선진국보다 훨씬 높은 수준이고 부동산 관련 투자가 중국경제의 가장 중요한 성장동력이 된 상황에서 이제 중국의 정책입안자들은 주택구매력(국가의 사회적 책무)과 GDP성장률(국가의 경제적 책무) 사이에서 어느 것도 선택할 수 없는 난감한 처지에 놓이게 됐다. 지금까지 중국정부는 주택가격상승의 위험을 감수하면서까지 성장속도를 유지하려 했다. 그러나 치솟는 주택가격에 대한 불만이 늘어가고 앞으로의 주택시장 전망도 불투명한 상태가 되자 중국경제 전체와 은행권에 대해 우려의 시선이 모이기 시작했고 더불어 교육, 고용, 더 나아가 결혼 등 중국사회 전 부문에 그 여파가 미쳤다.

고속성장에 따른 이른바 '성장통'을 극복해야 하는 중국으로서 성장속도 둔화는 어차피 거쳐야 할 통과의례 같은 것이다. 기업이나 가계나 성장속도를 줄인 상태에서만 좀 더 현실적이고 따라서 좀 더 지속가능한 투자 목표치를 설정할 수 있다. 그리고 속도를 좀 늦추는 것이 성장의 '속도'에서 성장의 '질'로 초점을 전환하는 데도 도움이 된다.

중국정부는 모든 사람이 만족할 수 있는 성장에 초점을 맞출 것이라고 선언했다. 더불어 환경보호, 교육, 보건의료, 소득분배, 사회보장제도 등 국민의 생활과 직결된 전 부문에 두루 관심을 기울이겠다고 천명했다. 이러한 노력은 중국경제에 안정성과 더불어 지속가능성을

예고된 버블

부여하는 일이 될 것이다.

　거의 모든 경제성장 예측이 지속가능한 성장을 전제로 하는 만큼 '지속가능성'은 매우 중요한 요소일 수밖에 없다. 이러한 맥락에서 중국이 세계최대 경제국 그리고 2020년까지 1인당 GDP 1만 달러라는 목표를 달성하자면 성장의 속도보다는 지속가능성에 더 무게를 둬야 한다.

　인류 역사상 세계 1위의 경제대국이라는 타이틀을 거머쥐었던 국가는 그렇게 많지 않다. 세계 1위를 목표로 삼고 매진한 결과 정말 그 목표에 도달한 국가는 더더구나 흔치 않다. 인접국인 일본은 좀 특이한 경우였다. 면적도 훨씬 작고 인구도 적은 일본이 1980년대 말에 미국을 추월하여 세계최대 경제국이 되면서 전 세계를 깜짝 놀라게 했다. 그러나 안타깝게도 일본은 성장의 지속가능성을 간과한 탓에 고속성장기 동안의 문제를 해결하지 못하고 '잃어버린 수십 년'을 한탄하는 지경에 이르렀다. 중국에게 이것은 남의 나라 이야기가 아니다.

　경제규모 확대, 인건비 증가, 투자수익률 감소, 환경파괴 등 여러 가지 문제를 고려할 때 이제 중국은 성장의 지속가능성에 더 관심을 기울여야 할 때다.

제7장

생산력과잉,
어떻게 해소할 것인가

과한 것은
모자란 것만 못하다.

-공자

중국정부는 2008년 세계금융위기 당시 경기침체를 어떻게든 막아보겠다는 일념으로 사상 유례가 없는 4조 위안 규모의 초대규모 경기부양책을 시행했다. 그런데 이 부양책에 쏟아부은 자금이 실제로는 4조가 아니라 20~30조 위안에 이를 것이라고 보는 사람들이 많았다.[1,2] 이 정도면 미 연준의 자산매입규모(양적완화)에 버금가는 수준이다.

　미국에서는 이런 식으로 유동성이 창출되면 그것이 세계경제 전체에 고루 영향을 미치게 된다. 그러나 위안화는 국제통화가 아닌 데다가 중국은 자본의 해외유출을 제한하고 있기 때문에 경기부양책의 효력 범위는 국내에 국한된다. 그래서 이것이 인플레이션과 자산거품 같은 심각한 부작용을 불러일으켰고 견디다 못한 중국인들은 투자이민(예: 미국 서부지역, 캐나다, 오스트레일리아, 뉴질랜드, 두바이 외 전 세계 주요 대도시 등)으로 눈을 돌렸다. 초대형 경기부양책이 낳은 직접적인 결과 가운데 하나가 주택가격상승이었다. 부양책 시행 이후 단 몇 년 만에 중국의 대다수 도시에서 주택가격이 2배 이상 상승했다.

부동산을 중심으로 한 고정자산투자 붐이 낳은 직접적인 결과가 주택가격상승만은 아니었다. 2011년 말이 되자 생산력과잉의 문제가 표면화됐다. 2013년에 경기침체 현상이 나타나자 제조업의 생산력과잉 정도가 얼마나 심각한지, 생산력과잉의 문제가 왜 갑자기 그렇게 심각해진 것인지, 해결책으로는 어떤 것이 있는지 등등 과잉생산력과 관련된 문제에 관심을 보이는 사람들이 많아졌다.

경제학자들은 생산력에 관한 공식통계자료를 근거로 중국기업의 과잉생산력에 우려를 표했다. 국가통계국에 따르면 철강, 콘크리트, 전해 알루미늄, 평판 디스플레이용 유리, 조선산업 등의 가동률은 각각 72%, 73.7%, 71.9%, 73.1%, 75%로서 세계평균보다 훨씬 낮은 수준이다. 결과적으로 전 산업 부문에 걸쳐 최소한 30% 정도의 생산력과잉 상태를 보인 셈이다.

현재도 이런 상황인데 앞으로 신규투자가 계속되면 생산력과잉이 더욱 심화하리라 우려하는 사람들이 많다.[3] 특정산업에서의 생산력과잉 문제가 심각해지자 당국도 석탄화학, 철강, 시멘트, 다결정 실리콘, 풍력 터빈, 평판디스플레이용 유리, 조선, 전해 알루미늄, 대두 압착산업 등에 대한 신규투자를 금지하기 시작했다.[4]

이상의 산업을 좀 더 자세히 들여다보면 생산력과잉의 문제가 정말로 심각한 수준임이 금방 드러난다. 2012년 국내의 철강수요는 약 3억 2,000만 톤이었고 기존 철강업체의 생산력은 4억 7,000만 톤이었다. 이미 생산력과잉 상태인데 이 글을 쓰는 시점에도 대규모 철강 생산시설

예고된 버블

이 몇 개나 더 건설되고 있다.[5] 전해 알루미늄도 이와 비슷한 상황이었다. 전해 알루미늄의 국내 수요는 약 720만 톤이었는데 기존의 생산력은 1,100만 톤에 육박했다.[6]

건설 및 주택경기가 호황을 누리는 와중임에도 시멘트 업계의 생산력과잉률이 30% 정도였다. 주택시장에 대한 규제정책과 지방정부의 사회기반시설 투자감소를 고려하면 시멘트 업계의 과잉생산성 문제는 앞으로 더 심각해질 것으로 보인다.

과잉생산성의 문제는 몇몇 부문에 국한된 것이 아니며 정도의 차이는 있으나 실질적으로 중국경제 전반에 걸쳐 나타난 보편적인 사태였다. 주로 원자재 부문에서 문제가 됐던 과잉생산성이 다른 산업 부문으로 그 범위를 넓혀가는 추세이며 한때 유망했던 산업에서도 과잉생산성을 염려해야 하는 상황이 된 것이다. 일례로 한때 중국경제의 원동력이라 여겼던 자동차 산업도 생산력과잉률이 50% 정도다(생산력 1,000만 대 vs. 연평균 수요 600만 대).

중국이 다가오는 10년을 준비하며 미래의 주력산업으로 꼽은 광기전력(光起電力)과 풍력 터빈 산업 역시 생산력과잉률이 40%를 넘고 있다. 두 산업은 미국에서 셰일에너지(모래와 진흙이 쌓여 단단히 굳은 셰일층에서 개발·생산되는 원유와 천연가스-역주)의 사용이 증가하고 에너지가격이 점차 하락하자 최근 몇 년간 상당한 압박감을 느꼈다.

물론 이 같은 과잉생산력은 통계적 오류 혹은 경쟁업체가 시장에 진입하는 것을 견제하기 위한 전략적 눈속임에서 비롯된 것일 수도 있다. 그러나 작금의 과잉생산력의 문제를 통계적 오류나 전략적 눈속임만으로 설명하기에는 그 정도가 너무 심각하다. 통계분석, 현장연구,

기업경영진의 인터뷰 등의 자료를 바탕으로 한 UBS(세계적인 스위스의 금융 기업-역주)의 최근 조사 결과를 보면 중국의 생산시설 가동률은 2007년 이후 계속해서 감소했다. 2007년 이전에는 생산시설 가동률이 100%에 육박했는데 현재는 70% 수준이다. 중국 전체 산업 부문의 생산력과잉률이 평균 50%에 이른다는 의미다.[7]

생산력과잉은 경제에 심각한 타격을 입힐 수 있다. 첫째, 생산력과잉은 치열한 경쟁을 유발하므로 기업의 수익률이 급감한다. 예를 들어, 중국의 태양광 산업계는 2010년에 매출 총이익률이 30%였다. 그런데 업계의 생산력과잉이 증대되고 가격경쟁이 치열해지면서 2011년에는 이익률이 10%로 감소했고 해외상장사는 상황이 더 심각하여 이익률이 1%대로 하락한 곳도 있었다.[8]

알루미늄 업계도 상황은 이와 비슷하다. 고수익 업종으로 분류되던 전해 알루미늄 업계는 5년 전만 해도 100%에 가까운 생산가동률을 나타냈다. 그러나 전략적으로 중요한 위치를 차지하던 업계속성과 고수익성이라는 이점에 매력을 느낀 투자자들이 단기간에 엄청난 자금을 이 부문에 쏟아부으면서 단 3년 만에 가동률(생산과잉률 67%)이 60%로 하락했다. 기업의 수익성 악화는 투자수익률과 은행의 투자자산 품질에 즉각적으로 반영됐다. 태양광 산업계가 5년 연속 100%에 가까운 가동률을 기록하자 거의 모든 주요 은행이 이 업계에 대한 신용을 확대했다. 그런데 이후 이 업계의 대다수 기업이 이익은커녕 손실을 내기 시작하자 이곳에 대출해주거나 이들 기업이 발행한 회사채를 매입한 은행들이 전전긍긍하기 시작했다.

이러한 투자가 실패로 끝나면 업계의 발전과 성장에 필요한 자금을

예고된 버블

더는 조달하기 어려워진다. 더 나아가 은행과 투자자의 신뢰를 잃게 되고 이는 미래의 성장과 투자를 방해하는 큰 걸림돌로 작용할 것이다. 단기적으로 과잉투자와 고속성장은 꽤 매력적이고 바람직해 보일 수 있으나 이는 결국 미래의 성장과 투자를 방해하는 요소가 된다.

이제 두 산업을 중심으로 생산력과잉의 문제를 집중적으로 파헤쳐 볼 것이다.

: 재생에너지 산업

제1장에서 언급했던 2014년 초 발생한 차오르채권 디폴트 사태는 당시 중국에 큰 충격을 주었지만 태양광 업계 전체를 생각하면 그 사태는 빙산의 일각에 불과하다. 우시상더(Wuxi Suntech Power Co., Ltd.), 장시 사이웨이, 텐웨이잉리 등 태양광 산업계를 주도하는 기업들이 이미 강력한 역풍을 맞아 고전 중이며 2012년 이후로는 정부의 지원으로 겨우 연명하는 상황이었다.

한때 중국최대 태양열 집열판 제조사이자 서비스 공급자였던 우시상더(선텍)는 2013년 봄에 급기야 파산보호신청을 했다. 한때 중국최대 부호이자 대체에너지 업계의 상징과도 같은 인물이었던 우시상더의 회장 스정룽[施正榮]은 부채상환을 요구하는 채권자 529명의 거센 항의를 온몸으로 받아야 하는 신세가 됐다.

블룸버그(Bloomberg)의 분석으로는[9] 중국의 신에너지 업계(태양광, 풍력, 수압)는 2014년 6월 만기인 부채를 40억 위안이나 지고 있으며 이는 전

년도 부채의 10배에 해당하는 수준이라고 한다. 2014년 말이 만기인 부채는 총 77억 위안이다. 엄청난 규모의 만기부채로 허덕이는 산업 부문이 태양광 업계만은 아니다. 중국최대 투자은행인 중국국제금융 공사(中國國際金融有限公司, CICC)는 중국기업을 대상으로 광범위한 조사를 벌인 결과, 2014년은 자유화 이후 중국 금융역사상 디폴트 리스크가 가장 큰 해가 되리라 예측했다.

2000년대 초 이후로 국제원유가격이 상승하자 세계 각국은 대체에너지원 및 대체에너지 기술 개발에 총력을 기울였다. 그런데 대체에너지 부문의 신기술 대부분이 경제성을 기대하기 어려운 터라 이 분야에 대한 투자가 그리 만만치 않으며 위험수준도 비교적 높은 편이다.

중국은 제11차 및 제12차 경제개발 5개년 계획에서 신에너지를 차세대 주력산업으로 선정했다. 그러자 일부 지역과 성(省)에서 이 부문에 엄청난 관심을 기울이며 막대한 자금을 쏟아부었다. 이 신에너지 산업을 육성하기 위해 수많은 지방정부가 해당 분야 연구자와 기업인이 신에너지 사업을 시작할 수 있도록 전방위 지원에 나서기 시작했다.

전략적 산업으로 지정된 부문에 대한 반응이 늘 그렇듯 이번에도 각 지방정부는 투자유치를 목적으로 신에너지 기업에 리베이트와 면세 혜택을 제공했다. 지방정부는 이 유망 사업을 해당 지역에 유치하여 재생에너지 부문으로 투자자를 끌어들이고자, 창업 기업에 필요 부지 제공을 비롯하여 재정적 지원까지 불사한다. 더 나아가 이 에너지 기업의 매출 증가와 IPO에 도움을 주려 지방정부 예산으로 직접 그 기업의 제품까지 구매했다.[10]

그 결과 지난 10년간 신에너지 기술은 엄청난 발전을 이뤘다. 그러

예고된 버블

나 2007~2009년 세계금융위기 여파로 대다수 선진국에서 신에너지 기술에 대한 지원이 급감하고 에너지가격도 하락하자 신에너지 부문에 대한 투자가 과연 경제성이 있는지에 대한 의문이 제기되기 시작했다.

업계를 대표하던 주요 기업이 파산하면 이른바 '떨이' 판매가 시작되면서 업계 전체가 심각한 위기상황을 맞게 된다. 파산위기에 몰린 기업은 자산이나 생산설비를 매각하거나 아니면 판매촉진을 통해 유동성을 확보하기 위해 가격을 대폭 할인하는 수밖에 없다. 그런데 이러한 행위는 곧바로 원자재와 완제품의 공급과잉 상태를 유발하여 아직 영업활동을 하는 다른 기업을 크게 압박하게 된다.[11]

이러한 심각한 상황은 비단 태양광 산업에만 국한된 일이 아니다. 한때 세계 에너지 부족 문제를 깔끔하게 해결할 대안으로 여겨졌던 풍력 터빈 업계 역시 이와 비슷한, 아니 이보다 훨씬 심각한 문제로 골머리를 앓고 있다. 2014년 4월 30일, 중국최대 풍력발전 설비업체인 화루이[華銳風電, Huarui Wind Electrics]는 2013~2014 회계연도의 영업이익이 36억 6,000만 위안이었다고 보고했다. 이는 전년 대비 8.87% 감소한 수치였다. 이보다 더 우려스러운 부분은 2013~2014 회계연도 순이익은 마이너스 2,760만 위안으로 순손실을 기록했다는 점이다. 이는 전년 대비 319.96% 감소한 수치였다. 화루이가 손실을 기록한 회계연도는 이번이 두 번째였다(첫 번째는 순손실 6억 6,000만 위안을 기록한 2012~2013 회계연도). 화루이가 또 한 번 순손실을 기록한다면 선전증권거래소에서 상장이 폐지될 위기에 몰릴 것이다.[12]

전략적 중요성이 인정된 업종에 종사하는 기업 역시 낮은 금리로 쉽게 은행대출을 받는 환경에 익숙해져 있었다. 2009년에 대규모 경기부양책 이후 수많은 기업과 산업계가 고속성장할 수 있었던 이유도 바로 저금리 대출과 정부의 투자 및 투자지원 덕분이었다.

중국사회과학원(CASS)의 일부 통계자료에 의하면[13] 중국기업이 진 부채 중 2013년 말이 만기인 부채가 약 10조 위안이라고 한다. 이 10조 위안 가운데 약 60%(5조 위안 이상)는 은행 간 시장을 통해 조달한 것이었다. 따라서 한 기업에 디폴트가 발생하면 해당 은행만이 아니라 은행권 전체에 그 여파가 미칠 수 있다.

일명 'NAFMII 시장[중국금융기관투자자협회인 은행간시장거래상협회(中國銀行間市場交易商協會, National Association of Financial Market Institutional Investors)를 중심으로 조성된 시장-역주]' 시장거래에서 발생한 디폴트 리스크는 한 금융기관에서 다른 금융기관으로 전이될 수 있다. 또 금리자유화가 함께 예금금리와 대출금리가 모두 상승하리라는 것이 대다수 전문가의 시각이다.[14]

앞으로도 풍부한 유동성이 계속 유지되고 저금리 기조도 당분간 계속되리라 믿고 차입 성장에 열을 올렸던 기업은 금리가 상승하면 엄청난 위험에 노출될 것이다. 그동안 경제 주체들이 크게 의존했던 암묵적 가정이 일단 무너져버리면 저금리 대출에 크게 의존했던 수많은 산업 부문이 심각한 재정난을 겪을 것이다. 자금조달원이 감소하면 차입 의존도가 높았던 기업의 재정건전성과 신용 수준에 문제가 생기는 것은 물론이고 국가적 관점에서도 경제성장의 속도와 질에 영향을 미친다.

이러한 '부정적 충격'이 발생하면 정부는 재정위기에 빠진 기업의 구제에 나서게 된다. 2007~2008년 세계금융위기 때와 비슷하게 이러한 구제책의 목적은 단기적 차원에서 파산 지경에 몰린 기업이나 해당

업계 그리고 지방정부의 재정을 보호하는 것이다. 안타깝게도 서구사회에서 진행됐던 각종 구제책에서 여실히 드러났듯 이러한 구제는 무책임한 차입경영으로 위기를 자초했던 기업에 면죄부를 주는 역할을 한다. 아무리 일을 벌여도 정부가 구제해주는 일이 반복되면, 파산위기에 몰렸던 부실기업은 앞으로도 과거와 같이 무분별한 차입투자에 매달려도 괜찮겠다는 그릇된 생각을 하게 되고 결국 또 비슷한 위기에 빠지는 악순환이 반복된다.[15,16]

결과적으로 암묵적 보증이 디폴트 리스크를 왜곡한다고 봐야 한다. 암묵적 보증은 이러한 리스크를 가려버린다. 디폴트 리스크는 선형적인 것이 아니라 다양한 경제 상황이 복합적으로 작용한 결과이므로 전문가조차 이를 정확히 예측하기 어렵다. 신용디폴트 리스크와 일반적 금융위험이 이런 식으로 왜곡되면 국가경제 전체가 과도한 위험을 부담하게 되고 결국에는 거품 생성과 붕괴라는 단계를 밟게 될 뿐이다.

：철도 산업의 부채와 연성예산제약

암묵적 보증의 또 다른 사례는 고속철도 산업에서 확인할 수 있다. 2007~2008년 세계금융위기라는 위급한 상황과 맞물리면서 이 암묵적 보증은 오히려 고속철도 산업의 폭발적 성장이라는 결과를 낳았다. 통계자료를 보면 4조 위안 규모의 경기부양책이 시행된 직후 중국철도부(中華人民共和國鐵道部)가 1조 위안의 부채를 졌다고 한다.[17]

철도업계의 시각에서 바라본 투자열풍의 모습은 이러했다(국가 입장에서는 부채지만 철도업계 입장에서는 투자라는 관점에서 보자면), 2008년에 철도 산업에 3,370억 위안이 투자됐고 이는 2007년 투자규모의 2배에 해당한다. 2009년에는 투자규모가 6,000억 위안으로 늘었고 2010년과 2011년에는 7,000억 위안으로 급증했다.[18] 철도인프라, 즉 철로와 같은 기반시설에 투자된 것 외에 객차 등을 구입하는 데만 1,000억 위안이 추가로 투자됐다.

철도부는 막 성장하기 시작한 산업에 필요자금을 조달하기 위해 부채를 져야 했고 2008년에 6,700위안이었던 부채는 2009년에 1조 6,800위안으로 증가했다. 사영기업의 자산 대비 부채비율이 0.56 수준이라면 기업의 이익증가율이 기대치에 못 미칠 투자자들이 다 달아날 것이다.[19]

그러나 이러한 기본적 시장논리도 비켜가는 듯 철도부의 부채는 2010년에도 계속 증가했다. 철도부가 이처럼 과도한 부채를 질 수 있었던 데는 크게 2가지 논리가 작용했을 것이다. 첫째, 철도부는 정부기관이다. 외화보유액이 4조 달러를 넘고 국유기업의 자산도 여유가 있었으므로 세상 사람들의 눈에 중국정부는 꽤 신용도 높은 채무자로 비쳤을 것이다. 따라서 만약에 철도부가 과도한 차입투자로 채무불이행 사태에 빠진다 해도 정부가 그냥 팔짱만 끼고 앉아 있지는 않을 것이라는 믿음이 강했다.

둘째, 은행대출을 포함하여 대출에는 근본적인 문제점이 하나 있다. 부채규모가 일정 수준 이상으로 높아지면 오히려 채권자가 그 포지션에서 손을 털지 못하고 더 말려드는 경향이 있다. 최선책은 물론 아니나 그 외에 달리 방법이 없기 때문이다. 채권자가 손을 놔버리면 채무자의 재무상태가 급속히 악화할 것이고 그렇게 되면 융통해준 자금을 완전히 포기해야만 하는 상황이 되기 때문에 채권자로서는 제 발등을 찍는 격이 될 수도 있다. 대신에 채무자가 미상환 부채를 갚을 수 있을 때까지 기다려준다면 그 돈을 회수할 기회가 그나마 생긴다. 기대했던 대로 일이 잘 풀리면 채권자는 원금뿐 아니라 이자수익까지 받아 챙길 수 있다.

물론 반대로 상황이 더 악화하면 채권자는 더 큰 손실을 떠안을 위험도 있다. 그러나 적어도 단기간 내에 그러한 문제가 표면화하지는 않는다. 사실 대다수 기업의 경영진이 가장 신경 쓰는 부분은 눈앞의 문제이지 장래의 문제가 아니다. 공기업도 예외가 아니다. 공기업 역시, 장기적 차원에서의 수익의 지속가능성보다는 단기적 차원의 수익성에 초점을 맞추는 월가의 매도 측 분석가나 기관투자자에 더 신경을 곤두세운다.

자산 대비 부채비율이 증가하자 철도부는 은행대출이나 채권발행 이외에 다른 신용수단을 통해 자금을 융통하는 수밖에 없었다. 그런데 철도부의 과도한 차입으로 말미암은 재정악화 문제는 차치하고라도 민간 부문 투자자들은 철도 산업에 대한 투자를 주저하게 됐다.

인프라 부문 투자에 익숙한 투자자라면 민간투자자가 철도 산업에 투자를 꺼리는 것을 충분히 이해하고도 남는다. 인프라투자상품이 대부분 그렇듯이 철도 산업 투자 역시 수익에 초점을 맞춘 민간투자와 안전에 초점을 맞춘 공공투자의 중간쯤에 해당한다고 보면 된다. 철도 산업 투자는 선투자 개념이 강하고 철로준설노선이나 지역선택에서의 불확실성이 크기 때문에 오늘날의 금융업계에서 철도는 그렇게 선호하는 투자종목이 아니다.

사실 민간투자자는 이른바 지분금융(equity financing, 주식을 이용한 자본조달로 통상 주식투자자는 경영위험을 공유하고 자본조달 주체인 기업은 변제의무를 지지 않음-역주)을 선호하지 않기 때문에 철도업계로서는 부채금융(debt financing, 광의로는 대출이나 채권발행 등을 통한 차입조달. 협의로는 공채, 사채 등 채권발행에 의한 자금조달을 의미함-역주)으로 눈을 돌릴 수밖에 없다. 자본조달순위이론(pecking order theory, 기업 내부와 외부 사이에 정보 불균형이 존재하는 경우 기업은 내부자금, 은행차입, 신주발행 순으로 자본을 조달한다는 이론-역주)에 따르면 부채금융은 자본조달비용이 적게 들고 상대적으로 조달 절차도 간단하다는 이점이 있다. 이를 뒤집어 말하면 부채금융은 채무자에게 더 큰 영향력을 행사한다는 의미다.

기업의 부채 수준이 높아지면 투자자는 해당기업의 재무건전성과 부채상환능력을 걱정하게 된다. 부채가 자꾸 늘어난다면 금융비용(이자)이 수익을 잠식하는 상황까지도 벌어진다.

더 나아가 원리금을 상환하는 데 충분한 현금흐름을 만들어내지 못하면, 다시 말해 현금흐름의 양이 부채를 감당할 정도로 충분치 않다면 그 기업은 극심한 재정난에 몰리고 말 것이다. 디폴트는 기업의 주식과 채권가격에 영향을 미칠 뿐 아니라 앞으로의 차환능력에도 악영향을 미치고 결국 헤어 나오기 힘든 수렁 속으로 더 깊이 빠지게 된다. 「뉴욕타임스」의 칼럼니스트 토머스 프리드먼(Thomas Friedman)은 이렇게 말했다.

"이 세상에는 이른바 '슈퍼파워'가 둘 있다. 하나는 미국이고 또 하나는 신용평가기관이다. 전자는 폭탄으로 한 국가를 파괴하고 후자는 신용등급으로 파괴한다. 둘 중 어느 쪽의 힘이 더 센지는 나도 잘 모르

예고된 버블

겠다."

　이러한 상황인데도 철도부는 지난 세월 동안 재정상태를 점검도 하지 않은 채 부채를 계속 늘려나갔다. 중국 철도업계가 한 일이라고는 전 세계 인프라사업 진행의 걸림돌이었던 금융 문제를 중국만의 해법으로 풀어냈다는 것뿐이다. 그리고 그 해법이라는 것이 다름 아닌 '정부의 암묵적 보증'이었다. 중국최대 신용평가기관인 다궁[大公國際資信評估有限公司]은 2011년 8월에 철도 산업에 대해 최고 등급인 AAA 등급을 부과했다.

　이는 세간에 엄청난 논란을 불러일으켰다. 철도업계의 자산 대비 부채비율이 경고 수준인 60%에 육박하면서 심각한 재정난에 노출됐다는 사실을 세상이 다 아는 상황에서 나온 결과였기 때문이다. 더구나 다궁은 불과 몇 개월 전에 미국국채(재무부채권)의 등급을 A에서 A-로 하향조정한 바 있었다. 이렇게 등급을 조정하기 전에도 다궁은 미 재무부 채권이 중국 철도 채권보다 디폴트 리스크가 더 크다고 평가했다.[20]

　그 이유는 간단하다. 다궁의 주장은 철도부는 정부기관이므로 철도부채(채권)의 위험도는 국채의 위험도와 비슷한 수준이라는 것이다.[21] 둘째, 시간이 가면 영업활동상의 현금흐름이 나아지면서 부채상환능력도 개선될 것이다. 더구나 철도업계는 자산이 많아서 앞으로의 금융활동에 지장을 주지 않을 만큼의 자금을 보유하고 있다.

　철도업계의 실제 재정상태가 어떻든 간에 다궁의 주장을 뒷받침하는 논리를 들여다보면 지방정부, 국유기업, 일부 사영기업 그리고 부동산, 그림자금융, 주식시장 등의 투자자에게 정부가 암묵적 보증을 제공한다는 사실이 확실해진다.

정부의 암묵적 보증에 익숙한 개인 및 기관투자자는 특정 업계나 기업의 부채규모나 재정상태가 우려할 만한 수준이더라도 결국 중앙정부가 그 업계나 기업의 신용도를 뒷받침해줄 것이라는 점을 잘 알고 있다. 경제가 계속 성장하고 외화보유액도 풍부한 만큼 문제가 생길 때는 최종적으로 중앙정부가 나서서 구제해주는 일이 반복되는 한 어떤 부문에 얼마를 투자하든 걱정하지 않아도 된다.

지방정부부채에도 같은 논리가 적용된다. 더 빠른 성장, 더 높은 GDP성장률에 초점을 맞추는 유인(誘引)체계하에서 지방정부는 지역경제 활성화를 위한 투자에 목을 맬 수밖에 없다.

이러한 유인체계에 힘을 실어주는 요소가 2가지 있다. 첫째, 지방정부의 그릇된 믿음이다. 지방정부는 중앙정부가 개입하여 재정난에 빠진 지방정부를 구제해줄 것으로 믿는다. 이러한 믿음을 바탕으로 수많은 부문에 과도한 투자를 하는 것이다. 한 업종에 한꺼번에 과도한 투자를 하면 생산력과잉 상태를 유발하고 결국에는 심각한 손실을 볼 수밖에 없다는 것은 게임이론의 가장 기초적인 원리다.[22] 그런데도 지방정부는 중앙정부가 지방정부의 곤란을 모른 체하지 않으리라 믿기 때문에 최악의 시나리오에 대해서는 전혀 걱정하지 않는다.

둘째, 지방정부관료의 임기가 짧다. 어차피 그 자리에 오래 있지 않기 때문에 장기적으로 무언가를 도모하는 것은 무의미하다. 따라서 성과가 바로바로 나타나는 단기적 목표에 초점을 맞추게 된다. 이러한 배경에서 지방정부관료는 단기적으로 경제성장률을 높여 그 공으로 자신이 승진할 수만 있다면 부채가 쌓이든 말든 상관하지 않는다. 그렇게 쌓인 부채는 결국 후임자가 떠맡아야 한다.

예고된 버블

그러므로 지방정부관료 모두가 하나같이 '앞면이 나오면 내가 이기고 뒷면이 나오면 네가 진다'는 식의 어이없는 사고방식으로 무분별하게 차입투자에 열을 올렸던 것이다. 또 GDP 경쟁 과정에서 단기적 성과는 부풀리고 장기적 위험은 감추는 일도 서슴지 않았던 이유도 충분히 이해할 수 있다. 2009년 대대적 경기부양책이 시행되는 동안에 이상과 같은 왜곡된 유인 체계가 굳어져 문제가 더욱 심각해졌다.

： 어쩌다 이렇게까지 됐는가

물론 생산력과잉의 문제는 세계 각국에서 나타나는 공통적인 현상이지만 특히 중국에서 유난히 큰 문제가 되고 있다. 어떻게 그렇게 짧은 기간 안에 그처럼 심각한 수준의 생산력과잉 상태에 이르게 되었을까?

　　생산력과잉 문제는 여러 요소가 복합적으로 작용한 결과라고 본다.

정부 차원

우선 정부(중앙 및 지방정부)에게 가장 큰 책임이 있다. 중앙정부가 경제개발 5개년 계획을 통해 전략적 차원의 주력산업 부문을 선정하면 지방정부는 이렇게 선정된 몇몇 산업 부문에 집중적인 투자를 하게 된다. 정부가 전략산업으로 지정했다는 사실, 그리고 이에 따른 특혜적 투자 정책 때문에, 전에는 관심 밖이었던 미발전 산업 분야에 투자가 집중되면서 생산력과잉 상태가 초래되는 것이다.

　　물론 지역의 GDP성장률을 끌어올리는 데 사활을 건 지방정부로서는 중앙정부가 지목한 부문에 집중적으로 투자하여 지역경제 활성화를 꾀할 기회를 쉽게 포기하려 하지 않을 것이다. 중국 국무원과 국가발전개혁위원회가 정한 전략산업 육성 지침 덕분에 지방정부는 대규모 프로젝트에 들어가는 막대한 자금을 쉽게 조달할 수 있고 개발에 필요한 승인을 얻는 데도 문제가 없었다.

진짜 문제는 중앙정부가 주는 이러한 '혜택'을 누리려는 지방정부가 한둘이 아니라는 점이다. 거의 모든 지방정부가 몇 안 되는 전략산업에 한꺼번에 뛰어들어 무분별한 투자를 하면서, 전에는 거들떠도 안 보던 미발달 분야라 상대적으로 수익성이 높았던 부문이 이제는 100%가 넘는 생산력과잉률을 보이며 치열한 가격 전쟁이 벌어지는 산업으로 바뀌어버린다. 어떤 의미에서 이는 게임 이론에서 말하는 '죄수의 딜레마'와 비슷한 상황이다. 지방정부 간에 기본적 정보교환이나 행동 조율이 없는 상태에서 마구잡이로 이루어지는 개발과 투자는 실망스러운 결과를 낳을 뿐이다. 더 나아가 이는 전략산업으로 지정해 국가적 차원에서 육성하려던 그 산업에 도리어 큰 해가 될 수도 있다.

국유은행도 국가가 추진하는 전략에 맞춰 대출 업무를 수행하는 기관으로서 모든 지방정부로 하여금 동시에 같은 산업의 개발프로젝트에 투자하도록 유도하는 역할을 했다. 그런데 모든 은행과 모든 지방정부가 다 똑같은 생각을 하기 때문에 결국은 해당 산업 부문이 생산력과잉 상태에 빠진다.

기업 차원

기업도 정부의 명시적 혹은 묵시적 보증을 등에 업고 심각한 수준의 생산력과잉을 유발한 데 대해 일정 부분 책임이 있다.

경기부양과 경기팽창 주기가 영원하리라는 기대감

경기팽창이 계속된다면 기업으로서는 생산력을 증대하는 것이 올바른 판단일 것이다. 지난 30년 동안 중국정부는 필요하다고 판단될 때마다 경기역행적 통화 및 재정정책과 경기부양책이라는 카드를 꺼내 들었고 또 다행히 그것이 성공을 거뒀다. 그리고 이러한 정책이 성공하자 기업인들 사이에 중국경제가 앞으로도 영원히 성장할 것이라는 헛된 믿음과 기대가 만연하게 됐다.

이러한 기대를 바탕으로 기업은 경기팽창에 따른 수요 증가에 대비하고자 다투어 차입투자에 열을 올렸다. 이러한 배경에서라면 모든 기업이 생산력 확대에 초점을 맞추는 모습이 그다지 비합리적으로 느껴지지 않을 수도 있다. 더구나 기업의 관점에서 볼 때 연구개발에 매진하는 것보다 차입투자에 초점을 맞추는 쪽이 노력과 수고가 훨씬 덜하다. 따라서 기업은 차입투자를 통해 생산력을 확대하여 가격 전쟁에서 경쟁우위를 점하는 쪽에 무게를 두려 한다.

지방정부가 특정산업 부문에 집중적으로 투자하는 행위와 그 이면에 도사린 암묵적 보증은 17세기 네덜란드에서 있었던 '튤립거품'과 판박이처럼 닮았다. 튤립투기열풍이 불던 당시 네덜란드 정부는 양 당사자에게 거래가격의 3.5%를 수수료로 내게 하는 조건으로 튤립거래(주로 선물계약)를 허용했다. 정부의 이러한 조치는 본질적으로 튤립투자자의 손실이 3.5%를 넘지 않으리라는 사실을 암묵적으로 보증하는 셈이었다. 따라서 투자자는 튤립투기열풍이 부는 동안 가격이 계속 상승하리라는 기대를 품고 더 많은 돈을 쏟아부었다.

최근의 '판박이' 사례로는 2007~2009년 세계금융위기의 주요 원흉이라 할 신용부도스와프(Credit Default Swap, CDS, 기업이나 국가가 파산해 채권이나 대출 원리금을 돌려받지 못할 '위험'을 사고파는 신용파생상품-역주)를 들 수 있다. 보험회사와 금융기관은 CDS를 이용하여 서브프라임 시장에서 발생한 투자손실을 성공적으로 관리 및 보전해줄 수 있는 시장을 창출했다. 위험도가 높은 미국 부동산 부문 관련 고정수익 자산투자자에게 보험 서비스를 제공하는 방식이었다. 이것은 투자자의 위험회피 수준을 낮추고 미국 부동산거품에 대한 믿음을 더욱 공고히 하는 역할을 했다.

자산가치 상승에 대한 기대감

중국의 통화공급량은 2000년에 13조 8,000억 위안에서 2007년에 40조 3,000억 위안(7년 사이에 3배 증가한 셈)으로 증가했고 2013년에는 120조 위안(10년 사이에 10배 증가)으로 폭증했다. 이러한 통화공급량 증가속도가 경제성장속도를 앞질렀다. 그 직접적인 결과로 초고속 자산가격상승, 더 심각하게는 자산거품현상이 발생했다.

급속한 통화팽창이 계속된다면 이것이 자산거품과 심각한 인플레이션으로 이어지리라는 것도 예상 가능하다. 따라서 자산과 제품가격이 계속 상승한다는 전제하에 각 기업은 가격이 더 오르기 전에 가능한 한 빨리 그리고 더 많이 투자하려고 할 것이다. 그런데 중국에서는 정말 운 좋게도 자산거품 덕분(?)에 하루라도 빨리 더 많은 돈을 투자한 쪽이 큰돈을 벌었고 그 선택이 옳았음이 또다시 입증된 셈이었다. 이러한 투자 성공 경험이 수많은 투자자를 가능한 한 빨리 그리고 가

예고된 버블

능한 한 많이 고정자산투자에 나서도록 부추기는 역할을 했다.[23]

'대마불사'와 정부의 구제금융에 대한 기대감

마지막으로, 이러한 광기 어린 투자 스타일의 밑바탕에는 '대마불사' 의식이 도사리고 있다. 「포춘」 선정 세계 500대 기업에 관한 통계자료를 보면 중국기업들이 단 5년 만에 세계적인 기업으로 대약진한 모습을 확인할 수 있다.

세계 500대 기업에 오른 중국기업의 수는 2008년에 29개에서, 2010년에 54개로 증가했으며 이어 2011년에는 61개, 2012년에는 79개, 2013년에는 95개 그리고 마지막으로 2014년에는 100개로 해를 거듭할수록 그 수가 늘었다. 이처럼 짧은 기간에 500대 기업을 양산한 국가는 아마도 중국이 처음일 것이다.

이토록 급성장한 이유로 국유기업 간의 합병을 들 수 있다. 500대 기업 안에 든 중국기업 대부분이 국유기업이고 또 그 대다수가 천연자원, 에너지, 운송, 통신 등 정부의 규제(혹은 준규제)를 받는 업종에 속한 기업이다. 세계최대기업을 만들겠다는 의도로 국자위 주도 아래 이루어진 국유기업 간의 잇따른 인수·합병 이후, 각 국유기업은 너도나도 다른 국유기업에 흡수 합병되지 않으려고 조직의 몸집을 불리는 일에 매달리게 됐다. 인수·합병을 통해 국유기업의 몸집을 키우겠다는 정부의 방침이 그처럼 빠른 속도로 500대 기업을 양산하는 데 큰 힘을 발휘했다.

놀랍게도 사영기업 역시 '대마불사' 의식에 사로잡혀 있었다. 그들 역시 중앙 및 지방정부의 지원과 암묵적(혹은 명시적) 보증이 얼마나 큰 위력을 발휘하는지 잘 알고 있다.

이 같은 정부의 지원을 얻으려면 겉으로 드러나는 이미지도 중요하고 협상을 유리하게 끌고 갈 수 있는 결정적 카드(고용능력이나 기술 혁신 등)도 필요하다. 조직의 규모가 크면 클수록 정부의 주목을 받기 쉽다. 저장 성 원저우 시의 사례에서 볼 수 있듯이 영향력 있는 대기업이라야 정부의 관심을 받기 쉽고 만약에 문제가 생겼을 때도 우선하여 구제를 받을 수 있다. 수많은 기업이 어려운 시기를 거치면서 이런 사실을 체감했고 원저우 사례를 통해 가능한 한 빨리 더 크게 성장해야 한다는 부분에 대한 믿음이 더 강해졌다.

금융시장 차원

금융계도 생산력과잉 사태를 일으킨 부분에 어느 정도 책임이 있다. 은행 중심인 중국금융계는 주로 자산과 담보물의 크기를 기준으로 대출을 해줬다. 이러한 여신정책 때문에 당연히 대규모 프로젝트나 대기업이 대출을 받기가 훨씬 쉬웠다.

은행대출은 기업의 주요 자금조달 수단이고 지분금융이나 부채(채권)금융보다 비용이 훨씬 싸게 먹힌다(신용등급이 높은 극소수 기업에 해당하는 말임). 따라서 기업의 통합이나 인수, 합병 시 은행대출을 수월하게 받을 수 있느냐 하는 부분이 중요한 협상카드로 작용한다.

그러므로 금융개혁의 다음 단계인 금리자유화 그리고 은행과 기타 금융기관의 설립기준 완화는, 저비용 대출 기회를 노리고 몸집을 부풀려 은행권에 눈도장을 찍으려는 기업의 행태를 줄이는 데 효과가 있을 것이다.

예고된 버블

또 회사채시장과 인수합병시장 같은 다양한 자금조달 경로를 지켜보면서 기업의 몸집을 불리는 것에는 득만 있는 것이 아니라 실(때로는 아주 큰 손실)도 있을 수 있다는 사실을 새삼 확인할 것이다.

： 경기부양책, 약인가 독인가

현재 중국이 직면한 생산력과잉 문제는 새삼스러운 일이라기보다는 지난 20년 동안 발생한 온갖 문제의 집약판이라 정리할 수 있겠다.

계획경제모델에서 시장경제모델로 전환을 꾀하던 초창기에는 정부 주도의 투자정책이 꽤 유용했고 또 업계의 환영도 받았다.

시장에 유동성을 공급하고 투자수익을 약속함으로써 억눌려 있던 기업가 정신을 일깨우고 왜곡돼 있던 핵심가격요소를 복원시킬 수 있다. 새 부문으로의 진입장벽을 낮추고 통화공급과 은행대출을 통해 자본을 늘리는 것은 경제라는 거대한 톱니바퀴에 윤활유를 치는 것과 다를 바 없다. 이러한 단계적 개혁은 지난 수십 년 동안 전 세계가 지켜봤던 중국의 경제성장모델에서 그 절정을 이뤘다.

그러나 이렇게 여러 분야에서 급속히 개혁을 진행하다 보니 좀 더 신중하게 접근해야 하는 부문의 개혁마저 건성으로 훑고 지나간 측면이 있었다. 금융개혁이 바로 그것이다. 어느 국가든 간에 금융시장의 중요성은 새삼 강조할 필요도 없을 정도이므로 이 부문의 개혁에는 더욱 신중을 기해야 한다.

본질적으로 금융개혁은 내생적 속성을 지니고 있다. 겉핥기식 개혁으로는 금융 부문과 전체 경제에 가해질 단기적 위험과 충격을 해결할 수 있을 뿐 장기적 차원의 위험과 충격을 깔끔하게 해결하지는 못한다. 다른 경제 부문의 문제는 일시적 성격을 띠고 있어서 시간이 지나면 자연스럽게 치유가 되는 데 비해 금융 부문에서 발생한 위험이나 문제는 자연 치유가 되지 않는다. 정부가 자본흐름을 통제하고 국내 금리와 환율을 규제하는 한 시장에 작용하는 모든 힘과 요소 간의 조화와 균형을 기대하기는 어렵다. 치유되지 않은 위험요소는 미해결인 상태로 어느 한 귀퉁이에 계속 쌓인다. 금융권에서 근본적인 개혁이 일어나지 않으면 이렇게 축적된 문제들이 커다란 부메랑이 되어 거세게 반격해올 날이 머지않았다. 그것도 중국경제 전체를 휘청이게 할 만큼 강력한 반격일 것이다.

중국의 금융권과 관련하여 특히 걱정되는 부분은 투자자와 기업이 정부의 힘과 암묵적 보증에 대해 잘못된 기대감을 품고 있다는 점이다. 경기침체나 유동성부족 문제가 생길 때마다 그것이 경제에 미칠 단기적 충격을 우려하여 경기부양책이라는 카드를 꺼내 드는 행위 자체는, 지난 수십 년 동안 연 8%대의 고속성장을 해왔던 것처럼 정부가 앞으로도 고속성장 기조를 유지하겠다는 매우 위험한 신호를 시장에 계속해서 보내는 것과 다름없다.

연평균 8%의 경제성장률에 감탄하며 뿌듯해하는 일은 이제 잠시 접어두자(연 8% 성장률이면 9년마다 경제규모가 2배씩 증가하는 셈이다). 그리고 정부가 시장에 보내는 그러한 메시지에 대해 지방정부, 금융기관, 기업 등이 어떻게 반응하는지에 초점을 맞춰보자.

지방정부관료는 가능한 한 빨리 GDP성장을 이뤄내야 승진 및 출세

예고된 버블

에 도움이 된다는 사실을 잘 알고 있었다. 따라서 중앙정부가 중앙은행과 재정부의 직접적인 지원을 받으며 경제성장 계획을 뒷받침하고 있다는 사실 자체가 지방 관료들로서는 쌍수를 들어 환영할 만한 일이었다.

그런데 이러한 상황의 직접적인 결과물이 바로 지방정부 간의 치열한 GDP 경쟁이었다. 지방정부관료는 지역경제 활성화를 위해 전력을 다하는 것으로는 부족했다. 그냥 좋은 성과를 내는 수준이 아니라 가장 좋은 성과를 내지 않으면 지역경제성장을 이뤄낸 공을 다른 지방정부가 다 가져가버리기 때문이다. 물론 이러한 경쟁은 단기적으로 경제를 활성화하는 효과가 있었고 특히 자잘한 위기 직후에는 더욱 그러했다. 지방정부관료는 중앙정부의 방침을 충실히 이행하고 있다는 점을 부각시킬 필요가 있었기 때문이다.

그러나 장기적 차원에서는 상황이 완전히 다르게 전개된다. 대다수 지방정부관료는 단기적 성장 목표치를 달성하기 위해 근시안적인 접근법에 따라 투자를 늘려나간다. 투자기회를 포착하기 위해 거의 모든 지방정부가 국가발전개혁위원회의 산업발전계획에 따라 비슷한 산업 부문에 투자의 초점을 맞췄고 그 결과 거의 전 산업 부문에서, 심지어 신흥 산업에서까지 과잉생산력이라는 부작용이 발생한 것이다.

지방정부는 이러한 투자에 필요한 자본을 조달하고자 토지를 매각하거나 대출을 받아야 했다. 그리고 토지경매수익을 더 올리고자 토지 가치를 상승시키는 일에 매달렸고 그 결과 해당 지역의 주택가격이 폭등하는 현상을 낳았다. 또 부채를 통한 자금조달에 나선 지방정부는 지방정부 융자플랫폼과 기타 혁신적 금융경로를 이용하여, 앞으로 감당할 수 없을 정도로 금리가 높아져서 더는 대출을 받을 수 없는 지경에 몰리기 전에 서둘러 신규대출을 받아 기존부채를 처리하려 했다.

상급정부의 암묵적 지원과 보증에 익숙해진 중국의 모든 경제 주체는 경쟁이라도 하듯 과도한 위험을 감수하는 일을 서슴지 않았다. 이같은 믿음 체계와 이러한 사고에 바탕을 둔 투자광풍이 과연 얼마나 오래갈 것인가?

생산력과잉의 문제는 각 산업 부문, 더 나아가 금융계에서 벌어진 과도한 레버리지가 반영된 결과다. 그리고 이 문제의 근원은 생산력과잉을 유발했던 과도한 투자에서 찾아야 한다.

예고된 버블

제8장

강하고 스마트해진
국유기업

인간이 범하는 최대의 실수는
결과가 아니라 목적으로 정책의 옳고 그름을 판단하려는 것이다.

-밀턴 프리드먼

2014년 「포춘」이 발표한 500대 기업 리스트에 100개의 중국기업이 올랐다. 이로써 중국은 해당목록에 두 번째로 많은 기업을 올린 국가가 되었다. 이 분야에서 오랫동안 글로벌 리더의 자리를 수성해온 미국과의 격차를 더욱 좁히게 되었다. 많은 사업가들이 중국기업의 성장가능성이나 세계기업들 사이에서 높아진 입지에 대해 흥분과 기대를 표했다.

한편 회의론자들은 중국 본토에 있는 대표적 기업의 대부분이 진입 장벽이 높고 경쟁이 제한적인 독점이나 과점 업계에 속해 있다는 점을 지적한다. 둘째, 「포춘」은 기업 순위를 평가할 때 일반적으로 매출을 기준으로 삼는다. 매출이 아니라 이윤으로 순위를 매길 경우 이들 대부분은 낮은 성적표를 받아들게 될 것이다.

이러한 우려는 향후 20년간 중국경제 성장의 지속가능성에 대해 언급한 2012년 세계은행의 발표에도 나타난다. 세계은행과 국가발전개혁위원회는 자신들의 연구에 근거해 국유기업의 경쟁력을 높이기 위해서는 규모에 제한을 두고, 성장모델을 수정하고, 배당을 늘려야 한다는 의견을 내놓았다.[1]

이러한 권고들은 일반인들의 의견과도 일치한다. 국유기업은 대학졸업자들에게 가장 취업하고 싶은 회사로 손꼽히고 있다. 많은 사람들이 국유기업은 시장에서의 독점적인 지위를 누리고 있기 때문에 직업안정성과 발전가능성이 높다고 생각한다.

"국유기업의 명목급여는 그리 높지 않아요. 하지만 워낙 독보적인 혜택을 제공하는 데다 일 자체도 그렇게 어렵지 않다고 들었어요."

한 대학신입생의 말이다.[2]

이와 동시에, 사기업 소유주들은 국유기업 때문에 성장잠재력을 발휘하지 못하고 있다고 목소리를 높인다. 대부분의 사기업이 자원과 자금조달, 정부지원의 측면에서 약자의 지위에 선다. 국유기업들의 규모가 점점 커지는 상황에서, 사기업의 성장가능성은 더욱 제한된다. 국유기업들처럼 엄청난 자원을 장악해 이용할 수 없는 사기업은 경쟁에서 뒤처지게 마련이다.

걱정이 큰 것은 사기업 소유자들만이 아니다. 국자위의 고위관리들역시 문제점을 인식하고 있다. 국유기업은 몸집만 커지고 있을 뿐 운영효율과 수익성은 그만큼 향상시키지 못하고 있다.

그렇다면 무엇이 잘못된 것일까? 그 대답 중 하나는 국유기업의 기업전략에서 찾을 수 있다. 국자위가 국유기업의 수를 줄이겠다고 선언한 덕분에, 남은 국유기업들은 그 크기가 커졌을 뿐 아니라 전보다 더 복잡해지기까지 했다. 다른 작은 국유기업을 인수함으로써 규모를 키워 잔류하게 된 국유기업들은 본래는 친숙하지 않았던 혹은 경험해보지 않았던 더 많은 부문에 발을 들여놓게 된 것이다.

일반적으로 투자자들은 이 같은 다각화를 좋아하지 않는다. 지난 30년간 서구 기업의 기업 전략을 검토한 학자들은 미국과 유럽, 일본의 기업에 존재하는 확실한 트렌드를 발견했다. 그들은 하나같이 소수의 영업 부문에 집중하는 패턴을 보인다. 복합기업이란 주요 영업부문이 적어도 5개 이상인 기업으로 정의할 수 있다. 이러한 복합기업의 숫자는 지난 30년간 꾸준히 감소했다. 반면 같은 기간 3개 이하의 사업 부문에서 수익이 나오는 전문 기업의 수는 증가세를 보였다.[3]

기업관리자들은 위와 같은 추세의 주요한 원인으로 경영성과와 주식가치를 든다. 투자자들은 명확한 사업모델이 있고 선택한 사업 모델에서 탁월한 성과를 보여주는 기업을 선호한다. 투자계에서 오마하의 현인이라 불리는 워런 버핏(Warren Buffett)을 생각해보라. 그는 소수의 영업 부문에서 장기적으로 확실한 경쟁우위를 보이는 업체만 선택하는 투자 철학을 고수한다.

이러한 트렌드를 반영하는 최근의 사건이 뉴스코퍼레이션(News Corporation 미국의 방송사, 영화사, 출판사 등으로 구성된 미디어그룹-역주)의 분할이다. 세계최대의 글로벌미디어 기업 중 하나인 뉴스코퍼레이션의 경우, 비디오나 인터넷 사업은 빠른 성장세를 이어온 반면 전통 출판업 분야는 고전을 면치 못했다. 침체된 전통 출판업을 일으킬 방도를 찾았지만 쉽지 않은 일이었다. 출판업은 회사 자산의 대부분을 차지하고 있었지만 이윤에 대한 기여도는 계속 감소해 회사수익의 1/3 정도에 불과한 지점까지 이르렀다. 설상가상으로 출판사업이 불법감청으로 조사를 받는 일이 발생했다. 기업이미지 손상은 말할 것도 없고 출판업에 대한 투자자들의 신뢰까지 흔들렸다. 결국 주가가 하락했다. 급박한 상황이었다.

루퍼트 머독(Rupert Murdoch)은 특단의 조치를 취했다. 성장의 활기를 되찾고 투자자의 신뢰를 회복시켜야 하는 절박함에서 나온 결정이었다. 회사는 둘로 분리되었다. 영화와 TV 부분은 21세기폭스(21st Century Fox)로 독립하고 출판 부문은 뉴스코퍼레이션에 남게 되었다. 이 결단은 시장의 열렬한 환영을 받았고 뉴스코퍼레이션의 주가는 이 발표 후 일주일 만에 30%까지 치솟았다.

그렇다면 그와 같은 사업영역의 분할결정이 중국에서도 효과를 발휘할까? 필자의 연구에 따르면 그 대답은 '예스'다. 필자는 상하이선전 300지수에 포함된 모든 기업을 수 개의 그룹으로 나누는 작업을 진행했다. 그 기준은 영업 부문의 측면에서 기업이 다각화되었는지 집중되어 있는지 여부였다. 이후 필자는 다양한 영업 부문을 가진 기업과 사업수익이 보다 집중된 기업의 경영성과와 주식가치를 비교했다. 이를 통해 보다 집중적으로 운영되는 기업이 경영성과와 주식가치 모두에서 더 나은 성과를 올린다는 것을 발견했다. 서구투자자들의 입맛과도 일치하는 결과였다.[4]

그런데 투자자들은 왜 집중적인 기업을 더 좋아하는 것일까?

무엇보다 먼저, 많은 투자자들이 일반적인 기업들보다는 자본시장이 자본배분에 보다 효율적이라고 생각하기 때문이다. 결과적으로 투자자들은 상장사가 현금흐름을 다시 투자자들에게 분배하는 것을 좋

예고된 버블

아한다. 이렇게 배당이 이루어져야만 투자자들이 그 회사의 장래투자 계획에 동조할지 판단할 기회를 가질 수 있기 때문이다. 투자자들은 기업경영진이 행동패턴의 결점이나 대리인의 문제에 영향을 받는다는 점을 염두에 둔다. 따라서 내부시장이 지나치게 큰 역할을 하는 복잡한 기업을 피하려 하는 것이다.

또 다른 문제는 기업의 지배구조다. 기존 연구에 따르면, 경영진은 기업의 현금흐름(잉여현금흐름)을 사익을 위해 사용하거나 유보해두려는 성향이 있다. 간단한 예로, 전세기를 많이 보유한 기업들은 기업지배구조가 취약하고 주식가치가 낮다고 한다.[5] 기업의 규모가 커지면 당연히 경영진이 처분할 수 있는 자원과 현금흐름도 커진다. 투자자들은 경영진에게 큰 자금의 처분이 맡겨지는 상황을 우려하는 것이다.

마지막으로, 투자자들이 다른 부문으로의 다각화를 고려하는 경우를 생각해보자. 투자자는 업계에서 가장 좋은 실적을 내는 가장 전문화된 업체를 선택하려 할 것이다. 이때 복합기업이 내놓을 수 있는 옵션은 제한적이다. 반면에 전문화되고 분화된 기업들이라면 투자자들은 훨씬 큰 융통성을 발휘할 수 있다.

물론 중국은 여전히 빠른 경제성장의 단계를 거치고 있기 때문에 경제의 성장에 따라 기업의 크기도 커질 수밖에 없다. 그렇지만 기업규모가 커진다고 해서 반드시 모기업이 모든 자회사들을 같은 그룹 안에 넣어놓아야 하는 것은 아니다. 모지주회사(parent holding company)와 같은 유연한 기업구조는 모회사의 자산규모와 시가 총액을 높이는 데 보다 효과적일 수 있다(이것이 모기업이 추구하는 것이라면 말이다).

구조조정이나 투자자와의 관계 개선을 고려하는 중국기업이라면 분리설립(spin-off), 분할설립(split-off), 분할상장(carve-out)과 같은 다양한 현대적 기업재무기법을 사용할 수 있다. 뉴스코퍼레이션이나 마라톤 오일(Marathon Oil)의 회사 분할과 같은 성공적인 사례들을 살펴보면 그러한 구조조정 도구가 회사의 실적을 최소한 중·단기적으로 개선시키는 데 효과적이라는 것을 알 수 있다.

국유기업의 일부 고위경영진은 모기업 분할이 모기업의 자산규모 감소와 기업지배력 상실로 이어지지 않을까 염려한다. 그러나 보다 선진화된 자본시장의 교훈이 보여주듯이, 기업가치평가가 적절하고 거래가 공정한 시장가액에 이루어지기만 하면, 국유기업의 구조개혁이 오히려 투자자들로부터 더 많은 자본을 끌어들이고 기존 국유기업의 핵심역량을 강화하는 기회가 될 수 있을 것이다. 동시에, 투자자들은 동일한 기업이 가지고 있는 각 영업 부문의 가치를 평가함으로써 회사에 대해 더 잘 파악할 수 있다.

국유기업은 그러한 구조개혁의 가능성에 마음을 열어야만 각 영업 부문에 대한 효과적인 모니터링 방법을 만들고 선택한 각각의 사업을 정말 견실하고 경쟁력 있는 것으로 만들 수 있다. 국유기업의 성공은 각 사업의 성공에 달려 있고, 중국경제의 성공은 각 국유기업의 성공에 달려 있다.

: 국유기업이 계속 경제성장을 이끌 수 있을까

물론 국유기업과 관련해 가장 중요한 문제는 '중국이 앞으로 몇 십 년

예고된 버블

간 맹렬한 경제성장을 유지하는 데 국유기업이 도움을 줄 수 있을까?'
라는 것이다. 2013년 상반기 중국경제성장의 속도가 눈에 띄게 둔화되
자 무엇이 앞으로 중국의 경제성장을 추진할 것인가 궁금해하는 사람
이 더 많아졌다. 정부가 주요요소 가격과 금리설정에서 시장이 보다 큰
역할을 하도록 해주어야 한다는 점에는 분석가들 모두가 의견일치를
보고 있다. 그러나 어떤 유형의 기업이 성공적으로 경제성장모델을 전
환하고 경제기적을 유지하는 데 보다 도움이 될지, 민간이 소유한 기업
일지, 국가소유의 기업일지에 대해서는 상당한 논란이 있다.

국유기업이 명확한 우위를 점하고 있기는 하다. 우선 총자산과 시가
총액으로 평가한 중국최대기업은 국유기업이며, 그중 대부분이 세계
적인 대기업의 지위를 차지하고 있다. 둘째, 국유기업은 에너지, 천연
자원, 전기통신, 운송 등 일부 주요 산업 분야에서 독점적 혹은 과점적
권력을 향유하고 있으며 가까운 장래에는 경쟁자가 나타날 것 같지 않
다. 더욱이 일부 국유기업은 강력한 시장지배력을 이용해 전통적인 영
업 부문 이외에도 부동산개발과 광범위한 금융 서비스 등 보다 수익성
이 좋은 분야로 발을 넓혀왔다.

그렇지만 역사와 여러 세계적 사례가 남기는 교훈을 염두에 둔다면
다른 면모가 눈에 들어 올 것이다. 복합적인 목적을 가진 국유기업에
게 수익창출은 결코 전문분야가 될 수 없다. 중국의 국유기업도 예외
는 아니다. 철도업계가 자체 경찰력을 보유하고 있었던 시대는 지났다
해도, 국유기업이 병원, 중학교, 식당, 음식조달 업체를 가지고 있는 것
은 아직도 흔한 일이다. 국유기업은 주주들에게 많은 수익을 가져다주
는 일 외에도 해야 할 일이 많다. 때문에 국유기업의 경영진은 여러 가

지 목표를 곡예하듯 다루어야 한다. 수익의 최대화는 국유기업을 평가하는 주요한 기준이긴 하지만 더 이상 유일한 기준은 아니다. 국유기업이 중국의 경제성장에 어떻게 기여할 수 있을까를 판단하는 것은 쉽지 않은 일이다.

대부분의 국유기업 고위경영자들이 공무원 신분이다 보니 문제는 더 복잡해진다. 대부분은 기업가적인 포부보다는 정치적인 야심이 큰 것이다. 그들의 관심은 수익보다는 기업의 규모, 성장의 질보다는 성장속도에 있다. 최근 높은 수익을 내면서도 A주 시장에서 고전하고 있는 기업의 거의 대부분이 국유기업이나 국유기업의 자회사인 상황도 부분적으로는 이러한 경영진의 특수성이 반영된 결과다.

세계의 석학과 정책결정권자들이 국유기업의 구조에 대해서 또 하나 우려하고 있는 점은, 주주들에게 회사와 고위경영진을 모니터링 할 힘이나 유인이 부족하다는 것이다. 모니터링의 부족은 이후 거대 기업의 성립, 경영자 보상과 특전, 터널링(tunneling, 관계회사 매입비용에 비해 관계회사 매출수익이 낮은 경우-역주), 심지어는 사기와 주식시장 조작 등과 같은 지배구조의 문제로 이어질 수 있다.

중국항공유총공사와 중신타이푸의 엄청난 투자 실패 등 대규모 투자손실 역시 국유기업에 집중되어 있었다. 이러한 사고는 국유기업의 다양한 이해당사자들 사이에 균형을 유지하는 것이 얼마나 중요한지 다시금 강조하며 국유기업의 내부 견제와 균형이 별로 좋지 못하다는 점을 드러낸다.

세계에서는 지난 10년간 국유기업의 민영화 추세가 눈에 띄었다. 영국, 일본, 인도와 같은 많은 선진국과 개발도상국들은 과거 국가가 소유했던 기업에 민간자본을 끌어들여 이로써 시장이 국유기업에 보다 큰 영향력을 행사했고 이를 통해 큰 혜택을 보았다.

더구나 국유기업은 결국 소비에트연방이 붕괴 전 맞았던 것과 같은 문제에 직면하게 될 것이다. 중앙정책기획자들이 정보를 수집하고 확인하는 데에는 엄청난 비용이 든다. 때문에 정보를 찾고 자원을 보다 효과적으로 배분하는 데 있어서는 정부가 통제하는 환경보다 자유시장 방식이 훨씬 더 많은 유인을 가지고 있다. 국유기업이 중국경제가 필요로 하는 단기적인 부양에 도움을 줄 수 있는 것은 분명하다. 하지만 이제 그보다 훨씬 중요한 문제, '국유기업이 경제성장에 계속 기여할 수 있을 것인가? 그렇지 않다면 국유기업을 개혁할 최선의 방법은 무엇인가?'를 생각해야 한다.

： 국유기업의 밀어내기

대형기업인수와 「포춘」 500대 기업 목록에서의 순위 상승으로 검증되었듯이 더 많은 국유기업이 세계무대에서 높은 지위를 얻고 큰 힘을 발휘하게 되면서, 중소기업은 자본에 접근하기가 점점 더 어려워지고 있다. 이 문제는 2013년 신용경색 동안 특히 심각했다.

일부 전문가들은 국유기업의 증가가 중소기업을 '밀어내고 있다'고 염려하고 있다. '밀어내기(crowding out)'는 경제학자들이 정부주도의 투자와 지출 프로젝트를 평가하는 데 사용하는 용어다. 경제학자들은 정부투자와 지출이 단기적으로는 새로운 수요를 창출하고 경제를 부양할 수 있지만, 시장과 중소기업에 의한 본래 수요를 대체할 위험이 있다고 지적한다. 민간 부문이 정부의 영향 때문에 시장에서 경쟁과 영업을 하기가 더 어려워졌음을 발견하고 사업을 중단하기로 하면 민간 부문이 경제에서 차지하는 시장점유율은 더 낮아진다. 바로 이 때문에 '밀어내기'라고 말하는 것이다.

'밀어내기' 효과의 영향력을 적절하게 분석하기 위해서는 경제정책을 공정하고 포괄적으로 평가하는 방법이 반드시 필요하다. 특정 경제 부문의 성장은 분명히 고무적인 일이다. 하지만 그러한 성장에서 기인하는 평형효과를 의식하고 그 성장이 동일 경제의 다른 부분에 짐을 지우는 지나친 대가를 치르지 않았는지 평가해야 한다. 단편적인 이득에 집중하느라 사회 전체 득실을 통합적으로 평가하는데 실패한다면 경제 모든 구성원의 지속가능성을 위협할 수 있다.

중국 대기업, 특히 국유기업의 빠른 성장은 분명 유망한 상황이고 감탄할 일이다. 하지만 동시에 국유기업이 점점 더 다양한 업계에서 권력집중을 유발하고 있음을 깨달아야 한다. 더 걱정스러운 것은, 많은 대기업이 통제된 부분에서 자신들이 가진 우위를 이용해서 본래는 경쟁적이었던 다른 산업을 잠식한다는 점이다. 대규모 국유기업이 자원과 인력, 자본시장에 대한 접근성에서 그들이 보유한 우위를 통해 원래 시장에서 번성하고 있던 중소기업을 점차 밀어낸다.

설상가상으로, 대기업은 영업안정성 때문에 은행의 대출승인이나 금리 측면에서 유리한 입장에 선다. 따라서 대기업의 확장은 중소기업의 재원 마련을 더 어렵게 만든다. 이는 대기업의 약진이 간접적으로 하지만 심각하게 중소기업의 기반을 약화시킬 수 있다는 점을 잘 보여

예고된 버블

주는 전형적인 예다.

또 다른 중요한 가르침은 '밀어내기' 효과는 경제가 이미 풀가동 상태에 있느냐에 크게 좌우된다는 사실이다. 그렇지 않다면 정부의 투자와 지출이 추가적인 수요를 창출하고 경제를 자극하는 데 효과적일 것이다. 반면 경제가 이미 풀가동 상태에 도달했다면 정부의 부양책은 기대만큼의 효과를 거두지 못할 것이다.

대신 정부의 투자와 지출은 경제를 활성화시킬 추가적인 수요를 만들어내지 못한 채 본래는 민간 부문이 제공하던 제품과 서비스를 몰아내는 결과를 부를 것이다. 그러한 정부 조치의 순결과로 민간 부문에서 공공 부문으로의 비즈니스 전이가 나타날 것이다. 이는 종종 가격 상승, 경쟁감소, 서비스품질의 악화와 같은 바람직하지 못한 상황으로 이어진다.

그러한 결과는 현재의 중국에서는 특히 반갑지 않은 것이다. 세계의 사례에서 보듯이 중국이 경제성장모델을 통해 이루고자 노력하고 있는 주요 목표, 즉 국가의 경제성장, 완전고용, 기술과 사업혁신, 도시화를 보장하는 데에는 중소기업이 대단히 중요하기 때문이다.

그러므로 「포춘」 500대 기업이라는 선망의 대상이 되는 자리에 점점 더 많은 중국기업이 진입하고 있는 것은 칭찬할 만한 일이지만, 여기에는 상당한 문제가 따른다는 것을 기억하고 경제사상의 균형원리를 잊지 말아야 하겠다. 국유기업과 중소기업의 기교적인 균형이 양 부문과 전체 경제의 지속가능한 성장을 추진하는 열쇠가 될 수 있다.

: 높은 레버리지 비율

2014년 1월 4일, 중궈중티에[中國中鐵]의 총재, 바이중런[白中仁]이 스스로 목숨을 끊은 사건이 있었다. 언론은 그의 자살이 회사가 직면한 84.8%의 충격적인 자산 대비 부채비율과 연관되었을 것이라고 추측했다.[6]

단순히 높은 채무비율만이 아니라 중국에서 지난 몇 년간 기업부채가 늘어난 속도 역시 놀라움을 안겨준다. 예를 들어, 또 다른 주요 국유기업, 중국해외화물(Chinese Overseas Freight, 中國海外貨物)의 부채비율은 2010년 58.7%에서 2012년 74.8%로 크게 증가했다.

금융시장 분석기관 윈드(WIND)가 발표한 중국 전체 상장업체에 대한 통계에 따르면, 2013년 현재 상장된 기업의 부채 수준은 2012년부터 10% 이상, 2011년부터는 25% 이상 증가했다.[7] A주 시장에 상장된 모든 기업 중 약 10%는 70%가 넘는 자산 대비 부채비율을 보고했다. 이는 보통 회사의 재정건전성을 위협하는 것으로 여겨지는 수치다. 이러한 높은 부채 수준은 특히 부동산과 제조업에 집중되어 있다.[8] 예를 들어 모든 부동산 기업의 자산 대비 부채비율은 60.7%로 이 역시 '건전한' 수준의 기준인 60%를 상회한다.

이러한 높은 부채는 은행대출과 부채조달을 확보하는 데 어려움을 겪는 민간관리기업에게만 한정되는 것이 아님에 주목해야 한다. 사실 많은 국유기업, 심지어는 국자위가 직접 운영하는 대규모 국유기업이 가장 높은 부채율을 보이고 있다.

2009년의 경기부양책 이래, 비금융 레버리지는 계속적으로 상승해 왔다. 한편 2013년 시작된 경제둔화는 기업의 이윤증대를 더 힘들게

예고된 버블

만들었고 부채상환능력을 약화시켰다. 다른 한편으로, 중국인민은행이 조사한 많은 기업은 전체 산업 가치사슬을 따라 재정상황이 악화되고 있다는 불만을 토로했다.[9]

물론 과거에도 거시경제적 상황과 통화정책에 따라 중국기업의 레버리지 비율에는 오르내림이 있었다. 이 비율은 20년이라는 긴 기간 동안 높게 유지되었고 비재무기업 레버리지는 2007년의 54%에서 2012년의 60%로 꾸준히 상승했다. 극단적으로는, 채무상환책임이 증가하는 속도가 수익증가의 속도를 앞질러 기업운영과 실적에 많은 부담을 주는 경우도 있었다.

상장사의 상세한 자료를 검토해보면, 중국경제의 모든 부문이 높은 기업 레버리지 비율로 고통 받는 것은 아님이 명확해진다. 사실상 석유, 철강, 석탄, 건설기계와 같은 중공업 분야가 특히 높은 레버리지 증가를 경험했다. 반대로 식품, 요식, 여행, 의류와 같은 많은 서비스 집약 부문은 레버리지 비율이 감소했다. 중공업 부문의 대부분 기업들은 국유기업으로, 이는 부채의 80%가 국유기업에 집중되어 있는 이유를 설명한다. 이 추세는 지금도 계속되고 있다.

국유기업은 2013년, 2008년의 21조 달러보다 2배 이상 많은 46조 5,000억 달러의 매출을 올렸다. 그렇지만 자료를 더 자세히 살펴보면, 국유기업의 수익증가속도는 2013년 5.9%에 불과해 매출증가속도에 크게 못 미치고 있음이 드러난다. 동시에, 국유기업의 금융비용은 2009년 수익의 3.2%에서 2012년 수익의 33.5%로 수익보다 훨씬 빠른 증가속도를 보였고 이후 계속해서 두 자릿수를 유지하고 있다.

지난 4년간 기업의 수익증가속도보다 금융비용의 증가속도가 컸던 주된 이유는 국유기업에 대안적으로 선택할 수 있는 자금루트가 없기 때문이다. 주식시장이 전 세계 대부분의 다른 시장의 실적을 따라가는 상황에서, 본래 1990년대 초 경기침체 동안 국유기업의 부채문제를 해결하기 위해 만들어진 자금루트는 현재 큰 도움이 되지 못한다. 국유기업이 성공적으로 IPO 절차를 거친(중앙정부와 지방정부로부터의 많은 도움으로) 후에도 A주 시장의 투자자들은 악화되는 실적을 고려해 국유기업을 경계하게 되었다.

어쩔 수 없이 국유기업은 주로 은행여신을 통한 채권금융(debt financing, 공채나 사채 등 채권발행에 의한 자금조달-역주)에 의존하게 되었다. 다행히 중국 금융에서는 여전히 국유은행이 지배적인 위치를 차지하고 있다. 이들 국가소유의 은행들은 국유기업에 대한 대출을 선호한다. 국유기업에 대출을 할 경우 악성대출에 대한 비난을 피할 수 있기 때문이다. 또한 은행들은 중앙정부가 국유기업의 뒤에서 대출이 원활하게 진행되도록 도와줄 것을 알고 있다. 따라서 2009년 부양책이 나오자 국가소유의 은행들은 국유기업에 공격적으로 대출을 하게 되었고 이후 몇 년간 국유기업의 부채가 커진 것이다.

: 비재무적 동인

순전히 금융적인 관점에서 보자면, 회사는 투자수익률이 회사의 자본비용(즉 은행 부채에 대한 금리)에 비해 높을 때만 투자를 한다. 그러나 여러 연구는 보통의 국유기업의 경우 투자수익률이 자본비용에 비해 월등

예고된 버블

히 낮다는 것을 지적하고 있다.[10]

이러한 패턴은 상장사 사이에서 가장 눈에 띈다. 상장국유기업의 투하자본순이익률은 2008년 이래 악화일로를 걷고 있다. 동시에 그들의 레버리지는 꾸준히 증가했다. 몇몇 모의실험에 따르면, 2009년 국유기업은 그들의 금융비용이 27%를 넘지 않는 한[일반적으로 기업에게는 상당히 여유가 있는 안전역(安全域)] 수익으로 금융비용을 감당할 수 있었다.

하지만 2012년에는 안전이 보장되는 이러한 한계가 11.5%로 급격히 하락해, 부채규모의 급증과 이로 인한 금융비용의 증가를 반영했다. 그에 반해, 국유기업이 아닌 상장사들의 안전역은 35.8%로 상당히 높게 유지되었다.[11]

국유기업의 재무결정에 영향을 주는 몇 가지 비재무적 고려사항이 있다. 물론 1차적인 책임은 국유기업 자체에 있다. 과거정리, 합병, 인수의 물결이 이는 동안, 거의 모든 국유기업은 자매회사에 인수당하지 않기 위해서 보다 빠른 속도로 몸집을 부풀리려는 의욕에 차 있었다. 국유기업의 규모가 확대됨에 따라 자연히 투자수익이 감소하고 부채는 증가했다.

레버리지의 악화를 우려하는 민간소유의 기업과 달리, 국유기업은 정부기관이자 기업인 이중적인 역할을 하고 있기 때문에 더 크고 더 강력한(추측컨대) 기업을 만들라는 국자위의 지시를 고수해야 한다. 국유기업은, 그리고 금융 부문에서 그들의 상대방인 국가소유 은행들도, 국유기업의 부실채권(국가소유 은행의 무수익 채권) 모두를 정부가 무조건적으로 보증할 것이라고 생각한다.

물론 국유기업의 부채와 정부 사이에는 보다 긴밀하고 직접적인 관

계가 있다. 국유기업의 레버리지가 급속하게 증가한 원인 중에는 지방
정부의 GDP성장경쟁이 있다. 빠른 속도의 성장에 대한 이러한 압력
을 행사하는 것은 지방정부뿐 아니다. 지난 20년간 경제둔화에 직면할
때마다 중앙정부는 보통 경기조정형 확대재정 및 통화정책을 시행했
다. 국가소유의 은행을 비롯한 국유기업들은 정부가 효과적으로 투자
주도형 성장모델을 강행하는 가장 강력한 경로가 되었다.

　세계금융위기가 한창이던 2008년에 세계 거의 모든 국가가 무책임
한 대출과 불건전하게 높은 레버리지로 어려움을 겪는 민간 부문을 구
제하기 위해 국가 레버리지를 높였다. 그렇지만 중국만은 예외였다.
대규모 부양책에 비해 같은 기간 중국 중앙정부의 레버리지는 크게 상
승하지 않은 것이다. 비밀은 어디에 있을까? 국가 대신 지방정부(지방
정부 융자플랫폼과 지방국유기업을 통해)와 국자위의 직접적인 지휘와 지방정부
지휘하에 있는 국유기업이 자신들의 레버리지를 크게 증가시켰던 것
이다.

： 다른 형태의 보증

재정 보증은 중국정부가 국유기업에 제공하는 가장 중요하고 가장 이
해하기 쉬운 형태의 보증이다. 하지만 그 외에도 큰 중요성을 갖고 있
지만 확실히 드러나지 않는 다양한 형태의 보증이 국유기업의 성공을
보장하거나 최소한 그들의 실패를 막아주고 있다.

　「포춘」 선정 세계 500대 기업에 속한 100대 중국기업 중 16개는 손

실을 보고했다. 반면 「포춘」 500대 기업에 속하는 미국기업 중 손실을 보고한 기업은 4개에 불과했다. 더 놀라운 점은 이 16개 중국기업이 모두 국유기업이라는 것이다.[12]

중국기업협회의 중국기업 순위 역시 유사한 패턴을 보인다. 500대 중국기업 중 43개가 2014 회계연도에 손실을 보고했고, 이들 중 42개가 국유기업이었다. 이런 비교는 국유기업의 문제가 몇몇 일부 사례에 제한되지 않는다는 것을 분명히 한다.

다른 많은 국가의 경우, 국유기업은 단순히 국가가 (주로) 소유한 기업 이상의 의미를 가지지 않는다. 이와 달리, 중국의 국유기업은 재정뿐 아니라 여러 측면에서 중국정부와 훨씬 긴밀하고 복잡한 관계를 맺고 있다.

첫째, 많은 국유기업의 핵심경쟁력이 국가의 지원에서 나온다. 대규모 국유기업은 페트로차이나, 중화집단공사(SinoChem)와 같이 천연자원 분야, 국가전망공사(State Grid), 차이나텔레콤(China Telecom)과 같이 독점 분야, 중국공상은행과 중국은행과 같이 규제 분야에서 사업을 한다. 즉 국유기업이 가진 경쟁력의 일부는 이들 분야에서의 영업을 허락하는 정부의 직접적 허가에서 나오는 것이다. 그러한 국가의 지원과 진입권이 없이도 국유기업이 지금처럼 크게 성장하고 지금과 같은 수익을 올릴 수 있었을지는 아직 알 수 없다.

정부가 국유기업의 발전을 지원하는 여러 형태의 암묵적 보증을 제공한다. 부동산 부문의 경우, 지방정부가 새롭게 개발된 도시 지역으로 이전해서 그 지역의 수요를 진작시키고 부동산가격을 높이는 것이 흔한 일이 되었다.

철강이나 풍력 터빈, 태양광 같은 분야에서는 지방정부가 지역 소재 국유기업의 제품을 직접 구매하는 것이 일반적이다. 이것이 지역의 국유기업을 후원하는 데 충분치 못한 경우, 특히 국유기업이 IPO를 준비하는 과정에 있는 경우, 지방정부는 공격적인 조세보조나 세율인하혜택을 제공한다. 이러한 조세보조나 감면이 회사의 연간소득에서 50%를 차지하는 때도 있다.[13]

국유기업은 정부의 경제적·재정적 지원과 보증 외에도 그보다 실체성이 낮은 여러 지원과 보증의 혜택을 누린다. '전략적으로 중요하다'고 판단되거나 국가안보에 중요한 여러 투자 분야는 국유기업에게만 진입이 허락되는 경우가 많다.

마찬가지로 배타적인 시장지배력과 관련된 많은 사업(즉 천연자원, 전기통신, 운송)의 경우, 국유기업과 그 자회사, 혹은 최소한, 국유기업과 사영기업 사이에 형성된 합작투자회사에만 시장 진입이 허용된다. 이런 식으로 가장 탐나고 수익성이 높은 투자와 사업 기회에 있어서는 사영기업에게 확실한 '유리 천장'이 존재한다.

지방정부는 이따금 국유기업의 지원과 호의를 필요로 하며 국유기업은 기업관리방식이 불투명하고 내부통제도 있기 때문에, 정부와 다양한 정도로 연관된 당사자들과 국유기업 사이의 특수 관계자 간 거래가 수없이 많이 이루어진다. 국유기업 시스템 내에서 벌어진 최근의 합병 바람으로 정부가 국유기업에 제공하는 보증의 비용과 혜택을 계산하는 것은 더 어려워졌다.

중요도 면에서는 뒤지지 않지만 마지막으로 언급할 것은 국유기업의 경영진 대부분이 중국공산당의 인사 시스템 안에 있고 정부와 국유기업 사이에서 자리를 옮겨 다닌다는 점이다. 그 결과 정부관료와 국유기업 리더 사이의 경계나 구분이 모호하다. 같은 지역에서 일하는 관리의 경우에는 특히 더 그렇다. 그 직접적인 결과 중 하나는 국유기업 리더가 기업이윤의 최대화를 그들의 주된 책무라고 생각하지 않는 것이다. 장래에 국유기업의 리더로 일할 기회가 있다는 것을 알고 있는 정부관리들이 정부에서 일을 하는 동안 사영기업보다는 국유기업을 감싸는 것은 당연하다.

따라서 국유기업은 사영기업에 비해 미묘한 방식으로 상당한 이익을 얻는다.

：다음 할 일은 무엇인가

국유기업에서 레버리지 비율의 놀라운 증가에도 불구하고 모든 전문가가 중국의 부채가 통제할 수 없이 커졌다는 데 동의하는 것은 아니다. 중국인민은행의 공식통계를 보면, 중국의 전체 국가 레버리지는 약 183%로[14] 미국, 영국, 일본과 같은 선진국의 레버리지 비율보다 훨씬 낮다. 더욱이 일부 전문가들은 중국이 여러 국가들에 대해(특히 미국에 대해) 큰 규모의 채권을 보유하고 있으며 이러한 융자금이 자국의 부채문제를 해결할 길을 찾는 데 도움을 줄 것이라고 주장한다.[15]

하지만 중국경제의 성장속도가 둔화되고 통화정책과 대출정책이 수용적이지 못한 상황으로 인해, 재정난을 곤란을 겪고 있는 국유기업 지원에 필요한 지방정부의 자금이 부족한 지경에 이르렀다. 국유기업은 지난 몇 년 동안 부동산과 지방정부 융자플랫폼의 두 분야에서 큰 이윤과 투자수익을 얻었지만 현재는 지나친 위험노출에 대한 부담감을 안고 있다.[16]

거시경제적 상황의 완화라는 측면에서, 경쟁력을 개선하고 다음의 경제개혁에서 생존할 수 있기 위해서는 국유기업에 근본적인 정비가 필요하다는 것을 중국정부도 인정하고 있다. 국유기업의 개혁방법은 중국경제개혁의 다음 단계에서 가장 중요한 질문 중 하나이자 중국경제개혁과 이행의 도착지가 어디가 될지 결정짓는 문제로 급부상했다.[17]

디레버리지

팽창하고 있는 부채 문제를 줄이기 위해 국유기업이 부채 수준을 낮추어야 하는 것은 분명하다. 그렇지만 많은 경제학자들은 지금 시점에 급격한 디레버리징은 이 시점에서는 필요하지 않다고 말한다. 국유기업의 부채 문제는 지난 몇 년간 갑자기 커진 것이 아니다. 흥청망청했던 자금제공 파티를 갑자기 멈추면 많은 기업들, 특히 쉽고 값싼 자금조달에 익숙한 국유기업의 숨통이 끊어진다.

새 지도부가 2009년의 과도한 통화팽창과 재정진작을 반복하지 않겠다는 결단을 내림에 따라, 국유기업들은 중립적 통화정책과 신용인플레이션의 적절한 증가라는 새로운 기준을 다루는 법을 배워야 할 것이다. 금리자유화로 많은 기업들, 특히 국유기업들이 축소된 신용으로 늘어나는 금융비용을 감당하는 방법을 배워야 하는 상황이 온다. 국무원 총리 리커창[李克强]의 말을 빌리면, 많은 국유기업이 직면할 가장 큰 어려움은 "쌓이고 있는 재고문제를 해결하기 위해 자본 증가분을 어떻게 이용할 것인가?"가 될 것이다.

금리자유화

저렴한 비용으로 은행여신에 접근할 수 있다는 점이 국가가 국유기업에 제공하는 암묵적 보증의 중요한 부분임을 고려하면, 금리자유화가 국유기업의 개혁에 강한 동인이 될 것으로 보인다. 시장 수준의 금리와 자본비용에 대응해야 하는 상황이 시작되면 국유기업은 비효율적인 투자와 프로젝트를 포기할 수밖에 없다. 이로써 국유기업은 자립 가능한 효율적인 조직으로 거듭나고, 현재 국유기업의 과도한, 그리고 계속 증가하고 있는 레버리지도 떨어질 수 있다.

금리자유화는 국유기업과 사영기업이 공평한 위치에서 경쟁하도록 돕는다. 자본에 대한 접근권이나 금융비용 부담의 측면에서 비슷한 위치에 서게 되면, 두 유형의 기업이 각자의 경쟁우위를 찾고 타깃 포지셔닝 역량을 개발하는 데 보다 집중하게 될 것이다.

규제완화

국유기업을 개혁하는 데에는 규제완화와 시장진입의 허용이 필수적이다. 더 많은 개혁이 실현되면, 사영기업이 국유기업과 공정하게 경쟁하는 것만으로도 국유기업 모델의 장단점을 명확하게 평가할 수 있을 것이다.

점진적인 규제완화는 국유기업이 독점력에 덜 의존하게 하고, 그들의 담보를 제한하고, 과도한 대출과 투자의 욕구를 억누를 것이다. 좀 더 시장지향적인 요소(자본과 땅)와 제품가격(예를 들어, 에너지가격과 운송비)은 국유기업의 의사결정을 합리화할 것이다. 가격억제(금리)와 가격보조(에너지가격)를 통해 정부가 국유기업에 제공하는 암묵적 보증을 종료함으로써, 국유기업은 방만한 자금운영을 방지할 수 있다.[18]

공시와 평가

규제를 완화함과 동시에, 국유기업들은 영업실적과 재무성과를 보다 투명하게 공시하고 사영기업에 적용되는 것과 유사한 평가기준을 받아들여야 한다. 국자위의 기준은 그들의 효율과 수익성보다는 주로 규모에 초점을 맞춘다. 이 때문에 국유기업은 제약 없이 확장을 시도하고 지방정부는 지역의 국유기업에게 대신 빚을 끌어들이라고 요구할 수 있는 것이다. 보다 적확한 평가와 공시가 이루어진다면 지방정부는 암묵적 보증을 제공하는 자유재량을 발휘하기가 어려워질 것이고 국유기업의 편에서도 지방정부의 요구를 받아들일 유인이 줄어들 것이다.[19]

투명한 공시에서는 기업지배구조의 분야도 중요하다. 상장된 국유기업의 대부분은 자신들보다 더 규모가 크고 투명성이 부족한 지주회사에 속해 있다. 따라서 대다수의 국유기업이 모 회사의 상장 부분과 비상장 부분의 특수이해관계자 간 거래에 자주 참여한다. 모기업이 상장사를 이용해서 자본을 모으고, 필요한 경우 상장사들의 구제에 나선다는 것은 주지의 사실이다.[20] 이러한 관행으로 인해서 국유기업의 대출 문제와 국유기업이 누리는 암묵적 보증의 가치를 정확하게 평가하는 일은 더 어려워진다. 공시와 기업지배구조가 개선된다면 국유기업의 부채가 보다 투명해지고 따라서 관리 역량도 커지는 것을 기대할 수 있을 것이다.

예고된 버블

법제 개혁

마지막으로, 중국의 국유기업과 중앙 및 지방정부가 가지는 관계의 독특하고 민감한 성격을 고려하면, 또 한 번의 전면적인 법제 개선이 필요하다. 이 부분의 해결을 위해서 풀어야 할 문제가 많다. 국가와 국유기업의 경계를 어디로 보아야 할 것인가? 어떻게 하면 사회 전체가 국유기업의 수익을 공유할 수 있을까? 국가의 천연자원과 독점자원을 어떻게 이용하고 상품화할 것인가? 결국 이 모든 질문에 대한 답이 국유기업의 효율과 최종 운명을 결정할 것이다.

제9장

모든 신용의 모태,
정부에게 디폴트란 없다

장기적으로 보면
우리는 모두 죽는다.

- 존 메이너드 케인스

신탁상품, 부동산, 주식시장, 국유기업. 이 주제에는 공통점이 하나 있다. 모두가 과거, 상당한 의심과 회의론을 딛고 살아남아 그 어느 때보다 강해졌다는 것이다.

　쓰러져가던 상품과 산업이 놀라운 발전을 거쳐 전략적으로 중요한 자리에 있게 된 배경에는 앞서 여러 번 언급했다시피 정부의 지원이 있었다. 중앙정부와 지방정부는 과거 수십 년에 걸친 눈부신 경제발전 덕분에 막강한 자원과 신용을 가지고 있다. 그 힘은 기업은 물론이고 특정산업에 대한 지원을 약속할 수 있을 정도로 크다.

　그렇지만 최근 들어 상황이 변하기 시작했다. 2009년의 부양책 이래, 지방정부들은 경제성장을 부활시키기 위해 엄청난 양의 부채를 떠안았다. 중국 금융 부문의 모든 다른 문제는 암묵적 보증 문제라는 빙산의 일각인 것으로 보였다. 암묵적 보증 문제의 뿌리는 중국정부 자

체의 부채 문제와 재정건전성까지 거슬러 올라간다.[1]

중국의 감사기관이 지방정부부채에 대한 철저한 조사에 착수한 것도 부분적으로는 국내외적으로 이렇게 커지고 있는 우려에 대응하기 위해서였다. 2013년 말에 이루어진 조사를 통해 몇 가지 중요한 사항이 드러났다.

첫째, 정부가 보증한 불확정 채무를 포함한 중국정부의 총부채는 2013년 중반 30조 3,000억 위안(약 5조 달러)에 이르렀다. 이는 GDP 대비 부채비율이 재정건전성의 세계 기준인 60%에 육박했음을 의미한다.

30조 위안의 부채 중 지방정부부채는 17조 9,000억 위안(약 2조 8,000억 달러)으로, 2010년 말의 10조 7,000억 위안에서 3년도 못 되는 기간 동안 67% 증가했다. 물론 지역별로 차이가 크다. 베이징의 경우 정부 보증 채권은 지방GDP의 98.93%, 총부채는 지방GDP의 99.86%로 부채 수준 측면에서 1위를 차지했다. 다른 7개의 성(충칭, 구이저우, 윈난[雲南], 후베이[湖北], 상하이, 지린[吉林])의 총부채 수준 역시 GDP의 80% 이상이었다.[2]

지방정부부채의 총액은 예상과 크게 다르지 않았다. 그렇다 해도 지난 3년 동안 지방정부부채가 증가한 속도에는 놀라지 않을 수 없다.[3] 지난 3년간의 증가율을 유지한다면, 2020년 지방정부의 부채는 50조 위안을 넘어서면서 2013년 중국 전체GDP 규모와 맞먹게 될 것이다.[4]

: 다원화된 융자경로

감사기관에서는 중국의 지방정부들이 지난 몇 년간 부채조달 경로를 다각화했다는 고무적인 소식도 내놓았다. 2010년 감사기관의 지방정부부채에 대한 감사에 따르면, 지방정부부채의 약 80%는 은행여신에서 나왔다. 그런데 2013년 6월의 유사한 조사에서 그 비율이 약 57%로 하락한 것이다.

중국은 채권시장의 발달이 미진하기 때문에 채권시장을 통해 자금을 조성할 수 있는 지방정부는 거의 없다. 자연히 은행대출이 지방정부의 주요한 자금원의 자리를 차지하게 된다. 따라서 지방정부의 부채는 선진국과 큰 차이를 보인다. 미국, 영국, 캐나다, 오스트레일리아의 경우 은행대출은 지방정부부채의 20%에도 못 미친다.

지방정부가 은행대출에 너무 의존하면 지방정부가 디폴트를 선언하거나 시스템적 둔화를 보일 때 디폴트 리스크가 빠르게 확산되면서 금융시스템을 파괴할 수 있다.

이에 중앙정부는 지방정부들이 은행대출 의존에서 벗어나 자금원을 다각화할 수 있도록 지원하고 있다. 정부의 이런 행보에는 여러 가지 이유가 있겠지만 빠르게 불어나는 지방정부의 부채와 악화되는 재정상태가 마침내 은행의 우려를 사기 시작했다는 점도 영향을 미쳤다.

중국 채권시장의 발전 덕분에 여러 대안적인 자금원 중 특히 채권발행(약 1조 8,000억 위안)이 점차 은행대출을 보충하는 주요 수단이 되고 있다. 간쑤[甘肅], 칭하이[青海], 닝샤후이[寧夏回]처럼 비교적 은행업이 발달하지 않은 지방에서는 지방정부의 전체 자금조달에서 채권발행을 통한 조달비율이 20%에 이른다.

그 뒤로 민간투자사업(1조 5,000억 위안)이 세 번째로 중요한 지방정부의 자금조달 수단의 자리를 차지하고 있다. 이러한 패턴은 지방에 따라 상당한 차이를 보인다. 인프라 건설과 발전에 대한 필요가 강하고 은행이 비교적 취약한 내륙 지방의 경우, 민간투자사업이 지방정부부채의 30% 이상을 이루기도 한다.

그다음 순위는 2012~2013년 사이 엄청난 성장세를 보인 신탁상품이 차지했다. 신탁상품은 지방정부 자금조달 수요 중 1조 4,000억 위안을 충족시켰다. 평균적으로, 신탁상품은 지방정부부채의 8%를 차지하는데 산시성의 경우 26%까지 차지하고 있다.

마지막으로 차용증서(IOU)가 지방정부가 가진 총부채의 약 5%를 차지한다. 닝샤후이와 네이멍구의 경우 부채에서 지급채무를 통한 자금조달의 비율이 각각 47.2%와 23.7%로 가장 높다.

: 지방정부의 자금조달 플랫폼

지방정부의 자금조달 경로인 지방정부 융자플랫폼은 국내외로부터 상당한 주목을 끌었다.

예산법에 따르면, 지방정부는 내각이 예외로 만들지 않는 한(2009년의 베이징, 상하이, 저장, 관저우, 선전의 경우처럼) 지방정부부채를 발행할 권한이 없다.

때문에 비용이 많이 드는 인프라투자와 부동산개발프로젝트에 사용할 자금이 필요한 지방정부는 지방정부 융자플랫폼을 설립한다. 고로 지방정부의 신용도를 등에 업은 기관이라고도 표현할 수 있다. 지방정부가 직접적으로 소유하거나 운영하지 않더라도, 지방정부를 위해 자금을 조달하는 국유기업으로 받아들인다.

2013년 감사기관의 보고에 따르면, 지방정부 융자플랫폼은 지방정부 총부채의 약 40%를 차지하며 지방정부의 가장 중요한 자금조달 플랫폼이 되었다. 충칭, 장쑤[江蘇], 하이난 등, 지방정부 융자플랫폼이 지방정부부채의 50% 이상을 차지하는 곳도 많다. 가장 높은 순위는 지방정부 총부채의 63%가 지방정부 융자플랫폼에 의해 조달된 후난[湖南] 성에 돌아갔다. 지방정부 총부채의 약 47%를 차지한 2010년 이래로는 비율이 하향세를 보이고 있다. 2013년의 감사기관 수치는 이러한 하향기류를 이미 반영하고 있다는 점에 주목해야 한다.

지방정부기관들은 부채를 끌어들이는 데 두 번째로 큰 역할을 하는 플랫폼이다. 기관 부채의 규모가 지방정부 융자플랫폼을 통한 부채규모보다 더 큰 지역도 많다. 산시, 신장[新疆], 닝샤후이의 경우 지방정부부채의 50% 이상이 지방정부기관을 통해 조성되었다.

지방정부에서 세 번째로 큰 채무자는 지방 국유기업이다. 평균적으로 지방정부 총부채의 30%를 차지하며, 가장 높은 비율을 기록한 곳은 총부채의 50%를 지방 국유기업을 통해 끌어들인 푸젠성이다.

마지막으로 비법인조직의 부채가 평균적으로 지방정부부채의 약 15%를 차지했다. 이 자금원의 비율이 가장 높은 곳은 이를 통해 정부부채의 50%를 충당한 베이징이다.

: 직접책임 vs. 우발채무

2013년 정부부채 감사는 많은 정부관리들에게 대단히 중요한 개념을 일깨워주었다. 바로 우발채무다. 지방정부에게는 직접책임을 지는 부채 외에 또 책임져야 할 부채가 있다. 지방정부는 1차 발행기관이 정부가 보증한 부채를 모두 갚지 못하는 경우, 우발채무에 대해서도 암묵적인 책임을 진다. 2013년 감사에 따르면, 정부가 보증한 부채는 2조 9,300억 위안에 달했고 우발채무는 6조 6,500억 위안이었다.

우발채무란 상당히 포괄적인 개념이다. 중국은 우발채무와 특히나 중요한 관계에 있다. 국제회계기준위원회가 채택한 국제회계기준 37호에 따르면 우발자산과 우발채무를 이렇게 정의하고 있다.

"과거의 사건에서 발생하였으나 그 존재가 기관의 통제를 벗어난 장래의 사건발생에 의해서만 확정되는 자산과 채무다. 우발자산과 채무는 재무제표에 인식되지는 않지만 경제적 이득의 유입가능성이 있는 곳이 어디인지(자산) 혹은 자원유출의 가능성이 상당한 곳이 어디인지(부채) 표시해야 한다."[5]

우발자산과 우발채무는 합리적인 추정이 어렵고 예상이 들어맞는 경우도 좀처럼 없다. 여러 정부가 제공한 보증의 규모와 범위에 대한 공시가 제한적이기 때문에 다양한 수준의 정부가 차용증서를 통해 그들과 거래를 하고 있는 지방정부 융자플랫폼, 지방 국유기업, 사영기업에 어느 정도로 보증을 해주었는지 파악하는 것은 거의 불가능하다. 그러한 채무와 보증을 명확하게 밝힐 수 있다면 문제의 심각성에 대한 모든 억측이 사라지고 지방정부는 암묵적 보증의 한계를 얼마나 늘릴 수 있는지를 의식하게 될 것이다.

： 투명성

전체 지방정부부채 중 가장 투명한 것은 지방채일 것이다. 국제적 관례에 따르면, 지방채를 발행할 때는 세부사항까지도 지방의회의 승인을 받아야 한다. 지방의회가 발행의 목적, 발행액, 조달비용, 인수기관과 같은 모든 세목에 승인을 해야만 채권을 발행할 수 있는 것이다.

독일의 경우 지방정부의 채권이 총부채의 50%, 미국과 오스트레일리아는 총부채의 60%를 차지한다. 반면 중국의 경우, 몇몇 지방정부가 발행한 지방채가 총부채 중 겨우 10%를 차지하는 데 그치고 있다. 나머지 정부 총부채의 90%는 투명성이 지방채에 비해 낮은 다른 자금조달 형태에 의존한다.

지방채 발행에는 공시가 필요하기 때문에 모니터링이 쉽다. 따라서 지방정부부채 중에서 지방채를 통한 부분이 적은 것은 부정적인 상황이라고 할 수 있다. 지방채의 비율이 낮다는 것은 곧 지방의회의원들이 지방자치체의 재정상황과 재정건전성을 이해하는 데 필요한 정보를 얻기 힘들다는 것을 의미하기 때문이다. 이런 불투명한 상황은 지방정부의 부채 수준이 바람직한 정도를 넘어서는 결과를 초래할 수밖에 없다. 지방정부가 지방의회에서 알지도 못하는 사이에 상당한 부채를 끌어들일 수 있다는 점을 반드시 염두에 두어야 한다.

게다가 지방정부관리들은 차입을 통해 지역경제의 성장을 북돋워야 하는 입장에 있다. 때문에 관료들은 부채 수준이 드러나서 엄청난 경제 성장을 일군 데 대한 그들의 개인적 공로가 희석되는 일을 막으려 전력을 다한다(이에 대해서는 제10장에서 자세히 살펴볼 것이다). 결과적으로 2003년의 감사가 지방정부부채 문제의 실제 규모와 심각성을 보다 잘 파악하는 데 좋은 출발점이 된 것은 사실이지만, 보다 명확한 문제해결의 실마리를 잡으려면 더 많은 정보와 더 많은 노력이 필요하다.

: 위험 집중

2013년의 감사기관 보고에 따르면, 은행대출은 지방정부부채의 약 60%를 차지하고 있다. 몇 년 전 80%였던 것에 비하면 상당히 하락했지만 외국과 비교하면 여전히 높은 수치다. 영국과 오스트레일리아는 은행대출이 지방정부부채에서 차지하는 비율은 약 20% 이하, 미국과 캐나다의 경우 10% 이하다.[6] 미국이나 캐나다는 기관투자가(뮤추얼 펀드와 연금 펀드와 보험회사 같은)와 개인투자가가 지방정부 총부채의 절반 정도를 차지한다.

중국은 채권시장이 발전되지 않은 상태이고 지방채시장은 존재하지 않는 것에 가깝다. 지역의 채권시장을 통해 부채를 끌어들일 수 있는 지방정부는 거의 없다는 말이다. 더구나 자본계정에 대한 제한으로 인해 지방정부와 국제자본시장의 연결이 힘들어 은행대출이 1차적인 자금원이 될 수밖에 없는 형편이다. 이런 상황은 몇 년 전 신탁상품이 엄청난 인기를 끌기 전까지 계속되었다. 그렇지만 앞서 지적했듯이,

예고된 버블

신탁상품들도 대부분 상업은행에 의해 유통, 재편되고 그들로부터 암묵적인 지원을 받는다.

위험이 은행에 집중된 덕분에 지방정부의 부채관리가 더 쉬워지는 면도 있다. 자신의 안정성에 충격이 가해지는 것을 막아야 하는 입장에 있는 은행이 지방정부를 지나치게 압박해서 시스템적인 위기를 유발할 리는 없기 때문이다. 그렇지만 이는 또 다른 형태의 암묵적 보증을 만들어낸다. 결국 지방정부가 위험을 떠안게 되는 것이다.

중국 은행이 '대마불사'의 상태에 이르기 전에 지방정부가 선수를 쳐서 정부의 부채 문제를 다루는데 은행을 이용해야 한다. 경기가 둔화되고 지방정부에 시스템적 디폴트가 발생할 경우, 지방정부 관련 은행대출이 집중된 상황으로 인해 은행 내에서 디폴트의 위험이 빠르게 확산될 것이다.

중국 은행들은 지방정부대출의 부적절한 만기 구조에 대해서도 염려하고 있다. 지방인프라 프로젝트의 대부분은 그 성격이 장기적이다. 따라서 서구의 지방채 대부분은 만기가 10년 이상이다. 지방채의 만기가 비교적 긴 것도 이때문이다. 프로젝트가 부채를 상환할 정도로 확실한 현금흐름을 만들어내는 데 필요한 기간을 염두에 두는 것이다.

그에 반해, 대부분의 지방정부부채는 3년 안에 만기가 돌아오기 때문에 만기일에 상환을 연장해야 한다. 은행대출의 만기는 보통 1년으로 전체 지방정부부채 중 만기가 가장 짧다. 대부분의 인프라투자 프로젝트는 만기 안에 은행대출을 상환할 수 있을 만한 현금흐름을 만들어낼 수 없으므로 중국 지방정부는 여타 외국의 지방정부보다 훨씬 큰 유동성 위험을 받아들여야 한다.

: 재정수입과 자금조달비용

중국 지방정부는 토지분양으로 매해 수 조 위안에 달하는 수익을 올렸는데, 이는 당해 지방정부 총수익의 30~40%를 차지한다. 토지와 부동산에 직접 관련된 5개 주요 세목까지 포함시킨다면, 2013년 토지판매와 그에 관련된 세금에서 얻은 수익은 지방정부 수익의 46%를 차지할 것이다. 이는 지방정부가 토지판매에 얼마나 의존하는지 보여준다.[7]

토지가치와 주택가격이 빠르게 상승했을 때는 현금흐름을 걱정할 필요가 없었다. 토지를 개발해서 팔기만 하면 그 수익으로 지방정부부채를 커버할 수 있었다.

그렇지만 이제 상황이 변하고 있다. 그것도 아주 심하게 그리고 영속적으로 말이다. 중국의 주택가격이 세계 수위에 오르고 가격상승속도가 소득증가속도를 앞지르면서 많은 이들이 시장상황이 지속가능한 것인지, 토지판매가 계속해서 지방정부의 주요한 자금원 노릇을 할 수 있을 것인지에 의구심을 갖게 되었다. 2011년 이래 시행된 부동산가격 억제정책으로 이미 많은 도시의 부동산가격이 하락했다. 정책시행에 이어 2012년 바로 정부의 토지판매수익이 하락했다. 2013년 초에 다시 한 번 활황세를 탔으나 이후 감소세로 돌아섰다. 2014년에도 토지판매수익이 감소세를 보였다. 몇몇 보고서에 따르면, 2014년 5월의 토지판매수익은 1년 전에 비해 30% 이상 감소했다.[8] 주택시장이 어느 쪽으로 움직일지 불투명해지면서 지방정부가 계속해서 높은 가격에 토지를 처분해서 재정균형을 맞출 수 있을지 의심이 가기 시작했다.

이런 요인도 신탁상품을 통한 자금조달이 지방정부가 수입과 지출

예고된 버블

의 균형을 맞추는 방법으로 인기를 모으게 된 데에 한 몫을 했다. 그렇지만 신탁상품을 통한 자금조달비용은 지난 몇 년간 연간 10% 이상씩 급속히 증가했다. 이는 지방정부의 인프라투자들 대부분이 산출하는 수익(일반적으로 5%를 넘지 않는)보다 훨씬 높다. 신탁상품이 지방정부의 자금조달 수요를 충족시키는 도구가 되기에는 너무 비싸지는 날이 멀지 않은 것 같다. 더구나 디폴트 리스크에 대한 우려로 지방정부채권을 싫어하는 투자자들이 많아지고 있는 상황까지 고려한다면 더 말할 나위도 없다.[9]

： 디폴트 리스크

보통 서방국가에서는 지방채를 위험한 투자로 인식한다. 예를 들어 2007~2008년의 세계금융위기 이후 5년 동안 신용등급이 부여된 미국의 지방채 중 디폴트 상태에 빠진 채권은 한 해 평균 4.6개였다. 지난 40년 동안 신용등급이 부여되지 않은 미국의 지방채 50종이 디폴트를 선언했다.[10]

반면 중국정부가 발행한 채권 중 디폴트를 선언한 것은 단 하나도 없었다. 수차례 언급했듯이 상위에 있는 정부가 암묵적 보증을 제공했거나 제공할 것이란 믿음이 지방정부채권의 발행, 재발행, 신용도를 떠받치고 있다.

중앙정부가 결코 지방정부의 부채가 디폴트 상태로 가게 놓아두지 않을 것이라고 믿고 있기 때문에, 지방정부채권의 디폴트 리스크는 상당 부분 혹은 전부 무시되어 왔다. 암묵적 보증은 디폴트 리스크의 평가만 왜곡하고 있는 것이 아니다. 이는 지방부채의 자금조달비용이 과소추정되는 상황과도 연관된다.

현재 지방정부부채 대부분은 은행을 통해서 낮은 이율에 조성되고 있다. 그토록 싼 값에 지방정부에 융자를 주는 이유는 은행이 지역 확장에 대한 지방정부의 지지와 정책 지원을 바라기 때문이다. 물론 그보다 더 큰 이유는 암묵적 보증이다. 은행은 지방정부가 디폴트에 빠지지 않을 것이며, 혹 그렇게 된다 해도 상위 지방정부 혹은 중앙정부가 지방정부부채에 대한 책임을 질 것이라고 굳게 믿고 있다.

또한 지방정부의 자산은 비유동성이고 건전성도 의심스럽다. 〈중국 국민대차대조표 연구〉에 따르면, 지방정부가 가진 대부분의 자산은 비금융성자산이다. 그중 80% 이상이 토지가치와 지방국유기업 자산에서 나온다.[11,12] 그자산의 가치는 주로 지역의 경제상황과 산업 부문의 실적에 의존하기 때문에 지방경제상황에 대단히 민감하다. 더욱이 지방정부가 부채를 상환해야 하는 급박한 상황에 처해서 재고처분을 해야 할 때라면 유동성이 낮은 자산의 가치는 낮게 평가될 것이다.

이런 이유에서, 대차대조표상으로는 많은 자산을 가진 것처럼 보이는 지방정부라도 지역경제성장의 속도가 상당히 떨어지거나 지역 주택가격과 토지가치가 움직이지 않게 되는 경우에는 디폴트의 위험에 직면할 수 있다.[13]

예고된 버블

：중앙정부의 보증

그런데도 지방정부는 전혀 걱정이 없어 보인다. 지방정부는 따로 대차대조표를 작성하지 않기 때문에 자신들의 자금조달 행태에 대해 책임을 지지 않는다.

당시 중앙정부는 재정상태가 건전하고 믿을 만한 신용지원을 제공하는 데 무리가 없어 보였다. 중국의 대차대조표는 주요 경제국들 중 가장 건전한 쪽에 속한다. 2013년 국유기업의 총자산은 104조 1,000억 위안(그중 48조 6,000억 위안이 중앙정부에 속하고 나머지 55조 5,000억 위안이 지방정부에 속한다)으로, 2009년의 53조 3,000억 위안에 비해 2배 증가했다.[14,15]

정적 상황에서 본다면, 중국정부의 자산은 총부채를 쉽게 커버할 수 있다. 더구나 중국정부의 재정수입은 지난 10년간 빠르게 증가해왔다. 이 때문에 많은 사람들이 중국정부에 어떤 재정적 문제가 있다 하더라도 경제성장이 모든 문제를 해결할 수 있다는 자신감을 갖게 되었다. 저축율과 주택소유비율이 높기 때문에, 민간 부문이 풍부한 자금으로 인구노령화와 관련된 비용은 처리할 수 있을 것이다. 그렇다면 중국정부는 사회보장에 대한 부담을 덜고 부채의 문제를 다루는 데 집중할 수 있다. 마지막으로, 빠르게 성장하는 국내자본시장이 앞으로 수년간 중앙정부와 지방정부의 차입 능력을 늘리는 데 힘을 보탤 수 있다.[16]

: 둔화 증후군

그렇지만 경제성장이 둔화되고 그 유형도 변화하고 있기 때문에 장래의 재정건전성을 점검해보아야 할 필요성이 강력히 대두되고 있다.

2012년, 중앙정부 예산보고서에는 주목할 만한 2개의 패턴이 등장했다. 첫째, 2011년 재정수입과 재정지출의 성장률이 24.8%였던데 반해 2012년에는 21.2%에 불과했다. 과거 10년 동안 관찰된 적이 없는 둔화세를 보인 것이다. 두 번째, 재정지출의 증가가 재정수입의 증가를 크게 앞질렀다. 재정수입은 천천히 증가하고 재정지출은 빠르게 증가하는 경향이 나타나고 있다.

동시에, 정부지출의 비율이 앞으로도 더 증가할 것이란 점에 주목해야 한다. 정부가 공교육, 보건, 환경보호와 같은 사회복지를 개선하는데 주력함에 따라 그에 필요한 정부지출이 늘어날 것이다.

재정수입의 증가세가 둔화되면서 나타나는 문제는 경제에 국한되지 않을 것이다. 지난 몇 년 동안은 재정수입의 증가속도가 GDP성장의 속도를 앞섰다. 달리 표현하면 더 많은 부가 민간 부문이 아닌 공공 부문으로 이동했다는 의미다. GDP 대비 가계소득의 비율은 1985년 약 56%에서 2010년 약 40%로 하락했다.[17] 선진국의 GDP 대비 가계소득 비율이 50~65% 범위에 있는 것을 감안하면 상당히 낮은 수준이다.[18]

가계소득의 성장이 느리기 때문에 민간에서는 소득분배의 불평등 문제에 대한 관심이 커질 것이고 이로 인해 현재의 조세와 재정시스템에 대한 불만과 실망감도 나타날 것이다. 인적자원사회보장부의 공식 보고에 따르면, 상위 10% 가구의 연소득은 하위 10% 가구의 65배라고 한다.[19] 세계적 추세를 따라, 기업경영진과 일반 사원 사이의 소득 격차가 급속하게 커지면서 젊은 세대의 불만도 고조되고 있다.

이 외에도 정부에게는 해결해야 할 자체적인 문제가 있다. 자원의 감소로 추가적인 투자와 사회보장을 위한 지출 사이에 균형을 찾기가 훨씬 더 어려워질 것이다. 공공지출 영역 내에서도 불균형이 나타나고 있다. 2012년 교육 부문 지출은 28.3% 증가한 4,667억 위안으로 GDP의 4.08%였으며, 주거개선 지출은 16.4% 증가한 4,446억 위안이었다. 그러나 의료 부문과 실업자 훈련과 실업 급여 부문의 지출 역시 이와 비슷한 증가를 필요로 했으나 실제 증가폭은 각각 12%와 12.9%에 그쳤다.[20]

재정수입이 감소하는 가운데 정부에게 남은 카드는 지출증가를 감소시키거나 재정적자를 떠안는 것뿐이다. 더욱이 사회보장, 교육, 의료와 같이 보통 가정에서 가장 신경 쓰는 분야의 철저한 개혁을 추진하려면 정부에 추가적인 자원이 필요하다.

지금까지 중앙정부는 재정적자를 늘리는 길을 택해왔다. 재정지출증가로 인한 부족분을 적자재정으로 메꾸어온 것이다. 2012년 중국의 재정적자는 8,000억 위안이었다. 이는 같은 해 중국 GDP의 1.5% 정도로 크지 않은 규모였다. 이 수치는 유럽연합을 비롯한 국제공동체가 설정한 3% 안전역 안에 든다. 이에 비해 2011년 미국의 재정적자는 1조 5,600억 달러로 GDP의 10.9%였으며, 많은 사람들이 일본의 재정적자 문제는 더 심각할 것이라고 보고 있었다.[21]

이렇게 중국의 재정적자는 그 규모 면에서는 그리 크지 않은 수준이지만, 2013년의 재정적자 증가속도는 우려를 살 만하다. 신화통신에 따르면, 2013년 중국의 재정적자 예상치는 2012년 수준에서 약 50% 증가한 1조 2,000억 위안이었다. 현재로서의 규모는 크지 않더라도 이 정도의 증가속도라면 앞으로 몇 년 내에 어떤 일이 일어날지 걱정하는 사람이 많아질 수밖에 없다.

: 사회보장

2012년 국가감사보고서에 따르면, 중국정부는 총 28조 위안의 부채를 안고 있다. 민간 부문의 순자산이 55조 위안이 넘고 중국의 외환보유고가 4조 달러가 넘는 것을 감안하면, 28조 위안의 부채가 그리 걱정스러운 수준이 아니라고 볼 수도 있겠다.[22]

그러나 국제투자은행들이 이끈 최근의 연구들에 따르면 중국정부의 총부채는 중국GDP의 100~120%로[23,24] 공식통계의 추정치보다 훨씬 높다. 만약 이것이 사실이라면 정부부채가 재정건전성을 상당히 위협할 것이 분명하다.

중국의 공식자료를 믿는다고 해도, 사회보장시스템에 투자할 자금이 부족하다는 점은 정부가 재정의무를 충실히 이행할 수 있을지에 의구심을 품게 한다. 또한 단기적인 현금유동성의 압박이 없음에도 불구하고 중국의 사회보장시스템은 심각한 자금부족의 문제에 직면하고 있다. 보고서들은 자금부족의 공백이 2010년 16조 4,800억 위안, 2013년 18조 3,000억 위안으로 같은 기간 중국GDP의 3분의 1에 이르는 것으로 추정하고 있다.[25,26]

예고된 버블

가장 염려되는 부분은 재정부족의 문제가 시간이 지나도 나아지지 않을 것이란 점이다. 오히려 인구고령화와 함께 문제는 악화되고 이에 따라 인플레이션이 발생하고 투자수익의 불확실성이 늘어날 것이다. 여러 보고들에 따르면, 사회보장시스템의 재정부족 공백은 2033년까지 68.2조 위안으로 같은 기간 GDP의 39%까지 증가할 것이고, 2050년에는 GDP의 50%를 상회할 것이다. 사회보장 재정부족을 메우기 위한 부채가 계속 늘어나서 정부 대차대조표의 가장 큰 자산 항목인 국유기업의 총자산보다 커지는 날이 올 수도 있다.[27]

빠르게 고령화되고 있는 중국의 인구는 사회보장시스템에 다른 나라보다 훨씬 큰 문제를 안기고 있다. 60세 이상의 인구는 2013년 약 2억 명에서 2050년에는 5억 명 이상으로 증가해 인구의 1/3을 차지할 것이다. 80세 이상 인구는 같은 기간 1,200만 명에서 약 1억 2,000만 명으로 늘어날 것이다. 동시에 중국의 가구 규모는 차츰 감소해 1990년 가구당 3.96명에서 2012년에는 가구당 3.02명이 될 전망이다. 그렇다면 은퇴한 가족구성원을 돌봐야 하는 가정의 책임도 크게 늘어난다.[28,29]

사회보장시스템과 관련된 다른 나라의 재정상태는 어떨까? 노르웨이는 GDP의 약 83%에 달하는 전 세계에서 가장 넉넉한 사회보장준비금을 가지고 있다. 일본과 미국은 각각 GDP의 25%와 15%를 사회보장 예비비로 보유하고 있다. 이에 비해 중국의 사회보장유보금은 GDP의 약 2%에 불과하다.

홍콩, 싱가포르, 미국처럼 시장지향적인 국가의 경우, 국민들이 사회보장시스템 이외에 개인연금을 통해 은퇴 후를 준비한다. 예를 들어, 미국의 경우, 사회보장연금, 추가적인 은퇴계획, 개인저축과 연금을 포함한 총노후 자금이 17조 9,000억 달러로 같은 해 미국GDP보다 많다. 이는 중국에서는 누리지 못하는 혜택이다.[30]

2002년 31개 성 중 29개가 지역사회보장시스템의 수지를 맞추지 못한 이후 10년간 중국의 연금제도는 대규모 점검을 거쳤다. 그러나 아직도 성 단위 정부 중 절반가량(14개 성)이 동일한 문제를 가지고 있다. 정부가 개인퇴직금 적립계정의 수립을 발표한 1992년으로부터 20년이 흘렀지만 2020년까지 개혁이 계획대로 완성될 수 있을지 여전히 불확실하다. 중국사회과학원이 수행한 설문조사에 따르면 응답자의 70% 이상이 정부가 사회보장시스템의 재정부족 문제를 해결하는 데 충분한 노력을 기울이지 않은 것으로 느끼고 있다.[31]

대중과 마찬가지로, 당시 사회보장기금 이사장이었던 다이샹룽[戴相龍] 역시 재정부족 문제에 대한 깊은 우려를 표했다. 다이샹룽은 은퇴연령을 즉시 늦추어야 부분적으로나마 문제를 해결할 수 있다고 주장했다. 사회보장시스템의 자금조달에 관해서는 정부가 국유기업에 대한 지분과 국유기업 배당금을 가능한 한 빨리 사회보장시스템에 제공해야 한다는 의견을 내놓았다.[32]

: 개혁의 방법

법제 개혁

중국 예산법에 따르면, 지방의회만이 지방정부의 차입을 인가할 수 있다. 지방정부부채의 목적, 규모, 자금조달비용을 적절히 모니터링할 수 있으려면, 지방의회는 지방정부가 대차대조표, 손익계산서, 유동성 상황을 공시하고 차입 전에 의회의 승인을 구할 것을 요구해야 한다.

동시에 지방의회는 지방정부가 다양한 범주에서 차입할 수 있는 부채의 총액에 한도를 설정해야 한다. 뿐만 아니라 지방정부의 단기적인 현금흐름에 압력을 행사하고 장기적인 재정전망과 재정기획을 요구해야 한다. 인구 고령화와 의료 관련 비용 증가, 사회보장 프로젝트 진척에 대한 수요 증가에서 비롯되는 재정 위험에 대한 시나리오를 고려하고 분석하도록 요구해야 한다.

입법적 감시체제가 제 역할을 하려면, 지방정부는 대차대조표를 공개해야 하고 상위 정부의 계속적인 감사도 이루어져야 한다. 동시에 상위 정부는 하위 정부의 부채에 대한 모니터링 시스템을 마련하고 하위 정부의 과다한 차입을 막아야 한다.

관료를 평가하거나 진급을 결정할 때는 반드시 정부의 재정안정성과 건전성을 고려해야 한다. 지방정부관리를 주로 지방정부의 성장률에 기초해 평가하는 현재의 사고방식은 엄청난 차입의 동인을 마련해주는 셈이다. 이전과는 다른, 경제성장의 질과 지방정부의 재정건전성을 고려하는 새로운 패러다임이 필요할 때다.

재정개혁과 세제 개혁

앞서 말했듯 지방정부가 올리는 재정수입의 거의 절반은 부동산과 그와 관련된 세금에서 나온다.[33]

이렇게 국가재정의 수입원이 한곳에 집중되어 있다 보니, 지방정부는 지역토지가치와 주택가격을 끌어올리려 애를 쓸 수밖에 없다. 홍콩과 싱가포르의 예가 보여주듯이 대부분의 지방정부는 주택가격이 계속 치솟을 것이고 그에 따라 토지가치도 꾸준히 상승할 것이라고 믿고 있다. 이러한 믿음을 가진 지방정부는 더 많은 토지를 개발하고 지역의 주택가격과 토지가치를 인위적으로 끌어올리는 데 매달리고 있다.

지방정부에게는 토지가치를 올려야 할 이유가 있다. 그리고 이 유인은 대부분 도시의 주택가격을 엄청나게 비싸게 만들었다. 도시의 주택은 소득과 임대료 대비 주택시세 비율이 특히 높다. 젊은 층은 꿈도 꿀 수 없는 정도가 되면서 지나치게 빠른 주택가격의 상승을 막으라는 강력한 사회적 압력이 가해지고 있다.

중앙정부가 발표한 부동산가격 억제정책들은 지방정부에 시스템적 위험을 안겨주었다. 많은 지방정부가 입지가 좋은 토지들을 이미 매각했기 때문에 차후에 내놓을 토지들은 이전의 경매에 비해 낮은 가격에 팔릴 것이다(다른 조건이 일정하게 유지된다는 조건 하에).

새롭게 내놓는 토지는 보통 먼 지역에 있기 때문에 토지가 경매와 개발의 준비를 갖출 때까지 지방정부가 쏟아야 하는 노력과 비용이 이전보다 훨씬 커질 것이다. 이런 상황에서 주택가격상승과 토지가치 증가가 없다면, 많은 지방정부는 '토지경매라는 저주'에 빠질 것이 분명하다.

지난 10년 동안 지방정부의 주머니를 부풀리고 경제성장을 추진했던 토지매매수익이 이제는 지방정부에 문제가 되어 돌아오고 있다. 계속해서 불어나던 세금 기반이 사라진 지방정부들은 장래의 개발 이니셔티브를 위한 투자는커녕 일상적인 업무를 지원하는 데 필요한 자원도 확보하지 못하게 될 것이다.

예고된 버블

그 결과 주택 보유를 기준으로 매년 징수하는 재산세와 거주세를 시행해야 할 것인가를 두고 매우 활발한 논의가 이어졌다. 이러한 세금부과는 국내 주택가격이 이미 오름세에 있던 몇 년 전만해도 실행가능성이 없다고 여겨지던 조치였다. 기존의 주택소유자들과 개발업자들이 이 같은 세금부과에 강하게 반발하고 있음은 두말할 필요도 없다. 이들은 아파트구매 시에 그와 유사한 세금이 징수되었다는 이유를 내놓으면서 반대에 나서고 있다.

대다수 지방정부의 재정상태가 악화일로를 걷고 있고 곧 닥칠 인구 고령화 문제가 부동산의 장기적 수요를 약화시킬 것이라 예상되는 상황에서 수지균형을 맞추어야 하는 지방정부에게는 거주세를 거두어들이는 것 이외에 남은 카드가 없다. 그런데 이 단기적인 해법에는 아이러니한 결과가 따른다. 세계 여러 나라의 경험을 통해 판단하면 재산세는 주택가격상승을 억제한다.[34] 그렇다면 재산세부과를 지나치게 서두르는 일이 지방정부에게는 제 무덤을 파는 짓이 될 수 있는 것이다. 중국속담처럼 "독이 든 술로 타는 목을 축이는" 셈이다.

지방정부부채 문제에 대한 보다 근본적인 접근법은 중앙정부와 지방정부가 재정수입(세금)과 재정책임(지출과 투자)을 나누는 방식을 개혁하는 것이다. 중국은 약 20년 전인 1994년의 분세제(分稅制, 중앙정부에 의한 재정수입의 집중관리에서 지방의 재정수입원을 분리하는 제도-역주) 개혁으로 거의 최악의 고비에 있었던 재정상황을 성공적으로 타개했다. 중앙정부와 지방정부의 재정상황은 그동안 급격한 변화를 겪었지만 세제에는 거의 변화가 없었다.

2013년 정부예산보고서에 따르면, 지방정부는 국가재정 총수입의

52%를 받았고 나머지 48%는 중앙정부로 들어갔다. 반면에 지방정부는 국가재정 총지출의 85%를 떠맡았고 중앙정부는 나머지 15%를 부담했다.[35]

그러한 불균형은 지방정부가 재정수입을 늘리거나 재정지출을 균형에 맞게 감소하는 식으로 개선해야 한다. 상정된 재산세 외에 특별소비세나 자동차취득세와 같이 좀 더 안정적이고 지속적인 세원을 갖춘 다른 세금도 징수해야 한다.

중앙정부는 주요 인프라와 지방정부의 사회보장 프로그램에 재정지원을 확대해야 한다. 또한 지방정부의 지출을 분담함으로써 재정적으로 도울 뿐 아니라 지방정부의 재정딜레마에 대한 이해를 넓히고 정책목표가 균형을 되찾게 할 수 있다.

채권시장 육성

신탁상품과 국유기업 자금조달에 대한 해법과 마찬가지로, 채권시장이 적절하게 기능하도록 개발하고 육성해야만 금리자유화를 통해 금리가 지방정부의 신용위험 상태를 정확하게 반영하게 만들 수 있다.

지방정부부채에 이미 상당히 노출되어 있는 은행들이라면 지방정부의 부채에 다른 위험가중치를 부과할 수 있다. 위험 트랑쉐에 따라 다른 금리(가격)를 매긴다면 은행이 리스크를 더 잘 관리할 것이고 지방정부는 자기 부채의 위험을 줄이고 금융비용을 낮출 수 있는 인센티브 시스템을 마련할 것이다.

지방채는 지방정부에 유인책을 제공하고 재정상황을 통제한다는 이점을 가지고 있다. 시장금리는 지방정부의 자금조달 활동을 통제하

예고된 버블

고, 채권보유자 간 시스템적 위험을 다각화하고, 은행권에 집중적으로 축적된 위험을 분산시킬 수 있다.

중앙정부가 재정상태가 비교적 건전한 지방정부에게 채권발행을 허용하는 것은 그들이 재정과 부채를 투명하게 관리하는 유인책이 되며 이는 디폴트 리스크 감소로 이어진다. 또한 지방정부 재정정보에 대한 전례 없이 투명한 공시로 인해 자본시장은 재무위험도를 정확하게 평가하고 자금조달 활동을 통제할 수 있을 것이다.

지방채는 그 외 채권시장을 보완해서 자본시장이 위험의 가격(즉 기간가산금리와 신용가산금리)을 정확히 파악하는 데 도움을 줄 수 있다. 이로써 투자자들은 자신의 위험선호도에 따라 다양한 투자대상을 찾을 수 있게 된다.

엄선된 지방정부 몇 곳의 시험적 지방채 발행을 통해, 많은 다른 관련 정부기관(재무부와 그 부속기관들과 같은)과 시장 기구(신용평가기관과 투자은행과 같은)들은 지방채 발행 절차에 점차 익숙해지고 자신 있게 관련 서비스를 제공하게 될 것이다.

독립적이고 투명한 신용평가체계는 다양한 지방정부의 재정상태에 대해 시기적절하고 공정한 평가를 제공하고 정부관리들에게도 기업경영진과 동일한 시장기준, 벤치마크, 재정제약을 적용함으로써 정부의 재정책임성을 강화한다.

다양한 시장참가자들은 채권시장을 통해 지방정부의 재정상황과 자금조달 이력이 자금조달과 자금조달비용에 관한 협상 능력에 어떤 영향을 주는지 관찰할 기회를 갖게 될 것이다. 이러한 관행은 건전하고 계몽적인 사례가 되어서 다른 지방정부들도 재정수지균형을 찾고 언젠가 채권발행능력을 갖출 수 있도록 할 것이다.

인프라와 주택 프로젝트의 현금유동성을 안정화시키기 위해서는 채권시장이 더 많은 자산유동화증권과 주택저당증권을 개발해야 한다. 이는 지방정부자산의 유동성도 개선시킬 것이다. 또한 민관협력사업은 정부 측의 대규모 선행 투자 없이도 민간자본을 지방정부 프로젝트의 운영에 끌어들여 레버리지를 낮출 수 있다.[36]

마지막으로 지방정부자산과 부채의 기간구조를 조절하기 위해서, 장래에 이루어질 개혁의 초점은 지방정부자산의 유동성 개선에 두어야 한다. 주식시장은 지방국유기업을 비롯한 더 많은 기업들의 상장을 기꺼이 받아들여야 한다.

국유기업 자산의 유동성이 높아짐에 따라 이러한 국유기업 지분을 보유한 지방정부는 좀 더 유동적인 자금조달 및 부채상환 방법을 찾아내게 될 것이다.

예고된 버블

제10장

부두
통계학

자료라는 것은 충분한 시간을 들여 제대로 다룬다면
당신이 듣고자 하는 그 어떤 소리도 들려줄 것이다.

- 로널드 코스

1980년, 대통령 후보 지명전에서 로널드 레이건과 경쟁하던 조지 H. W. 부시는 공급경제학 이론에 바탕을 둔 레이건의 경제정책을 '부두 경제학(Voodoo Economics)'이라고 비꼬았다. 지금 중국의 지방정부들이 GDP 결정에 사용되는 수치를 부풀리는 양상을 묘사하는 데에도 '부두 통계학'이라는 용어가 잘 들어맞을 듯하다.

2014년 1월 초, 3개 성이 아직 2013년의 지역별 GDP를 보고하지 않은 시점에서, 28개 성의 GDP 합계가 국가통계국이 보고한 중국의 공식 GDP를 넘어서는 상황이 벌어졌다.

한 번 일어난 이례적인 일이 아니다. 사실 1985년 국가통계국이 국가 GDP와 지역별 GDP를 발표하기 시작한 이래, 지역별 GDP의 합계는 항상 국가 GDP보다 컸다. 10% 이상 차이가 난 적도 있다.

그 차이는 2009년에 2조 6,800억 위안, 2010년에 3조 2,000억 위안,

2011년에 4조 6,000억 위안, 2013년에 5조 7,600억 위안으로 GDP성장의 속도만큼이나 빠르게 증가했다. 31개 성급 지역 중 베이징과 상하이를 제외한 모든 지역이 국가경제성장의 속도보다 빠른 경제성장속도를 보고했다. 통계학에서 거의 불가능한 묘기를 보여준 것이다.

물론 중앙정부나 지방정부가 자료를 수집하고 규정하는 과정에서 실수가 있을 수 있다. 지방이나 중앙정부에서 이중으로 집계를 했을 가능성도 없지 않다. 그렇지만 이런 이유들은 여러 지역의 결과를 모으는 과정에서 상쇄되는 것이 보통이라 심각하게 편향된 결과를 계속 만들어내지는 않는다.

좀 더 그럴듯한 설명을 해보자. 자신의 경력에 신경을 쓰는 지방정부의 관리들이 의도적으로 지역경제의 규모와 경제성장의 속도를 부풀린 것이다. 국가통계국이 의도적으로 통계자료를 조작한 몇몇 사건을 조사·발표하면서 세간의 의혹은 사실로 확인되었다.

2013년 6월, 국가통계국은 경제규모에 있어서 중국최대 도시 중 하나로 꼽히는 광둥 성에서 자료수집과정의 위법 행위를 발견했다고 발표했다. 조사가 이루어지는 동안 국가통계국은 광둥 성 내 한 도시의 경우 대부분의 통계가 지방정부 사무실에서 조작되었다는 것을 알아냈다. 지방정부관리들은 지방경제 규모에 대한 자료를 조작하기 위해 지역 기업의 직원 행세를 하며 자료수집센터에 전화를 걸기까지 했다. 심지어는 지역별 자료에서 지방산업의 GDP를 21억 위안에서 84억 위안으로 400%나 부풀린 경우도 있었다.

일부 지역은 지역경제의 규모를 과장하기 위해 자료를 수집하는 국가통계국의 직원이 매우 안정적인 사업 부문에서만 표본자료를 추출하

예고된 버블

도록 유도해서 전 지역의 표본이 상향되게끔 만들었다. 지역에 연고가 있는 국내외 기업에게 국내매출을 모두 해당 지역의 매출로 잡으라고 요구하기도 했다. 전기사용 자료를 조작해서 전기사용의 증가속도를, 부풀린 성장속도와 일치하게 만든 지역도 있었다. 어떤 지역에서는 영업시간이 끝난 뒤에도 사무실과 쇼핑몰의 조명, 에스컬레이터, 냉난방장치를 켜두도록 함으로써 지역 전기사용을 늘렸다. 몇몇 경쟁 지역은 GDP성장 수치에 대해서 미리 합의를 해두고 다른 지역의 동료들보다 뒤떨어져서 면목을 잃게 되는 일이 없도록 했다는 소문도 있었다.

국가통계국이 자료의 질을 보장하겠다고 약속하고 자료조작에 대해서 처벌하겠다는 입장을 밝혔는데도 매년 전국에서 비슷한 관행들이 포착되고 있다. 이런 상황에서는 통계가 편향되게 마련이고 신뢰할 수도 없다. 따라서 이것이 지속가능한 경제발전을 저해하는 요소가 되고 마는 것이다.[1]

： 소비자물가지수

소비자물가지수(Consumer Price Index, CPI)는 거의 모든 나라에서 가장 주목하는 경제지표이며 이를 통해 인플레이션의 발생 여부를 알 수 있다. 인플레이션은 기업과 소비자가 돈이 얼마나 빨리 구매력을 잃게 될지 예상하는 데 큰 영향을 미치기 때문에, 소비자가격과 소비에서 예측되는 변화에 따른 가계의 소비행동이나 기업의 투자결정에 상당한 영향을 준다.

중국도 예외가 아니다. 그렇지만 인플레이션 수치를 정기적으로 발표하고 통계가 어떻게 집계되었는지 공개하는 다른 나라들과 달리, 중국은 자국의 CPI를 어떻게 계산하는지 공개하지 않는다. 이로 인해 많은 중국의 경제학자들이 불만과 의구심을 품고 수수께끼를 풀기 위해 혁신적인 방법을 동원해왔다.

이 분야에 초점을 맞추는 연구가 많아지면서, 좀 더 명확해진 점이 하나 있다. 돼지고기가격이 CPI에 큰 영향을 미친다는 사실이다. CPI라는 이니셜이 '중국 돼지고기 지수(China Pork Index)'를 뜻하는 것이라고 농담을 하는 경제학자들도 있다. 물론 이것은 과장이지만 돼지고기가 단일 인자 중에서 CPI에 가장 큰 영향을 미친다는 점에 대해서는 이견이 거의 없다. 돼지고기가격은 CPI 편제에서 3% 정도를 차지할 뿐이지만 CPI 변동에 50%까지 기여하기도 한다.

돼지고기가격은 그 가격 자체의 중요성 외에 변동성 차원에서도 중요한 의미가 있으며 이러한 가격 변동성에는 수요와 공급의 상대적 관계에 내재한 기본적 문제가 반영돼 있다. 중국의 돼지고기수요는 대체로 안정적이지만(춘절에는 수요가 늘어나므로 시기별로 약간의 변동이 있기는 하다), 농민들은 사료가격과 다른 농민의 예상공급량을 고려해 더 많은 돼지를 길러야 하는지를 끊임없이 결정해야 한다. 날씨와 질병과 관련된 일들이 예상치 못하게 발생해서 농민의 예측에 혼란을 일으키는 바람에 문제는 더 어려워진다.

따라서 정부와 중앙은행은 돼지고기가격을 안정시켜서 CPI를 안정시키려고 노력한다. 중앙정부 통제하에 돼지고기 재고를 확보해두는 방법도 사용된다.

예고된 버블

돼지고기가 일상생활에서 대단히 중요한 요소이기는 하지만 단일 제품가격이 한 국가의 CPI와 통화정책, 경제정책에 그토록 큰 영향을 미칠 수 있다는 것은 이해하기가 굉장히 힘들다. 왜 과평가된 소비자 가격변동을 보다 신뢰성 있게 반영할 수 있는 보다 투명하고 타당한 통계를 제공하지 않는 것일까? 시장이 CPI 집계방법을 보다 확실히 이해해서 문제의 심각성을 스스로 판단할 수 있게 하는 것이 좋지 않을까?

그러나 이런 정보를 적절히 공개하지 않음으로써 정부는 필요할 때 CPI를 낮출 수 있다.[2] 돼지고기의 국가비축분을 확보한 정부는 이를 시장에 풀어 돼지고기가격과 CPI를 안정시킬 수 있는 선택권을 가지게 되는 것이다.

그렇지만 여기에는 과연 어떤 것이 무엇에 영향을 주고 있느냐의 문제가 따른다. CPI는 인플레이션을 결정하는 존재가 아니라 인플레이션을 반영하는 존재다. 돼지고기가격을 인위적으로, 의도적으로 억제할 수 있다고 치자. 그렇다면 돼지고기의 대체물로 소비되는 다른 고기는 어떨까? 사료를 공급하는 농민이나 사료와 관련된 가격은 어떻게 되는 것일까? 정부는 돼지고기가격을 통제함으로써 특정한 통계 주기의 CPI에 영향을 미치고 더 나아가서 그것을 결정하는 힘을 얻게 된다.[3]

중국 CPI에서 더 걱정스러운 측면은 CPI의 구성요소와 계산이 비밀에 부쳐지기 때문에 사람들이 자료의 신빙성에 의심을 갖는다는 점이다. 역사적인 일관성을 지키기 위해서 CPI를 계산하는 방법을 바꾸지 않는 것이 중요하다면, 그와 동시에 인플레이션을 반영하는 몇 가지 다른 기준을 두는 것도 도움이 될 것이다.

　정부관리들이 CPI를 축소해서 말하려는 것은 지방관리들을 그들이 자리에 있는 동안의 실질GDP성장으로 평가하는 관행 때문인 듯하다. 실질GDP성장의 정의(실질GDP성장=명목GDP성장−CPI)를 고려하면, 명목GDP성장의 속도를 높이거나 CPI를 감소시킴으로써 실질GDP성장을 높일 수 있다는 사실을 쉽게 알 수 있다.

　즉 지방관리들이 의도적으로 인플레이션을 낮추어서 실질GDP성장을 부풀릴 수 있는 것이다. 앞에서 보았듯이, 지방관리들에게는 지방의 GDP와 GDP성장을 과장해야 할 강력한 동인이 있기 때문에 그들이 인플레이션 자료를 조작할 가능성이 있다고 보는 것도 억지는 아니다.

　지난 20년 동안 중국인들의 생활패턴이 변하면서 소비성향도 많은 변화를 겪었다. 예를 들어, 경제의 단계가 개발도상국에서 선진국으로 진전하고 소득수준이 향상됨에 따라 의료와 엔터테인먼트가 소비의 큰 부분을 이루고 있다.

　경제성장속도가 빠르고 중국경제가 과도기에 있기 때문에 이 문제를 더 심각하고 민감하게 생각해야 한다. 예를 들어, 30년 전만해도 중국인들은 의료비, 주거비, 은퇴자금을 책임질 필요가 없었다. 이제는 모든 가정이 이러한 비용을 직접 책임져야 한다. 그에 따라 소비자의 생계비에 변화가 생긴 것은 당연한 일이다. CPI에 소비자행동의 변화를 반영하지 못한다면, CPI는 정부관리의 올바른 의사결정을 이끄는 역할을 할 수 없을 것이다.

　그러므로 중국 당국은 CPI 자료의 운용을 반드시 바로잡아야 한다. 국가통계국은 투명하고, 정확하고, 일관된 통계와 방법론을 제공해야

예고된 버블

할 뿐 아니라 집계방법을 계속 수정해서 통계가 중국경제와 사회의 빠른 성장세를 정확하게 반영하도록 해야 한다.

： 대기오염

중국 국민에게 지난 몇 년간 가장 심각한 문제는 대기오염이었다. 대기오염은 가장 눈에 띄기 때문에 어떤 형태의 오염보다 가장 많이 알려져 있다. 하지만 수질오염이나 매립지오염 등 다른 부분의 오염 역시 심각해지면서 큰 걱정거리로 부각되고 있다.

2007년 세계은행이 중국의 환경기관과 공동발표한 보고서를 살펴보자.

"실외공기오염이 이미 35~40만 건의 조기사망을 야기했다. 추가적으로 30만 건의 사망이 실내공기오염에서 비롯되었으며, 설사, 방광암, 위암 등 자가오염(water-borne pollution, 自家汚染. 양식업이 성행되고 있는 장소에서 양식 생물의 배설물과 먹다 남은 사료찌꺼기, 양식시설에 부착된 생물부패 등으로 인해 오염되거나 어장노화 등으로 생기는 오염-역주)이 유발할 수 있는 질환으로 6만 명이 사망했다."[4]

세계은행관계자들은 "중국의 환경 기관은 '사회적 안정'에 영향을 줄 수 있다는 이유로 보고서의 간행본에서 위생통계를 제외시켜야 한다고 주장했다"면서 우려를 표명했다.[5]

안타깝게도 오염 문제는 계속 나빠지고 있다. 북동부의 대도시인 하얼빈의 병원들은 도시의 대기오염이 심해진 이후 호흡기질환 환자가

30% 증가했다고 보고했다. 흡연율이 눈에 띄게 증가한 것도 아닌데 폐암발생률은 지난 30년간 465% 증가했다.

과학자들은 북부 도시들의 오염이 5억 명의 수명을 평균 5.5년 단축시킬 정도로 심각하다고 말한다.[6] 2013년 10월 21일에는 기록적인 스모그 때문에 하얼빈 공항이 폐쇄되고 해당 지역의 모든 학교에 휴교 조치가 내려졌다.[7] 일부에서는 오염이 심한 기간에는 중국 대륙의 스모그가 캘리포니아까지 도달한다고 말한다.[8]

중국의 오염이 이토록 심각한 이유는 무엇일까? 먼저 경제의 급속한 발전으로 인해 화석 연료의 사용이 늘어났다. 30년 전만해도 자전거를 주로 이용하던 중국은 이제 1억 2,000만 대의 자동차와 모터를 단 1억 2,000만 대의 탈것이 있는 나라가 되었다. 자동차의 배기가스 외에도 대기오염의 주원인으로 석탄을 꼽을 수 있다. 중국이 태우는 석탄은 세계의 다른 나라들을 합친 것에 가깝기 때문이다. 북부 도시의 대기질이 가장 나빠지는 시기는 석탄으로 가동되는 난방용품을 쓰는 겨울과 봄이다.

그렇지만 보다 근본적인 문제는 어떻게 오염이 사람들이 알아차리지 못한 사이에 그렇게 심각해질 수 있는가다. 아이러니하게도, 중국 환경보호기관의 통계는 지난 10년 동안 꾸준히 환경이 개선되었다고 말한다. 예를 들어 2009년과 2011년, 스좌장[石家莊]과 싱타이[邢臺] 지역의 환경보호기관들은 오염도가 높은 허베이 성에서도 가장 대기오염이 심각한 이 두 도시의 대기질이 개선되었다고 보고했다.[9,10]

어떻게 된 일일까? 이제 관심은 대기질을 어떻게 모니터하고 그 등급을 어떻게 매기는지의 문제로 넘어간다. 2012년 중국의료협회의 회

예고된 버블

장을 역임한 정난산[鐘南山]은 오염으로 인한 폐암과 심혈관계질환이 증가하고 있으며 이는 중국인의 건강에 가장 큰 위협이 될 수 있다고 지적했다. 정 교수는 대기오염이 감소하고 있다는 공식자료에 의문을 제기하면서 보다 정확한 대기오염자료를 요구했다.

최근까지 정부의 대기질지수에는 오존과 PM2.5(초미세먼지-역주)가 포함되지 않았다. 이러한 것들이 인간의 건강에 가장 위험한 물질인데도 말이다.[11] 이는 베이징 공식자료과 베이징 주재 미국대사관이 기록한 자료가 계속해서 불일치하는 이유를 설명해준다. 2013년 1월 12일, 베이징의 공식자료는 대기질이 나쁜 날임에도 평균 300정도(수치가 클수록 대기질은 나쁘다)의 측정치를 보여준 반면, 미국 대사관의 측정치는 800을 넘어서[12,13] 세계보건기구의 권장기준의 50배를 웃돌았다.[14,15]

2012년 6월 5일, 부유성 고형물이 199마이크로그램으로 측정되어 베이징의 대기가 "대단히 유해하다"는 미국 대사관의 발표가 나오자 논란이 가열되었다. 베이징시 환경보호국은 베이징의 공기가 "양호하다"고 공표했다. 해당기관의 자료에 따르면 같은 기간 부유성 고형물은 51~79마이크로그램이었다.[16]

양측의 자료가 엄청난 차이를 보이자, 중국 당국은 베이징의 외국 영사관에 '부정확하고 불법적인' 수치 발표를 중지하라고 요구하고 대기질 측정치를 발표하는 대사관 웹사이트에 대한 인터넷 접속을 차단했다.[17]

지방정부관리들은 "지역 내 한 지점에서만 수집한 결과로 지역 전체의 대기질을 평가하는 것은 과학적이지 않다"면서 베이징과 상하이의 일평균 PM2.5라는 공식수치가 "외국 대사관과 영사관에서 발표한

결과와 거의 동일하다"고 주장했다.[18]

이러한 저항이 있기는 했지만 중국 국민이 직접적으로 경험하는 공기의 질이 워낙 심각한 수준이었기 때문에 2012년 정부는 세계기준을 따라 오존과 PM2.5에 대한 보다 엄격한 대기오염 모니터링 방식을 택하게 되었다.

관영언론은 이러한 변화를 이끄는 데 환경운동가들의 역할이 컸다는 것을 인정했다. 한 블로그에는 대기질을 개선하겠다는 정부의 약속이 있은 지 24시간도 되기 전에 100만 개의 긍정적인 답글이 달렸다. 기준이 효과적으로 시행될지 의심하는 사람들도 있기는 했지만 말이다.[19,20]

이것은 상황은 통계가 수백만 중국인의 일상적 경험과 얼마나 달라질 수 있는지 보여주는 완벽한 사례다. 생활에서 가장 눈에 띄는 측면 중 하나인 대기의 질이 측정방법이나 기관에 따라 그렇게 큰 차이를 보일 수 있다면, 직접 보거나 느끼기 힘든 다른 요소에 대한 통계는 어떨까? 아주 기본적인 통계도 의사결정의 정확하고 공정한 근거를 제공할 수 없다면, 신뢰하기 힘든 자료를 근거로 이루어지는 더 복잡하고 중요한 의사결정에 확신을 가질 수 있을까?

: 주택가격

중국에서 가장 널리 사용되는 주택가격지수는 중국지수연구원(China Index Research Academy)이 집계하는 중국 100개 도시주택가격지수다.[21]

예고된 버블

CIRA의 공식 웹사이트에 따르면, 중국 100대 도시주택가격지수는 현재 판매 되는 주택단지를 기반으로 한다. 각 단지의 가중치는 각 주택단지의 매매(거래가격에 따른)에 따라 조정된다.[22]

로버트 실러(Robert Shiller)와 칼 케이스(Karl Case)는 판매중인 새로운 단지를 기반으로 하는 이러한 접근법에 상당한 의심과 회의를 표했다. 이 방법을 몹시 못마땅하게 여긴 두 사람은 기존 주택 및아파트의 반복적인 매매를 기반으로 주택가격지수를 집계하는 아이디어를 냈다. 케이스–실러 지수(Case-Shiller index)는 선진국에서 가장 많이 사용되는 주택지수가 되었다. 실러와 케이스는 미국의 주택시장이 과다한 가격등귀 시기를 지나고 있으며 벼락 경기에서 결국은 불경기로 이어질 잠재적 위험을 안고 있다고 처음으로 지적한 사람들이었다. 그들의 예견이 적중하면서 반복매매를 기반으로 하는 주택지수 접근법의 유효성이 증명된 셈이다.

두 사람은 "반복매매 접근법으로 주택시장에서 지수의 표본이 계속 변화하는데 따른 문제를 피할 수 있다"고 설명한다. 그러나 미국의 주택가격지수 접근법이 직면했던 표본선정의 문제는 지난 몇 십 년 동안 서구에서 감탄해 마지않을 극적인 도시화를 거친 많은 개발도상국(중국과 같은)의 문제에 비교하면 아무것도 아니다. 베이징은 가장 좋은 예다. 베이징은 순환도로개발계획을 채택하여 순환시스템의 확장과 더불어 성장했다. 두 번째 순환도로는 1980년대, 세 번째 순환도로는 1990년대 초, 네 번째 순환도로는 1990년대 말, 다섯 번째 순환도로는 2000년대 말에 개발되었으며, 현재 여섯 번째 순환도로가 개발 중에 있다. 도시와 가장 가까운 두 번째 순환도로는 32.7km이며, 세 번째 순환도로는 48km, 네 번째 순환도로는 65.3km, 다섯 번째 순환도로는 99km, 여섯 번째 순환도로는 192km에 이른다. 확장순환도로 시스템을 건설하면서 베이징 도심의 규모도 커졌다.

도시의 확장으로 많은 사람들이 도시 중심으로부터 멀리 떨어져 살게 되었다. 약 15년 전 필자가 아직 학생이었을 때만 해도 아시안게임 선수촌[야윈춘, 亚运村]은 외진 곳으로 여겨졌지만 이제는 네 번째 순환도로에서 모두가 탐내는 중심 지역이 되었다. 마찬가지로, 왕징[望京]은 15년 전 사람이 얼마 살지 않는 외딴 위성도시였지만 개발이 이루어진 지금은 30만 명이 넘게 사는 베이징의 명물이 되었으며「포춘」500대 기업들 대다수가 이곳에 본사를 두고 있다.

약 10년 전에는 대부분의 새로운 주택단지가 네 번째 순환도로 안에서 개발되었지만, 현재 판매되고 있는 새로운 주택단지의 대부분은 다섯 번째 순환도로 바깥 지역에 집중되어 있다. 대부분의 도시들이 빠르게 확장되면서 표본구성에 일관성을 확보하는 것이 지난 10년 동안 주택시장에 대한 신뢰성 있는 평가를 내놓는 데 중요한 요소가 되었다.

이 상황을 실제 자료를 통해 살펴보자.

2000년, 세 번째 순환도로 내의 새로운 주택단지가 1제곱미터당 평균 5,000위안에 팔렸다. 세 번째 순환도로에서 다섯 번째 순환도로 사이는 1제곱미터당 평균 3,000위안, 다섯 번째 순환도로 밖은 1제곱미터당 평균 1,000위안이었다.

2012년, 세 번째 순환도로 내의 새로운 주택단지는 1제곱미터당 평균 5만 위안에 팔렸다. 세 번째 순환도로에서 다섯 번째 순환도로 사이

예고된 버블

는 1제곱미터당 평균 3만 위안, 다섯 번째 순환도로 밖은 1제곱미터당 평균 1만 위안이었다.

판매중인 새로운 주택단지의 지리적 분포가 지난 12년 동안 변하지 않았다고 가정하면, 베이징의 주택가격은 900% 오른 것이 분명하다. 예를 들어, 판매중인 모든 새로운 주택단지 중 50%가 아직도 세 번째 순환도로 내에 있고, 40%가 세 번째 순환도로와 다섯 번째 순환도로 사이에 있고, 10%가 다섯 번째 순환도로 밖에 있다고 가정하면, 2000년 베이징의 평균주택가격은 1제곱미터당 평균 3,800위안(5000 × 0.5 + 3000 × 0.4 + 1000 × 0.1)이고 2013의 베이징 평균주택가격은 1제곱미터당 평균 3만 8,000위안으로 계산된다.

하지만 현실에서는 새로운 판매단지의 지리적 분포에 근본적인 변화가 있었다. 2012년까지, 베이징시는 엄청나게 확장되었고 주택가격도 대단히 많이 올라 현재 대부분의 새로운 주택단지는 다섯 번째 순환도로 밖에 위치하고 있다. 사실상 2012년 판매중이었던 새로운 주택단지 중 50%는 다섯 번째 순환도로 밖에 있었고, 40%는 다섯 번째 순환도로와 세 번째 순환도로 사이에 있었으며, 두 번째 순환도로 안에 있었던 것은 10%에 불과했다. 즉 판매중인 신규 주택단지의 지리적 위치는 2000년과 정반대였다.

CIRA의 지수계산법을 사용해 주택지수를 계산한다면 한다면, 2012년 베이징의 평균주택가격은 1제곱미터당 평균 2만 2,000위안(50000 × 0.1 + 30000 × 0.4 + 10000 × 0.5)이 될 것이다. 이는 판매중인 새 주택단지의 지리적 분포가 달라지지 않았다고 가정했을 때의 절반 정도에 불과하다.

비율로 보면 차이는 더 두드러진다. 주택가격이 겨우 340% 상승했다는 결론을 내는 CIRA의 방법으로는 지리적 분포의 변화를 설명하지 못한다. 반복매매 접근법을 사용했을 때의 주택가격상승은 900%로 CIRA 접근법의 3배에 이른다.

이러한 문제가 새로운 주택정책에만 국한되는 것이 아니란 점에 주목해야 한다. 기존 주택에 대한 지표 역시 같은 결함을 안고 있다. CIRA의 공식 웹사이트에 따르면, 기존 주택의 가격지수를 집계하는데 사용되는 표본은 "도시 주요 지역에 소재하고 활발한 거래가 있는 '대표적인' 주택단지의 가격"을 기반으로 한다. 시간이 지나면서 도시 중심에서 떨어진 곳에 큰 주택단지들이 성장했다(예를 들어 왕징이나 이주앙은 50만이 넘는 인구를 가진 베이징 최대의 신규단지다. 두 지역 모두 도시의 다섯 번째 순환도로를 따라 위치하고 있다.).

점점 더 많은 신규 단지들이 도시 중심에서 먼 지역에 생기고 있으며 도시인구가 교외 쪽으로 이주하는 상황을 고려하면, 기존 주택가격지수의 표본구성이 신규 주택가격지수만큼이나 편향이 심하다는 것을 알 수 있다.

이렇게 통계를 잘못 관리한 덕분에, CIRA 주택가격지수는 표본구성의 극심한 변화를 포착하지 못하게 되었고 결과적으로 주택붐의 심각한 상황을 엄청나게 과소평가하고 있다. 이러한 방법론을 이용하고 그것을 기준으로 결론을 내다 보니, 주택가격과 국민들이 주택비용에 대해서 가지는 불만이 동 떨어지는 상황이 빚어지고 있다.

연소득 대비 주택가격비율로 판단할 때보다 임대료 대비 주택가격비율 판단할 때, 주택시장의 문제가 심각하게 느껴지는 것도 오해의 소지가 있는 주택가격지수 때문이다. 연소득 대비 주택가격비율에서

예고된 버블

의 주택가격은 과소평가된 주택지수에서 나오지만, 임대료 대비 주택가격비율(주택수익비율)은 표본선정에 크게 좌우되지 않는다. 사실 도시 중심에서 떨어진 지역일수록 수요가 제한적이고 점유율이 낮기 때문에 임대료 대비 주택가격 비율은 도시 중심보다 인접 지역에서 훨씬 높다.

주택시장 문제를 보다 명확히 파악하고 주택시장을 진정시킬 수 있는 적절한 조치를 취하려면, 정부는 기초부터 시작해서 우선 통계를 바로잡아야 할 것이다.

： 지니계수

지니계수에 대해서도 논란이 크다. 주요 선진국 가운데에서, 미국의 지니계수만이 0.4를 넘는다(미국의 일부 경제학자들은 세후 지니계수는 0.4 이하라고 주장한다.).[23] 스칸디나비아 국가들과 탄탄한 사회보장정책과 조세정책을 가지고 있는 선진국들의 경우 일반적으로 지니계수가 0.3이하다.

중국은 국제표준에 따라 문화대혁명 이후인 1970년대 말부터 지니계수 통계를 발표했다. 1978년에는 지니계수가 0.32라고 발표했으며 개혁과 개방정책을 시행한 후에는 최저치(0.24)에 도달했다.

2013년, 국가통계국은 10년 동안 중단했던 지니계수의 발표를 재개했다. 발표에 따르면 지니계수는 0.4 주변을 맴돌다가 2008년에 10년 중 최고치인 0.49를 기록했고 점차 하락해 2012년에는 0.47이었다.

이 자료는 상당한 논란을 불러일으켰다. 대중들은 2009년 이후 소득 불평등의 문제가 심화되었다고 느끼고 있었기 때문이다. 서남재경대학이 2010년 중국가구소득과 자산에 대한 조사를 기초로 발표한 지니계수는 대중의 의혹에 신빙성을 더했다.

서남재경대학의 보고서에 따르면, 2010년 중국의 지니계수는 0.61로 국가통계국이 발표한 0.48보다 훨씬 높았다. 0.61일 경우 콜럼비아를 제외한 최하위로 전 세계에서 가장 소득격차가 심한 국가가 된다.

물론 두 보고서는 다른 표본을 기초로 했고 설문조사 방법도 다르기 때문에 상당한 차이가 있을 수 있다. 국가통계국의 마지엔탕[馬建堂]국장도 중국에서 가구소득이 대단히 민감한 주제이기 때문에 공식조사원도 정확한 정보를 얻는 데 어려움이 있을 것이라고 시인했다. 마국장에 따르면, 이 문제는 특히 고소득층에서 심각하다. 이들 고소득층은 조사에 응하지 않거나 자신들의 소득을 실제보다 낮게 신고한다. 결국 그는 공식 지니계수가 현재 중국의 소득불평등 문제를 과소평가할 수 있다는 점을 인정한 것이다.

서남재경대학의 연구는 고소득층의 조사에 문제가 있다는 것을 고려해 고소득층 밀집지역의 고소득 가구를 의도적으로 과다 표집해서 고소득 조사 대상자를 충분히 모으지 못하는 데서 올 수 있는 편향의 가능성을 해결했다.

따라서 2개의 연구 모두 연구와 접근법에 한계가 있다. 그럼에도 불구하고 소득불평등의 문제가 2008년 세계금융위기와 그에 이은 4조 위안의 부양책 이후 더욱 심화되었다는 대중의 생각을 반영하는 것은 서남재경대학의 보고인 듯하다.

전례 없는 부양책과 신용공급은 그러한 계획에서 혜택을 보는 사람들에게 상당한 부와 기회를 만들어 준다. 하지만 그렇지 않은 나머지

예고된 버블

사람들은 금리의 인하로 자신들의 자산이 불어나는 속도가 현저히 느려지는 것을 지켜보아야 했다.

어떤 것이 현실에 가까운 것으로 판명되든, 두 접근법 모두 소득불평등 문제가 심각한 사안이 되었고 진지한 고민이 필요하다는 데에는 생각을 같이하고 있는 것 같다. 공식연구마저도 소득불평등의 문제가 존재하며, 대다수 정부 관료가 '음성 소득'을 취하고 있다는 사실을 인정했다. 이러한 '음성 소득'은 이들의 공식 소득을 훨씬 웃도는 수준임은 물론이며 나아가 정부 정책의 방향에도 영향을 미칠 정도다.

：의심스러운 수출 통계자료

문제가 있는 통계의 또 다른 예로 2013년 4월의 중국교역자료를 들 수 있다. 2013년 4월, 중국의 수출은 14.7% 증가해 전월에 비해 훨씬 좋은 실적을 냈다. 하지만 외국투자은행 분석가들의 예상치는 9.2%였다. 그들의 분석에 따르면 같은 기간 중국의 주요교역국인 타이완과 한국에 대한 수출이 상당히 감소했다. 중국의 수출수치가 교역국이 발표한 수입자료와 맞지 않는다는 것은 특히 충격적이다.

경제학자들의 격론을 불러일으킨 또 다른 문제는 같은 기간 중국의 대홍콩 수출이 급격히 증가했다는 점이다. 중국 본토와 홍콩 간의 교역은 2013년 4월 55%의 급격한 증가세를 보였다. 반면 중국과 나머지 국가들과의 교역은 그보다 훨씬 낮은 12% 증가에 그쳤다. 홍콩은 4월의 교역 자료에서 대단히 중요하다. 홍콩을 제외한다면 중국은 현재

보고된 182억 달러의 흑자가 아닌 200억 달러의 무역수지적자를 기록할 것이기 때문이다.

홍콩이 항상 중국 본토의 중요한 무역상대국이었으며 본토의 홍콩에 대한 수출과 홍콩으로부터의 수입 사이에 늘 안정적인 관계가 이어졌다는 것을 생각하면, 2013년 4월의 자료에서 나타난 수출과 수입의 불일치는 홍콩특별행정구에 대한 수출이 진실한지, 무역수지흑자라는 가면 아래에서 자본유입이 이루어졌을 가능성이 있지 않은지에 더 많은 의혹과 염려를 갖게 만든다.

중국 세관은 홍콩에 대한 기존의 수출 중 최종목적지가 정해지지 않은 환적(換積, 무역거래에서, 화물을 옮겨 적재하는 것-역주)이 많기 때문에 수출교역의 많은 부분이 홍콩으로의 수출로 분류되고 있다고 설명했다. 그러나 국제사회에는 잘 먹혀들지 않는 설명이다. 환적의 관행이 본토의 대홍콩 수출에서 차지하는 비중이 높은 것은 어제 오늘의 일이 아닌 것을 생각하면 특히 더 그렇다. 통계측정치의 특별한 변화가 아니라면 2013년 4월의 급등을 설명할 길이 없다.

주요경제국의 금융완화정책과 중국 본토의 비교적 높은 금리, 빠른 경제성장으로 인해서 본토와 홍콩의 금리차이가 생기면서 많은 기업과 투자회사들이 이를 이용한 차익거래에 나섰기 때문이라는 설명이 좀 더 이치에 맞아 보인다. 홍콩의 해외인민폐시장은 저축과 대부금리가 훨씬 낮기 때문에 많은 기업들이 금리가 낮은 해외시장에서 돈을 빌리고 무역을 이용해서 돈을 본토로 넘긴 뒤에 중국시장에서 높은 수익을 올린다.

위안화의 평가절상 속도에 대한 예측에 변동이 많아지자 많은 기업들이 차익거래의 이익을 더 높이기 위해 채무와 채권의 만기를 (불)일치시키는, 보다 진보적인 기법을 이용하고 있다. 최근 인민폐재정 거래의 수익성이 대단히 높은 것으로 알려지면서 그러한 요인이 아니었다면 무역자료에서 불황으로 나타났을 시기에 홍콩에 대한 수출을 대폭 증가시키기에 이른 것이다.

중국경제 자료가 의심을 산 것이 이때가 처음이 아니란 사실에 주목할 필요가 있다. 1990년대 말, 8% 경제성장을 목표로 하던 중국정부는 같은 시기의 에너지 소비와 보통 두 자릿수의 차이가 날 정도로 격차가 큰 경제성장 자료를 발표했다.

공식통계의 그러한 불일치에 중국정부의 관리와 중국 국민까지 의심을 가지면서 일은 더 복잡해졌다. 많은 정부관리들은 중국경제성장에서 투자의 역할이 오랫동안 과대평가 된 반면에 같은 기간 경제성장에 대한 노동의 기여는 저평가된 것이 아닌가 하는 생각을 가지고 있다. 게다가 비정상적인 통계자료에 대해서는 늘 윤년이나 춘절 기간이라는 등의 변명을 늘어놓았다. 이제는 이 같은 역학적 요인들을 잘 처리해서 역사적으로 비교할 만하고 해석하기 쉬운 자료를 만들 때가 됐다.

ː'대리인의 문제'

지금까지 국내와 지역경제성장에 대한 보고에서 나타난 불일치, 2014년 봄 중국의 대홍콩 수출과 나머지 아시아 국가들에 대한 수출 사이의 격차, 대기질에 대해 베이징 정부가 내놓은 공식자료의 수치와 베이징

주재 미국 대사관이 발표한 수치 사이의 엄청난 차이, 소비자가격과 주택가격에 대한 국민의 느낌과 공식자료 사이의 극명한 대조를 살펴보았다.

이 모든 차이는 한 방향을 가리키고 있다. 통계가 한결같이 정부관리의 목표에 도움이 되는 쪽으로 향하고 있는 것이다. 경제성장이 더 빨라져야 하면 GDP성장세가 증가하고, 대기오염 수준이 더 낮아야 할 때는 공식통계가 낮은 수치를 내놓으며, 중국의 수출에 반등이 필요하면 고맙게도 통계가 그러한 반등을 보여준다.

이들 사례를 보면 자연히 중국의 통계가 과연 믿을 만하고 진실한지, 정부관리의 개인적인 이해관계가 통계에 어떤 영향을 미치는 것은 아닐지 의문을 갖게 된다. 일을 하는 사람은 가능한 최소한의 노력으로 가능한 최고의 대우를 받기를 바란다. 이것은 인간의 의사결정에 있어서 가장 기본적인 가정이다. 그러므로 관리들이 자신들의 실적을 좀 더 나아보이게 만들기 위해, 혹은 최소한 실제보다 낫게 만들기 위해 막후에서 약간의 영향력을 행사하는 것은 충분히 있을 수 있는 일이다.

경제학에서는 그런 현상을 통틀어 '대리인의 문제(agency problem)'라고 부른다. 대리인의 문제는 전 세계에 걸쳐 경제의 모든 측면에 널리 퍼져 있다. 그렇지만 중국이 유난히 눈에 띄는 것은 가능한 경제를 성장시키라는 명령이 지역민이나 유권자들로부터 나오지 않고 중앙정부에서 비롯된다는 데 있다.

중국정부 운영의 계급구조적 성격 때문에, 정부관리는 통계를 자신의 출세에 이용하려 노력한다. 결국 통계의 문제를 거슬러 올라가면 정부의 목표를 만나게 된다. 중앙정부가 경제성장의 속도에 가치를 두고 그것을 관리의 평가와 승진에서 가장 중요한 기준으로 사용하면 하위 정부의 관리들이 그러한 인센티브 시스템에 반응해서 공식통계로 측정되는 경제성장의 속도를 높이는 데 집중하게 되는 것은 당연하다.

저명한 경제학자들 중에서 "경제학자들은 꼭 중요한 것은 아닐지라도 기술적으로 측정하기 쉬운 문제들에 점점 더 관심을 가지게 된다."고 인정하는 이들도 있을 정도다.[24] 주민의 만족도나 주민의 행복감과 같이 주관적인 기준보다는 GDP성장과 재정소득증가가 훨씬 측정하기 쉽다.

명확하고 건전한 목표가 없는 상황에서는 뒤틀어진 결정과 행동이 나오기 마련이다. 갑자기 중국경제를 괴롭히기 시작한 지방정부부채와 지방정부 재정조달 방법의 문제도 부분적으로는 이러한 이유 때문이다. 지방정부의 관리들은 빠른 경제성장을 이루기 위해 가능한 많은 자금을 끌어들여 그것으로 투자를 해서 지방경제를 활성화시켜야 한다. 그러한 차입에 따르는 비용이나 위험을 투명하게 공개하는 것은 당연히 관리들의 관심 밖이다. 이를 공개했다가는 다음 해에 더 많은 자금을 차입하는데 지장을 초래할 테니 말이다.

모두가 하는 일에 대해서 모두가 입을 다물고 있는 것이 바로 위험이 억제되지 않고 계속 쌓이기만 하는 이유다. 어떤 면에서, 이것은 기업 CEO들이 하는 실적관리와 비슷하다. 일부 기업경영진은 회사의 재정건전성과 장기적인 성장가능성이 위태로워지는 것을 개의치 않고 과도한 대출을 떠안고 극히 위험한 투자프로젝트를 진행해서 주식시장 실적을 단기적으로 높이고 보너스와 스톡옵션을 통해 자신의 배를 불린다.

중국에서 환경문제가 그렇게 오랫동안 방치되었던 것도 이 같은 상황으로 설명할 수 있다. 환경보호에는 정부지출이 필요하지만 단기적으로는 경제성장에 전혀 도움이 되지 않는다. 오히려 환경보호는 규제를 따르지 않는 탄광, 제철소, 제조업체를 폐쇄하고, 자동차 구매와 사용을 줄여야 한다. 이 모든 것이 지역경제의 성장을 저해하는 결과를 초래한다.

또한 환경보호는 관리들을 평가하는 기준에서 아주 모호하게 조금 언급될 뿐이며 측정할 수 있는 기준도 없다. 그런 상황에서 환경을 보호하는 일에 공을 들이는 지방관리를 찾기 힘든 것은 당연하다.

중국의 통계법은 시민들이 독립적이고 신뢰할 수 있는 통계자료를 보고해야 한다고 규정하고 있지만, 누구든 쉽게 짐작할 수 있듯이, 경력에 신경을 쓰는 정부관리들, 특히 지방정부관리들에게는 편향된 자료를 보고할 유인이 충분하다.

기술적인 어려움도 분명히 존재한다. 하지만 세계 2위의 경제국이 극복하지 못할 정도의 문제는 아니다. 통계자료의 부정확성과 올바른 자료를 보고하지 않는 데에서 유발되는 결과를 제대로 모니터링해야 한다.

그러한 개혁을 추진하기 위해서, 정부는 자료의 출처, 설문 조사의 방법, 표본 선정과 같은 공식통계 집계의 주요 단계를 보다 상세히 발표하고 공시해야 한다. 보다 상세한 사항들이 공개된다면, 대중은 공식통계에 대해서 서서히 그리고 자연스럽게 신뢰와 자신감을 가지게 될 것이다.

예고된 버블

: 아직도 '알려지지 않은' 것들

정확하고 신뢰할 만한 의사결정이 있으려면 우선 통계라는 올바른 토대가 마련되어야 한다. 이것은 중국에만 해당되는 것이 아니라 모든 다른 나라에도 적용되는 이야기다.

일부에서는 신뢰할 수 없는 주택가격지수로 인해서 미국 정책 결정 권자들이 미국 주택시장에 대한 신뢰할 수 없는 결론을 이끌어냈고 이에 따른 주택시장의 붕괴가 바로 2007~2008년의 세계적 금융위기로 이어졌다고 생각하고 있다.[25]

형편없는 정보공개의 결과를 보여주는 또 다른 사례가 있다. 바로 그리스의 국가부채 문제다. 다수의 보고서에 따르면, 유럽연합과 국제 투자공동체들이 그리스부채 위기의 발발을 예견하지 못했던 이면에는 일부 투자은행의 욕심이 있다. 돈에 굶주린 그들은 채권을 더 발행했고[26] 그 덕에 그리스정부는 많은 부채를 '국채'로 쉽게 인식되지 않는 다른 범주 안에 숨겨왔다는 것이다. 결과적으로, 그리스정부의 대차대조표는 부풀려지고 악화되었고, 유럽연합은 그 점을 전혀 눈치채지 못했다. 오도된 통계는 개도국 경제에서 정부지휘 계통의 느린 변화와 행정의 비효율적인 실행스타일만큼이나 (그보다 더하지는 않더라도) 많은 문제를 유발할 수 있다.

잘못된 통계가 단순히 과학적 교육의 부족이나 불확실한 표본 추출의 결과가 아니라 통계를 왜곡해서 그로부터 승진이나 도용 등 자기 잇속을 차리려는 정부관리의 의도에서 비롯된 것일 때라면 문제는 더 심각해진다.

그렇게 신뢰하기 힘든 통계가 나온 것이 경험이 부족하거나 과정을 관리·감독하는 역할을 할 학자들이 많지 않은 탓이라고 주장하는 사람도 있을 수 있다. 그렇지만 중국은 지력에 있어서 뒤떨어지는 국가가 아니다. 통계 분야에서는 특히 더 그렇다. 「미국통계학회저널(Journal of the American Statistical Association, JASA)」나 「바이오메트리카(Biometrica)」와 같이 국제적인 명성을 지닌 통계잡지에서 편집자 명단을 찾아보면, 중국인들이 그 분야에서 우위를 차지하고 있음을 알 수 있다. 만약 국내에 유능한 통계학자가 부족하다하더라도 그것은 해외전문가와의 협업을 통해 쉽게 해결할 수 있는 문제다.

정말 문제가 되는 것은 GDP 경쟁을 부추기는 유인 체계가 모든 수준의 정부관리들에게 영향을 미치고 있다는 점이다. 중앙정부는 지난 몇 십 년간 경제성장을 최우선순위에 두었다.[27] 통계는 과학이면서 정책결정에서 대단히 중요한 도구이기도 하다. 중국은 통계법을 제정한 이래 보다 믿을 수 있는 방식으로 세계에 보다 많은 자료를 제공하면서 많은 진전을 이루었다. 중국은 그러한 진전을 축하하는 데 그치지 않고 그러한 진전이 불러오는 새로운 도전에도 주의를 기울여야 할 것이다.

통계는 숫자에 불과하지만 대단히 중요한 의미를 담고 있다. 10년 안에 인구가 2배가 되고 국제사회에 대한 영향력이 증대되는 것에만 만족해서는 안 된다. 중국은 국민과 국제사회의 신뢰를 얻어야만 한다. 통계는 중국에서 진행되고 있는 빠른 변화에 영향을 주는 하나의 측면에 그치지 않고 개혁 노력에서 중추적인 역할을 할 것이기 때문이다.

예고된 버블

제11장

암묵적 보증이
세계경제에 주는 가르침

사람은 종종
운명을 피하기 위해 택한 길에서 운명과 마주친다.

\- 장 드 라퐁텐

암묵적 보증이 중국경제와 금융시스템에 엄청난 영향을 미치긴 했지만, 사실 정부의 후원과 보증을 광범위하게 이용하여 문제를 덮고 성과와 이익을 냈던 역사는 서구사회에 먼저 있었다.

서방에서 정부가 사영기업에 보증을 제공하는 전통적이고 흔한 방법은 정부지원기업(Government Sponsored Enterprise, GSE)을 통하는 것이다. 미국에는 3가지 유형의 GSE가 있다. 주택 관련 GSE, 참전군인 서비스 관련 GSE, 영농 관련 GSE가 그것이다. 미의회는 1916년 최초의 GSE인 농업신용시스템(Farm Credit System)을 만들었고, 이어 1932년 연방주택대부은행(Federal Home Loan Banks, 경제의 주택금융 부문에 대한 GSE), 1972년 샐리메이(Sallie Mae, 교육을 대상으로 하는 GSE)를 만들었다.[1]

렘케(Lemke), 린스(Lins), 피카르트(Picard)의 연구(2013)를 살펴보자.

"주택모기지는 GSE가 담보로 삼아 운영하는 가장 큰 대출 부문이다. GSE은 약 5조 달러 규모의 모기지 풀을 보유하고 있다. (중략) 이들 GSE는 미국의회가 특정 주택시장으로 흘러드는 신용의 흐름을 용이하게 함과 동시에 신용의 비용을 낮추기 위해 만든 금융서비스 기업이다. (중략) 그중에서도 모기지 GSE로 가장 널리 알려진 것이 패니메이와 프레디맥, 그리고 그들의 동생뻘이 되는 지니 메이다. (중략) 그 외에 12개 연방주택대출은행으로 이루어진 그룹이 모기지 GSE로서 주택시장과 관련된 대출을 용이하게 하는 일을 하고 있다."[2]

패니메이와 프레디맥의 기원은 1929년 대공황으로 거슬러 올라간다. 의회는 자본시장의 효율성을 개선하고 시장의 불완전성을 극복하려는 목적에서 GSE를 설립했다. 정부는 일정 형태의 명시적·암묵적 보증을 제공함으로써 모기지 관련 증권에 투자한 사람들과 채권자들에게 풋옵션(put option, 매각선택권)을 제공한다. 이는 2차시장에서 모기지 관련 증권을 보유한 사람들의 손실을 제한하는 2차시장 보증이 된다.

현재 모기지 GSE는 주로 주택 부문의 채권자와 채무자를 돕는 금융중개기관의 역할을 한다. GSE 중 가장 유명한, 패니메이와 프레디맥은 대출채권을 구매해서 여러 개의 대출채권을 묶은 뒤 주택담보증권(MBS)으로 쪼개서 세계 투자자들에게 판매한다. 이렇게 모기지를 묶어 되팔 수 있는 것은 GSE가 미국정부와 재무부의 암묵적인 후원을 받는 패니메이나 프레디맥의 자금후원과 신용보강을 받고 있기 때문이다. 이러한 보증 때문에 GSE의 MBS는 위험을 염려하면서도 고수익을 바라는 투자자들에게 매력적인 금융상품이 된다.

또한 GSE는 보증과 결합, 증권화를 통해 2차융자시장을 만들었다. 이로써 1차시장에서 부채를 발행한 측에서는 부채와 관련된 위험을 덜어버리고 다시 부채발행을 늘릴 수 있다. GSE는 투자자들에게 표준화증권(유동화증권)도 제공할 수 있다.

패니메이와 프레디맥 측의 로비스트들은 2차MBS시장이 미국의 부동산시장이 호황을 누리는 데 없어서는 안 될 요소이며 GSE가 없다면 2차MBS시장이 그토록 활성화될 수 없을 것이라고 주장한다. 그렇지만 캘리포니아대학 버클리캠퍼스 드와이트 자페(Dwight Jaffe) 교수의 국가 간 비교 연구는 이 같은 주장과 배치된다. 자페 교수는 미국보다 자택소유비율이 높은 유럽 국가의 경우 2차모기지시장에 GSE와 같은 것이 존재하지 않는다고 말한다.[3]

패니메이와 프레디맥을 비판하는 사람들이 주로 드는 근거는 이들이 2007~2009년 세계금융위기 동안 몰락하기 전에도 경제적 여유가 없는 사람들에게 알맞은 가격으로 주택을 공급하는 일을 제대로 하지 못했다는 것이다. 의회예산처(Congressional Budget Office)에 따르면 GSE는 "적정가격의 주택을 공급하는데 끼치는 영향이 제한적"이라는 문제를 안고 있다.[4]

GSE가 가지고 있는 보다 근본적인 문제는 암묵적 보증이다. 표면적으로 GSE는 중재기관이고 정부는 여기에 지분을 갖거나 보증을 제공하지 않는다. 정부관리와 상원의원들은 당파를 초월해서 한결같이 보증의 존재를 부정한다. 민주당 하원의원 바니 프랭크(Barney Frank)는 2003년 "보증은 존재하지 않는다. 명시적인 보증은 물론 묵시적인 보증도 없다. 눈짓만으로 알아서 이루어지는 보증 따위는 없다. 투자는 개인의 책임이다. 그들에게 투자한 사람이라면 나에게 아무것도 바라서는 안 된다. 연방정부에 있는 사람에게도 마찬가지다."라고 단언했다.[5]

패니메이와 프레디맥 역시 대중들에게 같은 이야기를 해왔다. 〈뉴욕타임스〉 칼럼니스트 조 노세라(Joe Nocera)는 그들은 '사실상 정부보조가 있다는 모든 주장에 단호하게 반대 입장을 피력할 것'이라고 말했다.[6] 그렇지만 GSE의 어조가 판이하게 달라지는 때가 있다. 규모는 작지만 그만큼 힘이 있는 다른 그룹, 즉 채권시장의 투자자들을 대할 때이다.

세계최대의 채권운용사이자 패니메이와 프레디맥 증권의 최대 구매자인 핌코(PIMCO)의 스콧 사이먼(Scott Simon)은 "우리와 같은 투자자들과 만나는 자리에서는 패니메이와 프레디맥이 웃으면서 '아시다시피 정부가 우리 뒤를 봐주지 않습니까?'라고 말합니다."라고 전했다.[7]

: 진짜 진실은 쥐도 새도 모르게

이러한 암묵적 보증(신용평가기관들이 선호하는 표현대로라면 암묵적 지원)으로 인해 이들 모기지GSE들은 경쟁자들(부동산 부문에 관여하는 다른 금융기관들이 대부분)에 비해 독보적인 경쟁우위를 점한다. 한편 정부의 암묵적 보증을 등에 업은 패니메이와 프레디맥은 다른 회사들이 투자할 수 없는 혹은 투자할 용기를 내지 못하는 투기적 사업에 손을 댄다.

다른 한편으로, 정부의 지원 덕분에 패니메이와 프레디맥은 여타 경쟁자들에 비해 훨씬 낮은 금리로 부채를 발행할 수 있다. 둘은 이러한 정부지원으로 짧은 시간 안에 미국주식시장에 상장된 가장 수익성이 좋은 기업으로 올라설 수 있었다.[8]

예고된 버블

: 연방보조금만 아니면 실제적 보증은 없는 것?

프레디맥의 증권투자설명서에는 이렇게 적혀 있다.

"이 증권(이자를 포함한)은 프레디맥 이외에 미합중국이나 미합중국의 어떤 기관 혹은 대행기관의 부채나 채무가 아니며, 그러한 기관의 보증을 받지 않는다. 프레디맥과 프레디맥의 증권은 미국정부로부터 출자나 보호를 받지 않는다. 프레디맥 증권은 상환에 대한 정부의 보증을 받지 않는다."[9]

이 내용은 GSE에 권한을 부여하는 법률은 물론 증권 자체나 프레디맥이 발표한 공공정보에 명시되어 있다.

사실 프레디맥이 연방정부로부터 직접적으로 받는 보조는 없다. 그러나 프레디맥이 발행한 증권과 회사에 투자한 사람들은 증권이 정부보조금으로부터 혜택을 보고 있으며 '묵시적인' 연방보증의 뒷받침을 받고 특히 파국을 초래하는 시장 교란의 경우에는 연방정부라는 배경이 큰 힘을 발휘할 것이라고 생각한다. 의회예산처는 "현금지급이나 보증보조금을 위해 책정된 연방예산은 없다. 하지만 연방자금 대신 정부는 값을 매길 수 없는 상당한 혜택을 그들 기업에 제공한다."고 적고 있다.[10]

당시 의회예산처장이었던 댄 L. 크리픈(Dan L. Crippen)은 2011년 의회에서 이렇게 증언했다.

"GSE의 부채와 주택담보증권은 민간이 발행한 비슷한 증권보다 가치가 높다. 이는 정부 보증을 인식하기 때문이다.[11] 정부가 기업을 지원하려면 정부와 납세자들의 희생이 필요하다. 정부지원 기업은 연간 65억 달러 가치의 혜택을 얻는다."[12]

: 2008년 세계금융위기

패니메이와 프레디맥 역시 상장회사이기 때문에 주주와 월스트리트의 입김에 영향을 받는다. 2000년대에 들어서고 몇 년 동안, 패니메이와 프레디맥은 서브프라임 대출업체(subprime lenders, 신용도가 낮은 채무자들에게 주택을 담보로 주택구입자금을 빌려주는 업체-역주)들의 시장점유율이 갑작스럽게 높아진 데 놀랐다. GSE의 사업모델 중 이윤극대화를 목표로 하는 쪽에서는 패니메이와 프레디맥에게 공격적인 반응을 보일 것을 요구했다. 그 결과 패니메이와 프레디맥은 서브프라임 모기지시장으로 확장했고 사회적 책임과 사업적 권한 사이의 격차는 더 벌어졌다.

패니메이와 프레디맥이 '대마불사'의 상황에 와 있다는 시장참가자들의 믿음을 이용해 자신들이 감당할 수 있는 것보다 훨씬 큰 위험을 안게 되면서, 그들 뒤에 있는 정부의 암묵적 보증은 정말로 중요한 자기 충족적 예언이 되었다.

암묵적 보증의 뒷받침 속에 패니메이와 프레디맥은 부동산 관련 증권을 발행하고 거래함으로써 엄청난 성장을 이루었다. 그러나 2007년 미국 주택시장이 무너지고 주택가격이 폭락했다. 유동성이 적은 주택시장은 패니메이와 프레디맥의 대차대조표는 물론 그들의 현금흐름까지 망치기 시작했다.

금융위기가 절정에 이른 2008년, 패니메이와 프레디맥은 마침내 장담했던 것을 얻어냈다. 시장이 수십 년 동안 가져온 믿음과 예측을 입증한 것이다. 미국정부의 암묵적 보증 덕분에 숨을 잇고 있으며 비상사태나 위기 상황에서는 구제를 받게 될 것이라는 믿음과 예측을 말이다.

예고된 버블

재무장관 행크 폴슨(Hank Paulson)은 정부의 긴급구제계획에 대한 의회 청문회에서 다음과 같이 말했다.

"당신들도 나도 납세자만 이용당하는 상황에 화가 납니다. 그런데 말입니다, 이 시스템 안에서 납세자는 진작부터 이용당하는 대상으로 정해져 있었습니다. 우리 모두가 이렇게 되도록 방치한 거죠."[13]

2002년 노벨경제학상 수상자인 버논 L. 스미스(Vernon L. Smith)도 폴슨과 마찬가지로 패니메이와 프레디맥을 '연방주택담보대출공사와 연방 저당권협회, 그리고 미국 연방정부의 암묵적인 정부 보증을 통해 암암리에 납세자의 지원을 받고 있는 기관'이라고 불렀다.[14]

일부에서는 과거 미국에서 몇 차례 모기지 유동화를 시도했을 때마다 비슷한 패턴이 반복되었다고 주장한다. '신용팽창기 동안에는 증권 인수규정의 위반이 일어나고 부적절한 보증이 이루어지다가 이후 시장이 신용붕괴를 맞이하면 디폴트가 증가하고 주택담보증권에 투자한 사람들이 투매에 나서는' 것은 이제 익숙한 모습이다.[15] 오히려 정실주의, 회계부정, 주가조작, 시장조작은 패니메이와 프레디맥의 붕괴를 특히 더 고통스럽게 만들었고 여론의 질타와 분노를 자아냈다.[16]

: 정부 보증의 가치

리치몬드 연방준비은행 총재, 제프리 래커(Jeffrey Lacker)는 하원법사위원회 청문회에서 "미국과 서유럽 국가들이 대형금융기관의 도산을 막고 긴급구제에 나서는 관행은 금융시스템의 인센티브와 위험감수에 심각

한 왜곡을 초래한다."고 증언했다.[17]

설상가상 금융기관들은 지난 위기 전에 감수했던 것보다 더 많은 위험을 떠안고 이 때문에 정부가 금융시스템에 안정성을 제공한다는 생각으로 개입해서 금융기관을 구제할 가능성은 더 높아진다. 전미경제조사국과 국제통화기금의 미국과 세계금융시스템에 대한 연구는 래커의 주장이 사실이라는 것을 확인했으며 특히 2000년부터 2010년 사이에 있었던 금융위기 동안 은행의 보다 많은 위험감수와 관련된 정부지원이 더 많아졌다는 것도 발견했다.[18,19]

리치몬드 연방준비은행의 연구에 따르면, 미국 금융시스템의 부채에 대한 암묵적 보증의 총가치가, 이 은행이 처음으로 수치를 추산한 1999년에는 3조 4,000억 달러(미국 금융시스템이 가진 총부채의 18%, 미국GDP의 27.6%)였다. 2011년 자료를 이용한 가장 최신의 추정치는 놀랍게도 미국 금융시스템의 총부채 44조 5,000억 중에서 14조 8,300억 달러(금융시스템 총부채의 33.4%, 당해 미국GDP의 97%)가 정부의 묵시적 보증을 받고 있다는 것을 보여준다.[20]

암묵적 보증의 크기는 미국연방예금보험공사(Federal Deposit Insurance Corporations, FDIC)가 은행예금에 제공한 명시적 보증의 규모(10조 6,000억 달러, 총부채의 28.3%)보다 클 정도다. FDIC와 달리, 패니메이와 프레디맥은 의회를 통해 엄격한 과정을 거쳐 만들어진 기관이 아니다. 은행으로부터 디폴트 리스크에 비례한 보험료를 받는 FDIC의 보험과 달리, 암묵적 보증은 수혜자에게 대가 없이 제공되는 것이 보통이다.[21]

노벨상 수상자인 경제학자 로버트 머튼(Robert Merton)은 여러 연구를 통해, 낮아진 디폴트 한도 혹은 위기 이전 체제의 신용스프레드 상승

예고된 버블

에서 나타나듯이 2007~2008년 사이의 세계금융위기 동안 이루어진 정부 보증이 주식과 채권 사이의 상대적 위험도를 왜곡시킨 원인이었다는 것을 보여주었다. 이러한 패턴들은 대기업, 부도 상관관계가 높은 채권, 등급이 높은 채권일수록 두드러진다. 이 모두가 '대마불사'의 원리로 인해 시장이 시스템적으로 중요한 금융기관의 디폴트 리스크를 부적절하게 계산하게 한다는 것을 입증한다.[22]

신용도에 이러한 완충제가 있기 때문에, 불패의 대마로 생각되는 기업들은 금융위기 동안 싼 금리로 자금을 조달하는 혜택을 받는다. 머튼이 미국의 74개 금융기관을 표본으로 이용해서 추정한 결과로는, 금융기관이 그와 같은 대마불사의 지위에 있는 덕분에 고정 금리의 단기 자금조달이 가능했고 이로 인해 3,650억 달러 규모의 부가 주주로부터 채권 투자자에게로 이동했다.[23]

여러 연구들은 GSE와 일부 금융기관이 정부가 그들을 재정난에서 구제할 것이라는 확신하에 더 큰 위험에 뛰어들게 된 데에는 대마불사의 지위뿐 아니라 암묵적 정부 보증의 또 다른 형태라 할 수 있는 패니메이의 보증 역시 한 몫을 했다는 것을 보여준다.[24]

뉴욕대학의 금융학 교수인 비랄 아차리아(Viral Acharya)와 공동연구자들에 따르면, 대형 금융기관들의 차입비용은 1990~2010년 사이 평균적으로 연간 28bp(베이시스 포인트, basis point, 금리나 수익률을 나타내는 기본 단위로 0.01%는 1bp다.) 낮았다. 이러한 암묵적 보증이 금융위기 동안 빛을 발한 것은 말할 필요도 없을 것이다. 연구자들은 금융비용상의 이 같은 혜택이 2009년 120bp로 정점을 찍은 것으로 추정했다. 보조금으로 1,000억 달러가 넘는 부가 국가에서 대형 금융기관의 채권과 주식에 투자한 투자

자들에게로 이동했다.[25]

유럽 각국 정부가 국내기관에 제공한 암묵적 보증의 가치 역시 상당한 폭으로 증가했다. 이러한 추세가 이어진 것은 2007~2009년의 금융위기가 오기 전까지였지만 암묵적 보증이 줄어들었다는 이야기는 아니다. 금융위기를 맞고 부터는 많은 유럽 국가들의 국가신용도가 악화되면서 그들이 금융기관에 제공한 보증의 가치가 간접적으로 삭감되는 효과가 나타났기 때문이다.[26,27]

이들 연구는 약속이라도 한 듯 같은 결론을 내고 있다.[28] 추정치는 달라질 수 있겠지만 논지는 분명하다. 정부가 대형 금융기관에 대한 암묵적 보증을 끊고 투자자들의 보증에 대한 의존성을 바꾸기 위해 어떤 노력을 했는지 모르겠으나 어쨌든 효과는 없다는 것이다.[29]

래커에 따르면 암묵적 보증의 크기는 "전례보다 점점 늘어나며" 몸집을 키워갔다. 금융위기 후 지난 몇 년 동안 구제금융의 규모는 매번 이전보다 커졌다. 미국과 세계 은행권의 집중적인 합병 조치로 은행의 수는 줄어들었고 크기는 커졌다. 현재 12개의 초대형은행들(전체 은행의 0.17%)이 은행자산의 약 69%를 장악하고 있다.[30] 이는 초대형은행들의 규모가 그 어느 때보다 커졌으며 그 결과 대마불사의 문제를 해결하기가 그 어느 때보다 어려워졌다는 것을 의미한다.[31]

사실 일부 학자들이 주장하듯이 은행의 숫자가 줄어들었기 때문에 오히려 초대형은행들은 정부와의 협상에서 더 큰 힘을 얻게 되었다. 예를 들어, 초대형은행들이 모두 동시에 위험을 증가시키기로 결정한 다면(조직적으로든 아니든), 정부는 체제의 와해를 막기 위해서 전 은행권에 더 강력한 보증을 제공하는 식으로 반응할 수밖에 없을 것이다. 이후

예고된 버블

정부 보증의 증가는 다시 은행권이 더 큰 위험을 안게 하는 유인으로 작용할 것이다.

요컨대 큰 위험은 큰 보증으로 이어지고, 더 큰 보증은 그보다 더 큰 위험으로 이어지는 악순환을 낳는다.[32]

∶ 암묵적 보증, 공매도 금지

2007~2009년의 세계적 금융위기 동안, 미국과 전 세계 다른 많은 국가의 증시 규제기관들은 정부가 시장붕괴와 금융기관 주가의 폭락을 막을 수 있는 또 다른 방법을 보여주었다. 공매도 금지를 이용하는 것이다.

다양한 금융상품이 있는 금융인프라 속에서 공매도는 정체를 알 수 없는 존재 정도의 취급을 당한다. 이 정도에서 그치지 않고 금융위기라도 닥치면 이내 사고뭉치로 전락한다. 공매도에서 성공을 거둔 투자자들(파운드화 붕괴나 1997~1998년 동남아시아 금융위기 때의 조지 소로스, 1999~2001년 닷컴 거품 때의 짐 채노스, 2007~2008년 세계금융위기 때의 존 폴슨 등)도 매수 후 보유라는 전통적인 전략을 취하는 투자자들(워런 버핏, 피터 린치 등)만큼 긍정적인 반응을 얻지 못한다.

당연하게도, 정부와 규제기관은 공매자들이 부정적인 뉴스를 퍼뜨려서 시장의 하락을 조장할까 봐 걱정한다. 단기 공매자들이 주가가 지나치게 하락하도록 몰아간 나머지 기업과 주식시장에 피해를 입힌 사례가 있기는 했다. 그렇지만 공매자들이 시장이 부정적인 결과나 금융사기를 경계하도록 만드는 내부고발자의 역할을 한 경우도 그만큼 많았다. 1997~1998년의 동남아시아 금융위기, 1999~2001년의 닷컴거품, 2007~2009년 세계금융위기의 경우가 그랬다.

앞에서 말했듯 필자와 필자의 동료들은 10년 이상의 기간 동안 40여 개 국가를 관찰한 연구를 통해서 공매도 관행과 그것이 세계금융시장에 미친 영향을 체계적으로 분석했다. 우리는 공매금지가 주식시장을 보다 안정적으로 만들고 붕괴의 가능성을 상당히 낮출 수 있다는 유력한 증거를 찾지 못했다. 오히려 우리는 공매를 금지함으로써 시장에 대한 정보를 드러내 보이려는 유인이 규제기관에 의해 차단되며 그로 인해 시장의 효율적인 운영이 저해된다는 것을 발견했다.

여기에서도 역시 규제기관의 의도는 좋았으나 합리적인 시장의 힘과 배치되는 결과를 낳은 것이다. 공매금지는 부정적인 정보와 의견이 금융시장으로 흘러들어가는 것을 막는다. 때문에 정부가 그리고 잠재적으로 모든 사회가 제공하는 또 다른 형태의 암묵적 보증이 되는 것이다. 시장의 붕괴를 막고 시장을 지지하기 위한 이러한 암묵적 보증은 금융체계의 안정화라는 규제기관의 당면목표가 단기적으로는 시장 참가자들에게 비뚤어진 인센티브를 제공하고 장기적으로는 오히려 더 큰 위험과 불안을 유발한다는 것을 보여주는 또 다른 예다.

뿐만 아니라 카스 경영대학원의 알렉산드로 베베르(Alessandro Beber)와 경제금융연구센터의 마르코 파가노(Marco Pagano)도 2007~2009년의 세계금융위기 동안에도 공매금지가 주가 안정에 효과가 있었다는 증거가 거의 없음을 발견했다. 이 연구는 오히려 주식시장에 유동성 악화와 가격하락이 나타났으며 이것이 실제 투자자들의 투자 과정과 시장의

예고된 버블

자신감에 악영향을 끼쳤다는 명백한 증거를 찾았다. 이러한 발견은 경제학자 프리드리히 하이에크(Frederick Hayek)가 수십 년 전 이야기한 "노예 제도로 가는 길도 좋은 의도로 포장되어 있다."는 말과도 일맥상통한다.

: 통화완화정책

암묵적 보증의 또 다른 형태로 아주 흔하지만 눈에 잘 띄지 않는 것이 통화완화정책이다. 연방준비제도이사회 전 의장 폴 볼커(Paul Volcker)는 "중앙은행에게 가장 쉬운 일은 금융 완화다."라고 말한 바 있다.[34] 인플레이션이 타깃 존(target zone, 변동환율제에서, 국제통화안정을 위해 목표로 설정된 외환, 시세 변동폭-역주) 안에 있기만 하다면 경제성장을 확보하고 지원하는 것이 중앙은행의 주된 목표 중 하나다. 그리고 경제를 부양하고 고용을 늘리고자 할 때 중앙은행이 가장 먼저 생각하는 것이 통화완화정책이다.

예를 들어, 앨런 그린스펀(Alan Greenspan)은 적극적인 통화정책으로 경제성장을 이루고 주식시장의 실적을 높이는 데 큰 비중을 두는 입장에 있는 것으로 유명했다. 그는 미국을 비롯한 세계의 경제와 주식시장을 부양하기 위해 가장 규모가 큰 통화완화정책을 취했다. 한때는 가장 훌륭하다고 믿어진 조치이기도 했다. 1998년 동남아시아의 금융위기가 발발하고 1999~2000년의 닷컴거품이 꺼진 이후 그는 미국통화를 미묘하게 조정해서 갑작스러운 경제둔화를 막았다. 이러한 업적 덕분에 그는 한때 통화정책의 거장 혹은 가장 위대한 중앙은행 총재로 존

경을 받았다.[35]

2000년대 초 상당히 오랜 기간 금리를 대단히 낮은 수준으로 유지한 그의 결단은 중앙은행들이 경제성장을 촉진하기 위해 통화완화정책을 사용해도 인플레이션이나 자산거품이라는 결과가 닥치지 않을 수 있다는 새로운 증거를 보여준 것으로 받아들여졌다. 시장이 그의 지혜를 입증하는 듯했다. 이런 분위기는 2007년 여름 극에 달했으나 그 후 이야기는 달라졌다.

그다음 벌어진 일은 금융혁신을 통해 위험과 수익을 맞바꾸는 통화정책과 금융시장의 관행이 근본적으로 변화했다고 믿던 분위기에 찬물을 끼얹었다. 사실 2000년대 초반의 통화완화정책은 미국과 전 세계에 부동산과 부동산 관련 증권에 대한 투기를 부추기는 강력한 유인을 제공했을 뿐 아니라 위험과 기대 수익에 대한 시장참가자들의 인식까지 뒤바꾸었다. 미국과 다른 많은 선진국의 주택시장이 가격 고점에 도달해 역사상 가장 집을 사기 어려운 수준에 도달할 즈음에야 이전 몇 년간의 팽창정책이 경제역사상 가장 큰 거품을 만들었다는 사실이 명확하게 드러났다.

경제와 금융시장을 강화하겠다는 정부의 목표는 시장의 사고방식을 바람직하지 못한 방향으로 이끌었다. 또다시 좋은 의도가 나쁜 결과를 낳은 것이다. 이러한 변화는 시장과 경제에 정부가 의도했던 것보다 더 큰 피해를 야기했다. 프랑스 속담대로 "사람은 종종 운명을 피하기 위해 택한 길에서 운명과 마주친다."[36]

예고된 버블

: 구조화 투자전문회사에 대한 암묵적 보증

정부는 유용한 보증을 제공하는 유일한 기관이 아니다. 20년이 넘도록 많은 금융기관, 특히 은행들은 다양한 형태의 부채(모기지, 자동차대출, 소비자대출 등)를 한데 모은 뒤 이러한 자산 풀을 부채담보부증권의 형태로 나누어 투자자들에게 판매하는 유동화 과정을 이용했다.

2007~2008년의 세계금융위기 이전에, 이러한 자산유동화는 은행이 자금을 조달하고 이윤을 얻는 가장 중요한 방법이었다. 2007년 말, 유동화시장의 규모는 9조 3,000억 달러로 미국국채 규모의 2배가 넘었다 (미국증권산업금융시장협회, Securities Industry and Financial Markets Association 2007).

이러한 자산 풀, 즉 보증구조화 투자전문회사가 만들어지면 은행은 자산 풀과 거리를 둘 수 있게 된다. 어떤 면에서 SIV를 설립한 금융기관과 SIV 사이의 관계는 정부와 금융기관 사이의 관계와 비슷하다. 금융기관은 SIV와 직접적인 관계가 없음에도 불구하고 사람들은 금융기관이 SIV의 생존력을 보증하는 것으로 생각한다.

투자자들이 이러한 투자옵션을 좋아하는 데에는 2가지 이유가 있다. 첫째, 이들은 파생상품적인 요소가 없는 금융 대출 상품보다 높은 수익을 낸다. 두 번째, 투자자들은 설립기관이 SIV를 암묵적으로 보호할 것이라고 생각한다. 심지어는 SIV를 세운 은행이 이러한 확신, 즉 SIV가 투자자들에게 돈을 주지 못하는 상황이 오면 SIV 뒤에 있는 은행들이 손실을 메꾸고 SIV 투자자들이 손해를 입게 놓아두지 않을 것이란 확신을 주는 경우도 있다.

은행의 입장에서 가장 뚜렷한 장점은 SIV를 은행의 대차대조표와 별개로 운영할 수 있다는 것이다. 2007~2008년 세계금융위기 전에는, SIV를 앞세운 유동화가 은행여신이 아닌 자산매각으로 분류되곤 했다. 이러한 접근법 덕분에 은행은 필요자본량에 맞출 필요 없이 더 많은 사업을 만들어내는 혜택뿐 아니라 대차대조표상에서 부실채권을 걷어내서 대손충당금을 줄일 수 있는 장점까지 얻었다.

물론 이러한 접근법에는 반갑지 않은 이면도 있다. 자산 풀에서 직접 유래하는 투자소실을 은행이 책임을 지지 않고 SIV 투자자들이 책임져야만 하는 것이다. SIV와 설립은행의 이러한 분리상태 때문에 투자자들은 은행의 신용 문제에 따르는 위험을 SIV를 통한 투자로 경감시킬수 있다. 다른 SIV 투자자들은 SIV의 자산 풀이 불안정해지고 부실해질 경우에도 은행의 자산에 대한 법적 권한을 갖지 못한다. 이런 일이 발생하면 SIV 채권에 투자한 사람들은 상환을 받지 못하게 된다.

SIV 투자자와 은행이 SIV에 느끼는 매력에도 불구하고 금융과 회계 전문가들 사이에는 SIV가 제대로 움직이지 않을 때 은행이 책임을 져야 하는지, 또 그와 관련해서 금융기관들이 정보를 어떻게 공개해야 하는지가 상당한 논란거리였다. SIV의 혁신적인 자금운용방식이 가진 매력에 빠져 거기에 의존하고 있는 은행들은 투자수익을 보장하고 투자소실은 은행이 제 주머니를 털어 막는 식으로 SIV 투자자들을 유혹하려 해왔다. 결국 밀레니엄이 시작되고 첫 5년 동안은 자금을 끊임없이 만들어내는 연금술이 SIV를 통해서 실현되는 것처럼 보였다.[37]

그렇지만 2008년 시장이 붕괴되면서 서로에게 이익이 되는 이러한 혁신적 금융상품의 위험이 만천하에 드러나게 되었다. SIV는 놀라운 반전을 경험했다. 미국을 비롯한 많은 선진국의 주택가격이 하락하면

예고된 버블

서 경제가 얼어붙고 단기어음을 통한 자금조달 시장의 유동성이 급격히 떨어지자 SIV는 자금조달과 투자 양쪽에서 어려움을 겪게 되었다.

자금조달 쪽에서는 2007~2008년 사이 신용경색이라는 극단적 상황 때문에 전통적으로 안정적이라고 여겨지는 기업어음시장의 투자자들도 동요할 수밖에 없었다. 자금조달을 온전히 기업어음에 의지하고 있는 SIV는 이전의 부채에 대한 만기연장을 할 수 없게 되자 부채를 상환하기 위해 자산을 매각해야 했다. 안타깝게도 장기자산을 처분하기에는 더없이 곤란한 상황이었다. 부동산 관련 자산의 가격이 이미 하락했기 때문에 SIV의 자산매각이 자산가격을 더 떨어뜨렸다. 제 발등을 찍는 꼴이었던 것이다. 결과적으로 여러 SIV가 유동성 경색에 희생되어 2007년 8월 도산했다.

2007년 여름만 해도 은행들은 온전한 상태였다는 점에 주목할 필요가 있다. 실제 그들이 개입해서 SIV를 구제하기도 했다. 그 결과 '실패한' SIV도 SIV 투자자에게는 손실을 입히지 않는다는 믿음이 팽배해졌다.

그렇지만 2008년, SIV의 뒤에 있던 금융기관들이 당장 제 살길을 찾는 데 바빠지면서 상황은 심각해졌다. 대부분 은행과 금융기관의 돈벌이가 90% 이상 격감하면서 그들이 SIV에 제공하던 암묵적 보증은 가치를 잃었다. 그 결과, 대부분의 SIV는 가장 낮은 신용등급으로 강등되었고 심지어 도산하기도 했다. 2008년 10월 2일, 「파이낸셜 타임스」는 마지막으로 살아남은 가장 연혁이 긴 SIV들이 무너져 청산 절차에 들어갔다고 보도했다.[38]

설립기관이 제공하는 암묵적 보증 덕분에 경이로운 진보와 성공을 이루었던 SIV는 결국 그 때문에 무너지는 운명을 맞았다.

: 신용평가기관의 등급 부풀리기를 통한 보증[39]

또 다른 암묵적 보증 방법은 신용평가기관이 부여한 신용등급을 이용
하는 것이다. 신용평가기관은 한 나라의 신용등급을 하향조정함으로
써 해당 국가의 자본조달비용을 높이고 자본을 끌어들이기 힘들게 만
들 수 있다. 그 자체만으로도 국가의 경제성장에 문제가 된다.

　2007~2009년의 세계금융위기 이후, 많은 기업이 금융위기의 책임을
신용평가기관에 돌렸다. 철저한 검토 없이 위험도가 높은 자산을 무턱
대고 통과시키고 가장 높은 신용등급을 부여해서 투자자들이 하는 거
액의 투자결정을 오도했고 이 때문에 투자자들은 수십 억 달러의 손실
을 보았다는 것이다.

　신용평가기관은 경쟁구도 때문에 공정한 등급심사가 어려워졌다는
변명을 내놓았다. 지금은 평가대상 기업들에게 선택의 기회가 주어진
다. 다양한 신용평가기관들 사이에서 소위 '쇼핑'을 할 수 있는 것이다.
일거리를 얻고 보너스를 받으려면 신용평가기관은 계약을 더 따내기
위해 평가기준을 낮추는 '출혈경쟁'을 벌여야 한다. 시장이 막후의 메
커니즘을 속속들이 알지 못하는 상황에서 신용평가기관이 이렇게 느
슨한 기준을 적용한다는 것은 감시기구의 역할을 포기하고 암암리에
위험도가 높은 자산에 대한 투자를 지원한다는 의미와 다르지 않다.
신용평가기관은 신용등급을 부풀리고 치명적인 자산을 안전하다고 포

　　　　　　　　　　　　　예고된 버블

장해서 암묵적으로 투자자의 실적을 보장함으로써 세계금융시장과 경제에 피해를 입혔다.

그러나 2011년 스탠더드 앤드 푸어스(Standard and Poor's)의 미국 국채신용등급 강등은 미국 국채거래를 약화시키지 못했다. 몇 주 후, 또 다른 영향력이 큰 신용평가기관 무디스는 일본 정부채의 등급을 하향했다.[40] 놀랍게도 이 하향조정 역시 일본국채의 거래나 가격설정에 부정적인 영향을 거의 주지 않았다.[41]

물론 시장이 이렇게 의미 있는 하향조정을 무시한 데에는 거시경제와 통화에 관련된 수많은 원인이 있을 것이다. 그럼에도 불구하고, 신용평가기관이 더 이상 세계금융위기 이전과 같은 큰 영향력을 갖지 못한다는 것이 점점 명백한 사실이 되어가고 있다. 신용평가 업계는 세계부동산시장과 관련된 많은 위험한 자산의 등급을 부풀려서 안전한 등급을 부여하는 바람에 투자자들 사이에서 위신과 신뢰를 잃었다.

지난 세기에 걸쳐 쌓아온 명성을 더럽힌 일부 신용평가기관은 투자자들의 주의를 끌 대담한 판단으로 명성을 되찾기 위해 노력하고 있다. 불행히도, "자라 보고 놀란 가슴 솥뚜껑 보고 놀란다"는 속담처럼 그들이 명성을 되찾으려면 다시 한 세기는 필요할 것 같다. "이해가 안 되는 것에는 절대 투자하지 말라."는 워런 버핏의 명언을 떠올릴 수밖에 없는 상황이다. 과거, 신용평가기관이 파란 불만 켜면 많은 투자자들이 위험에 대한 걱정을 던져버리고 고수익의 투자로 몰려갔다. 이 점에서, 평가기구가 주는 등급은 그들의 명성(최소한 2007~2008년의 세계금융위기 직전까지 가장 가치 있는 자산이었던)을 이용한 암묵적 보증이었다.

：도드 프랭크 법

"위기가 준 가르침이 있다면, 대마불사의 문제를 반드시 해결해야 한다는 것이다."

미국 연방준비제도이사회 전 의장 벤 버냉키(Ben Bernanke)가 2010년 금융위기조사위원회에서 한 진술이다. 몇 년 뒤, 전 세계의 더 많은 사람들이 여기에 뜻을 같이 하게 되었다. 하지만 대마불사의 문제를 해결할 방법이 무엇이며 볼커룰(Vokcker's Rule)과 도드 프랭크 법(Dodd-Frank Act)[42]을 통한 현재의 개혁이 시장이 장래에 비슷한 위기를 겪지 않도록 할 수 있느냐에 대해서는 의견이 엇갈리고 있다.

논란의 골자에 대해서는 입증도 반박도 쉽지 않다. 일부에서는 도드 프랭크 법이 정부가 어려움에 처한 대형 금융기관을 구제해줄 것이란 투자자들의 기대를 변화시키고 이로써 대마불사라는 사고방식에 종말을 고하게 될 것이라고 주장한다.

이러한 주장은 얼핏 보기엔 타당해 보인다. 그러나 도드 프랭크 법이 아니더라도 정부에게는 금융기관을 구제할 공식적인 의무가 없다. 그럼에도 불구하고 정말 금융위기가 닥쳤을 때 정부가 과거의 약속을 고수할 것인가는 여전히 의심스럽다. 시장참가자들은 사실상 필요한 상황이 왔을 때 정부가 시장하락에 대비한 조치를 취해줄 것인지를 놓고 위험천만한 도박을 하고 있는 셈이다.

전 세계의 정부들은 언제나 투자자의 예상에 불확실성을 조장하기 위해 고안된 '건설적 모호성(constructive ambiguity)'이란 입장을 고수한다.[43] 투자자들이 암묵적 지원에 값을 매기지 못하게 하기 위해서, 당국은

예고된 버블

대마불사의 상황에 있다고 생각하는 기관이 어디이며 거기에 지원할 의향이 있는지 여부를 절대 공개하지 않는다. 대신 그들은 상황에 대해서 모호한 입장을 취하면서 여러 개의 금융기관을 돕는다. 이런 조치의 기준이 무엇인지, 정말 기준이 있기는 한지 파악할 수 없도록 말이다. 그러한 모호성을 보여주는 완벽한 사례가, 리먼브라더스부터는 손을 떼고 그 직후 AIG는 구제한 연방준비제도 이사회의 결정이다.

세계의 규제기관들은 이전에도 이러한 시도를 했다. 1984년 미국통화감독국은 11개 은행을 대마로 지목했고 금융안정위원회는 2007~2009년의 세계금융위기 이후 시스템적으로 중요한 금융기관들의 명단을 발표했다. 그러나 이러한 관행 덕분에 세계정부당국은 어느 때는 대규모 금융기관을 지원하는가 하면 또 어느 때는 그러한 지원이 없으며 지원을 기대해서도 안 된다고 선언하는 등 갈피를 잡지 못하고 있다.[44]

여기에서 가장 의미 있고 중요한 문제는 시장참가자들이 금융위기가 오거나 은행이 쓰러지는 상황에서 실제로 정부가 손을 놓고 있으리라고 생각하느냐다. 앞서 말한 뉴욕대학의 비랄 아차리아 교수의 연구를 좀 더 살펴보자.

연구자들은 대마불사의 신화 때문에 대형 금융기관이나 그 투자자들은 자신들이 재정난에 처했을 때 정부가 기관을 뒤에서 보호해줄 것이란 기대를 갖고 있다고 가정한다. 정부당국이 사전에 명시적으로 암묵적 보증을 약속하지 않았더라도 시장참가자들은 대형기관과 그들이 발행한 증권은 이러한 암묵적 보증이 없는 경우보다 안전하다고 믿는다.

그러한 암묵적 보증이 없다면, 투자자들은 전적으로 시장의 결정에 의존하는 메커니즘에 따라 은행들이 발행한 무보험채권에 더 높은 수익률을 요구할 것이다. 그렇지만 정부의 암묵적 보증은 시장이 부과하는 이러한 메커니즘을 약화시킨다. 투자자들은 정부가 재정난에 빠진 은행(특히 시스템 전체에 파란을 불러올 수 있는 대형은행)의 기반이 되어줄 것을 예상하는 경우, 은행발행채권(사실 이러한 보증이 없이는 위험한)에 대해서도 추가적인 프리미엄을 요구하지 않을 것이다.

암묵적 보증에 대한 이러한 기대는 대형금융기관에 대한 믿음으로 연결되고, 투자자들이 이들의 채권에 낮은 수익률을 요구하는 대안적 시장균형으로 이어진다. 이렇게 곤란한 시기에 정부가 구제에 나설 것이라는 높은 가능성 덕분에 대형 금융기관들은 실제보다 덜 위험하게 인식된다.

아차리아와 공동연구자들은 정부 보증이 있을 경우와 그렇지 않을 경우 투자자들이 특정 은행의 채권에 대해 지불하고자 하는 가격을 비교했다. 그 결과 중소 규모 금융기관이 발행한 채권에 대해서는 위험과 신용 스프레드 사이에 양의 상관관계가 존재하는 반면, 대형 금융기관의 경우에는 관계가 없다는 것이 드러났다. 다시 표현하자면, 채권 프리미엄이 대형 금융기관이 부담하는 위험을 충분히 반영하지 않는 것이다. 도드 프랭크 법을 비롯해 대마불사의 문제를 끝내려는 여러 조치들이 있었지만, 금융시장참가자들은 여전히 응급상황에는 정부가 주요 금융기관에 대한 구제에 나설 것이라고 믿고 있다.

예고된 버블

： 판단은 아직 내려지지 않았다

2007~2008년의 세계금융위기 동안 정부가 곤란에 처한 금융기관을 구제했어야 했는지, 구제 과정이 공정하고 투명한 방식으로 이루어졌는지를 두고 상당한 논란이 이어졌다.

물론 긴급구제가 세계경제가 붕괴하고 금융시장이 동결되는 것을 막았다는 주장도 있다. 미국과 세계경제를 나락에서 건지기 위해 중앙은행들이 조직적인 양적완화에 나선 것도 마찬가지다. 많은 지지자들은 여러 정부들이 꾀한 다양한 부양책과 양적완화가 세계금융시장의 악화를 중단시키고 경제의 완벽한 파국을 막았다고 주장한다.

하지만 유럽과 미국이 재정위기를 맞은 데에는 재정난에 빠진 금융기관을 구제해서 단기적으로 경제를 부양하려는 정부의 시도가 분명 큰 몫을 했다. 2007~2008년 사이의 은행 위기에 대한 대응으로 각국 정부는 금융기관과 경제를 구제하면서 마지막 보루의 역할을 충실히 해냈지만 이로써 최소한 2가지 더 큰 문제를 야기했다.

첫째, 정부가 은행의 위험감수와 그 결과인 부채에 대해서 암묵적 보증을 제공함으로써 결국 은행의 뒤를 받치고 있는 암묵적 보증에 대해 가지는 시장참가자들의 기대를 충족시켰다. 또 긴급구제로 인해 은행 역시 그들이 가지고 있는 대마불사의 지위에 대해서 자신감을 갖고 규제의 틀이 어떻게 바뀌건 상관없이 더 큰 위험을 감수하게 되었다. 이런 면에서, 단기 구제는 어쩔 수 없이 장기적인 위험의 격증으로 이어진다.

더욱이 문제가 있는 은행권을 구조하려는 몇몇 정부의 시도는 상황을 더 악화시켰다. 금융위기 이후 정부의 신용도가 약화된 상태에서 긴급구제에 나서면서 금융위기 동안 이미 상당한 의심을 샀던 국가신인도(Sovereign Credit Rating)에 또 다른 상처를 안긴 것이다. 한동안 국가신용과 금융기관의 신용도 모두가 하락했다.

문제는 결국 유로존의 재정위기로 야기된 상황을 재편하기 위해 유럽연합, 유럽중앙은행, 국제통화기금이 나서야 하는 처참한 수준에 이르렀다. 각국 정부는 국내사영기업에 명시적이든 암묵적이든 보증을 제공하기에 앞서 자국의 재정건전성 확보가 필요한 모습이었다.[45]

부실자산구제 프로그램과 양적완화 프로그램에 대한 평가에 끝은 있을 수 없다. 결국 평가는 단기적 결과와 장기적 결론 사이의 균형에 기초해 이루어질 것이기 때문이다. 현대의 경제학과 금융학이론은 이러한 균형유지 방법에 대해서 논지를 분명히 하고 있다. 그렇지만 미래의 이해관계에 대해서 논하는 전문가가 거의 없다 보니 이론의 초점은 늘 단기적인 문제의 해결에 맞추어져 있는 것 같다.

다음 선거에서 유권자의 지지를 얻고 이전 선거에서 했던 것과 똑같은 낙관적인 약속을 남발하는 단기적 사고방식은 전 세계 거의 모든 정부의 사고방식과 일치한다. 그 결과 정부관리들은 당면한 문제에 대한 단기적 해결책을 찾는 데에만 혈안이 되어서 후임자에게 더 난감한 개혁과제를 안긴다.

이런 의미에서 보자면 중국 역시 서구의 다른 많은 국가들과 같은 문제를 안고 있다. 현대정치 시스템과 선거주기는 너무나 실용주의에 치우친 나머지 현대기업의 모습을 점점 닮아가고 있다. 그러나 국가의 진정한 지도자들은 기업의 진정한 리더들이 그렇듯이 단기적인 목표와 장기적인 목표의 비중을 가늠하고 단기적인 이익에 굴복하느라 장기적으로 희생하고 있는 것이 무엇인지 깨달아야만 한다.[46] 뿌린 대로 거두는 법이다.

제12장

썰물은
어떻게 빠져나가나

물이 빠진 후에야 누가
벌거벗고 헤엄치고 있었는지 알 수 있다.

-워런 버핏

이번 장에서는 이제까지 살펴본 중국경제의 문제에 대해 다시 한 번 짚어보며 그 해결책을 제시하려 한다.

중국이 경이적인 경제성장을 이룬 기초가 무엇인지에 대해서는 다양한 의견이 있다. 강력한 정부일까? 개혁정책과 개방정책일까? 경제의 과도적 특성 때문일까? 금융억압일까? 억눌렸던 기업가 정신? 확고한 노동관? 높은 저축률? 높은 투자 수준? 가능성 있는 요소들은 아주 많다.

하지만 정부 보증의 관점에서 보면 이 많은 가능성들을 다음 3개의 범주로 나눌 수 있다. 제도적 보증과 정책 보증, 자본 보증, 투자 보증. 먼저 제도적 보증과 정책 보증에 대해 정리해보자.

: 제도적 보증과 정책 보증

많은 사람들이 중국경제의 기적이 중국정부와 그들이 이끈 개혁·개방 정책의 공이라고 생각한다. 지난 1970년대부터 지속적으로 중국과 중국경제를 국제사회와 시장지향경제로 회귀시키려 노력한 것이 중국이 10년에 걸친 문화대혁명으로부터 빠져나올 수 있었던 이유로 받아들여진다.

정책노선의 또 다른 주요한 변화는 1992년 덩샤오핑이 중앙계획경제에서 시장지향경제로 체제를 전환하면서 시작되었다.

덩샤오핑은 "개발이 다른 어떤 것보다 중요하다"고 말함으로써 사회와 정부의 사고방식 변화를 한층 더 확고히 하고 GDP 증가를 국가와 정부, 정부관리의 가장 중요한 목표, 다른 어떤 것보다 우선적인 일로 만들었다.

어떤 면에서, 지난 20년간 중국경제가 성장한 것은 제도와 정책의 보장 덕분이었다. 어쨌든 10억이 넘는 인구와 그들의 정부가 관심을 완전히 일치시키고 명확한 목표를 설정하자 그 기세는 막을 수 없었다. 경제의 급속한 발전과 소득상승에 만족감을 느낀 중국 국민들은 더 나은 미래를 고대하고 있다.

성장 우선의 사고방식이 낳은 이 같은 중국정부의 제도적, 정책적 보증은 빠른 경제성장에 어떤 말이나 정책보다 중요할 것이다. 정부의 고위관리에서 기업의 평사원에 이르기까지, 거의 모든 사람들이 '한시 바삐 돈방석에 올라앉는 것'이 중요하고 명예로운 일이란 생각을 마음에 새겼다.

예고된 버블

격려와 보증은 지난 1990년대 중국인의 이념과 우선사항이 변화하는데 극히 중요한 역할을 했고 이어 다음 수십 년 동안 중국경제가 기적적인 성장을 이루는 길을 닦았다. 동시에, 국유기업의 개혁으로 엄청난 자산이 풀렸고 값싼 숙련 노동자들이 중국노동인구에 편입되었다. 노동자의 갑작스런 실업쇼크는 계획경제에 대한 오랜 기대를 바꾸었을 뿐만 아니라 중국경제의 모든 부문에 의욕에 찬 기업가와 노동자가 넘쳐나게 만들어냈다.

이러한 것들이 중국정부가 경제 기적을 이루는 데 도움을 준 경제성장 우선의 사고방식과 그와 관련된 정책 보증을 포기할 수 없는 이유 중 하나다. 중국정부는 불가피한 부작용을 피하고 중국이 지난 30년 동안 누려온 눈부신 경제성장의 속도를 유지하기 위해 엄청난 노력을 기울여왔다.

2007~2009년의 세계금융위기 그리고 그 여파가 이어지는 동안, 중국정부는 경제성장의 둔화를 받아들이지 않기로 마음먹고 역사에 남을 만한 일련의 부양 정책을 펼쳤다. 2007~2009년 사이 중국의 경제침체가 경기순환적인 것이었는지 구조적인 것이었는지는 명확하지 않다. 그러나 서서히 확실해진 한 가지 사실이 있다. 중국은 당시 근본적인 개혁에 나설 귀중한 기회를 놓쳤고 그 때문에 지금의 리더들에게 훨씬 더 벅찬 과제를 남겼다.

중국정부는 국민의 기대에 맞춰 경제성장을 추진하는 데 더 적극적으로 나섰다. 그러한 정부의 노력으로 민간 부문의 대출과 투자는 물론이고 고속열차, 고속도로, 공항, 항만, 파이프라인 등 지난 몇 년 동안 경제성장에 큰 몫을 한 인프라투자에 대해서도 엄청난 신뢰와 열의

가 자라났다.[1]

보증만큼 중요한 것이 국유기업이다. 국유기업은 20년쯤 전만 해도 대부분 도산과 민영화, 폐쇄 직전에 있었지만, 현재 중국경제성장에서 그들이 맡고 있는 역할은 점점 커지고 있다. 국유기업의 성공적인 규모의 팽창 뒤에는 수익성의 상당한 하락이라는 문제가 자리 잡고 있다. 국유기업의 2013년 매출은 46조 5,000억 위안으로, 2008년의 21조 위안에서 2배 이상 늘어났다. 그러나 국유기업의 이윤은 훨씬 느린 속도로 증가하고 있다. 예를 들어, 2013년 국유기업의 매출은 20% 증가했지만 이윤은 2013년 5.9%, 2014년 4.3% 증가하는데 그쳤다.[2,3] 일부에서는 「포춘」 500대 기업이 매출이 아닌 이윤으로 집계될 경우, 많은 국유기업이 순위에 들지 못할 것이고 이윤은커녕 엄청난 손실을 내고 있는 많은 국유기업들은 고려의 대상에도 오르지 못할 것이라고 말하고 있다.[4,5]

손익계산만 압력으로 작용하는 것이 아니다. 화학물질이나 폐기물 처리장 건설과 관련된 프로젝트가 특정 지역에서 진행되는 것에 반대하는 몇몇 시위에서도 알 수 있듯이, 살고 있는 환경에 관심을 가지는 국민들이 늘어나고 있다.[6,7] 식품, 교통, 사업 운영에서의 안전성 문제와 같이 과거에는 높은 이윤과 빠른 GDP성장이란 성과를 얻기 위해 희생되었던 대가들이 점차 돌아오고 있다.[8] 더욱이, 표면적으로는 부가 빠르게 증가하고 있는 듯 보이지만 실상 그 안에서는 소득 격차가 커지면서 만족감과 성취감보다는 불만과 좌절이 늘어가고 있다.[9,10]

투자수익이 감소하고 사회적 긴장이 심해지면서 경제성장모델의 전환이 시급한 과제로 부상했다. 지난 수십 년 동안 경제성장의 기적을 이루는데 집중했던 중국의 지도자들은 이제 환경보호, 부의 (재)분배, 교육, 혁신, 의료, 사회보장 등 경제발전의 다른 중요한 목표, 즉 보다 지속가능한 성장모델에 더 많은 관심을 쏟아야 한다. 달리 말해, 중국정부가 지난 30년간 눈부시게 빠른 성장속도를 달성하는데 제공되었던 보증의 감소를 고려해야 하는 때가 온 것이다.

： 자본 보증

추진력과 자신감을 불어넣고 중국의 소득과 국부(國富)를 늘리는데 사용되었던 제도적 보증과 정책 보증 외에도, 중국정부는 경제성장에 그만큼 중요하고 그보다 더 가시적인 두 가진 다른 보증을 성공적으로 제공해왔다. 유동성(자본) 보증과 투자(위험) 보증이 그것이다.

여러 연구가 개발도상국에서는 자본형성의 부족이 경제성장을 저해하는 경우가 많다는 것을 발견했다. 노벨상 수상자 로널드 매키넌(Ronald McKinnon)은 그의 논문, 〈경제발전에서의 돈과 자본(Money and Capital in Economic Development)〉을 통해 "자본형성은 성공적인 경제발전에서 절대적인 요소는 아니더라도 매우 중요한 요소다."라고 지적했다.[11] 프린스턴 대학의 그레고리 차우(Gregory Chow) 역시 과거 반세기에 걸친 중국경제의 성장이 국내 자본형성에 대단히 민감하게 반응해왔다는 것을 보여주었다.[12]

중국은 자본시장 개발이나 대다수 국유기업(세계최대 은행들 일부를 포함한)의 개혁과 구조조정, 자원과 재산의 화폐화(혹은 자본화) 등 일련의 개혁

조치를 통해 인류 경제사에 유례를 찾아볼 수 없을 정도의 초고속 자본형성을 이끌었다.

앞서 지적했듯이 많은 전문가들은 중국이 경제성장의 기적을 이룬 것은 주로 경제성장의 2가지 중요한 요소, 즉 자본과 노동이 그 양을 늘려가면서 끊임없이 투입되었기 때문이라고 생각한다. 불행히도 중국의 노동생산성은 그 양만큼 빨리 성장하지 못했고 이는 중국경제가 현재 마주하고 있는 문제의 부분적 원인이기도 하다. 더 이상은 다른 개발도상국의 기준에 비교했을 때 노동비용이 싸지 않은 데다 인구의 고령화가 빠르게 진행되고 있기 때문에, 중국은 노동 투입량에서 경쟁력을 잃기 시작했다. 따라서 자본형성에 대한 의존도는 더 높아질 수밖에 없다.

결과적으로, 자본형성이 증대되어야 하고 경제에 동력을 공급하는 데 있어서 더 큰 역할을 맡아야 한다. 중국경제의 발전 초기 단계에서는 유동성이 몹시 부족했고 이때 통화완화정책과 공격적인 신용팽창이 유동성을 만들었음은 거듭 말할 필요도 없는 사실이다. 그렇지만 자본형성은 자본 투입보다 직접적인 국제경쟁의 문제와 직면할 일이 많지 않기 때문에 이런 상태에서 이루어진 빠른 자본형성에는 그만큼의 위험과 한계가 있다.

워런 버핏은 "썰물이 빠져나간 후에야 발가벗고 헤엄친 사람이 누구인지 알 수 있다."라고 말했다. 버핏의 표현대로라면 국가 혹은 시장 내의 유동성과 가용 자본은 '조수(潮水)'라고 할 수 있다. 옛 속담대로 "밀물은 모든 배를 띄워 올리게 마련이다." 이때는 올라가고 있는 것이 조수인지 보트인지 구분하기가 어렵다. 빠른 자본형성은 경제성장의

예고된 버블

속도를 높이는 데 도움을 줄 수 있지만 그 흐름 아래에 있는 많은 심각한 문제를 드러나지 못하게 하기도 한다.

2007~2009년의 세계금융위기가 닥치기 전, 전 세계에 걸친 유동성 과잉 덕분에 모든 사람(최소한 강한 위험선호 성향을 가진 모든 사람)이 투자전문가가 되었다. 하지만 머지않아 '심판의 날'이 찾아왔다. 한때는 성공을 구가하던 많은 기업과 투자자들이 실은 세계적인 유동성 과잉의 밀물 속에서 발가벗고 헤엄을 치고 있었다는 것이 드러났다.

지금 중국에서도 비슷한 일이 일어나고 있다. 중국은 지난 10년간 전례 없이 많은 양의 유동성을 공급했다. 첫째, 무역 수지 흑자폭이 커지면서 중국은 달러로 표시된 외국환을 대단히 많이 보유하고 있다. 이 점은 지난 10년간 중국이 모은 놀라운 양의 외환으로 명확히 드러난다.

중국은 자금흐름에 대해 엄격한 규제를 가하고 있기 때문에 중앙은행과 인민은행, 국가외환관리국은 외국환을 의무적으로 인민폐로 환전하도록 하고 있다. 그 결과 위안화는 공급과잉 상태에 이르렀다. '달러화에 대한 일종의 불태화(sterilization, 시중에 풀린 자금을 흡수하는 것. 이 경우에는 달러를 거둬들이는 것)' 작업이 진행된 것이라 할 수 있다.

또한 경기가 주기적으로 후퇴할 때마다 중국은 몇 차례나 적극적인 통화정책과 재정부양책을 펼쳤다. 특히 중국은 2008년 시장붕괴 이후 세계경제의 둔화에 대응하기 위해 총 4조 위안 규모의 경기부양책을 시행했고, 인프라건설에 매년 2조 위안을 투자하겠다고 했다. 그러나 실제로는 20조 위안 이상의 추가적인 유동화자금이 중국경제에 유입되었을 것으로 보인다.

은행들, 특히 정부가 소유한 대형은행들은 신용공급을 확대하는 데 대단히 유용하게 쓰인다. 최근의 중국역사를 살피면 인민은행이나 은행업감독관리위원회와 같은 규제기관의 노골적인 유도 아래 은행들이 경제성장을 촉진하기 위해 신용공급을 확대하라는 지시를 받은 경우를 몇 차례나 발견할 수 있다. 통화정책의 큰 변화가 없는 데도 불구하고 이런 지시가 내려진 경우도 있었다.

그 결과 통화공급은 2000년 10조 위안을 약간 넘던 것이 2013년 120조 위안을 넘어서게 되었다. 지난 10년 동안 연간 약 30% 속도로 성장했다. 사회 전체의 자금조달이라는 면에서 폭넓게 보자면 같은 기간 증가한 자본의 양은 더 많을 것이다.[13]

자금흐름에 대한 통제가 있기 때문에 위안화는 중국 국내 경제 밖으로 빠져나가지 못한다. 때문에 지금으로서는 논란이 많은 부동산과 주식시장 등의 투자경로 이외에는 이러한 유동성이 유출될 통로가 없다. 더욱이 과도한 유동성이 미술품, 가구, 우표, 옥석, 고급 차와 술, 심지어는 마늘, 생강, 청완두 등 신선식품에 이르기까지 중국경제의 많은 부분에 부풀어 올랐다 꺼지는 거품식의 투기를 만들어냈다.[14]

중국경제 활성화의 주역이었던 유동성 보증은 제도적 보증이나 정책 보증과 마찬가지로 거의 병목에 다다랐다. 자산가격과 거품에서 더 큰 문제가 불거지기 전에 유동성 보증의 고삐를 죄어야 할 것이다.

: 투자 보증

사람들이 의사결정을 할 때는 최근에 있었던 실제 경험이 큰 영향을

예고된 버블

준다는 것은 행동과학에서도 증명이 되었다. 노벨상 수상자 대니얼 카너먼(Daniel Kahneman)은 이 현상에 대표성 편향(representativeness bias)이라는 이름을 붙였다.[15] 이론상 극단적인 시장 실적은 투자자의 기대와 믿음에 오래도록 영향을 준다.

예를 들어, 미국에서 있었던 최근의 연구는 1929~1933년의 대공황을 비롯해 주식시장의 수익률이 낮았던 시기를 겪어본 사람들이 주식시장에 참여할 가능성이 낮거나 자산을 주식보다는 채권에 분배하는 등 위험회피적인 성향이 몹시 강하다는 것을 보여준다.[16] 1980~1990년 사이 일본 경제에 거품이 있던 시기 동안 일본의 투자자들이 일본 주식시장에 대해 지극히 낙관적인 전망을 가지고 있었다는 것을 보여주는 연구들도 있다. 이상하게도 일본 주식시장의 거품이 꺼지고 거의 10년이 경과한 1990년대 말까지도 이러한 낙관주의가 이어졌다.[17]

그러한 인간의 행동 패턴은 금융시장에 거품이 형성되는 이유를 설명하는 데 중요한 역할을 한다. 결국 자산가격이 끊임없이 상승할 것이란 믿음이야말로 기본적인 근거조차 없는 상황에서도 투자가 과열되는 주된 원인 중 하나인 것이다. MIT의 학자들은 이론 모델을 통해 유동성이 완화되고 자신감이 과다한 상황에서는 투자자들의 기대가 약간만 변화해도 자산거품을 부풀리는 데 큰 영향을 미칠 수 있다는 것을 보여주었다.[18]

그러한 기준으로 본다면 지난 30년간 중국경제의 성장은 경이로울 뿐 아니라 무척이나 오래 지속되었다. 더구나 같은 기간 중국은 유동성이 대단히 풍부한 상태였다. 그러한 경험으로 인해 시장참가자들의 기대치는 높아졌고 이런 빠른 성장이 오래 계속될 것이란 확고한 믿음을 갖게 되었다. 중국이 거의 모든 다른 경제대국들이 혼란과 불황의 늪에 빠진 2007~2009년의 세계금융위기 이후에도 빠른 성장을 이루었다는 사실은 중국인들의 믿음을 재차 확인시켜 주었다. 그들은 변동과 불황이 경제성장에서 피할 수 없는 필수적 요소라는 사실을 잊어버린 듯 보인다.

중국정부는 국내외로부터 투자를 끌어들이기 위해 좋은 경제 실적과 투자수익을 보장하거나 그게 아니라면 최소한 손실이라도 막아주는 정책을 편다. 이 책의 전반부 몇 장에 걸쳐 개술했듯이 중국인 투자자들만 그들의 투자수익이 규제기관이나 은행의 보증을 받고 있다고 믿는 것이 아니라 A주 시장과 부동산시장같이 상당한 위험을 안고 있는 분야에 투자한 사람들조차도 정부의 보증 때문에 손해를 보지 않을 것이라고 생각한다.

이러한 믿음은 절대적으로 틀린 것임에도 불구하고 중국 전체에 널리 퍼져 있다. 그 믿음은 정부의 투자 보증에 기인한다. 시장은 분명 무너질 것 같은 때에도 결코 무너지지 않는다. 정부가 사회적인 불만을 피하고 사회의 화합을 유지한다는 명분을 앞세워 시장이 붕괴되도록 놓아두지 않을 것이기 때문이다. 똑똑한 투자자들은 이러한 투자 보증의 존재를 꿰뚫어 보기 때문에 두려움을 버리고 더 많은 이익을 위해서 더 많은 위험을 추구한다. 중국의 투자자들은 위험이 큰 고수익 투자가 그들을 부자로 만들어줄 것이라고 믿는다. 사실 정부의 보증을 알고 있기에 할 수 있는 생각이다.

"다른 사람들이 욕심을 낼 때 겁을 내고, 다른 사람들이 겁을 낼 때 욕심을 내라."는 워런 버핏의 투자철학은 눈치채지 못하는 사이에 경

예고된 버블

제와 시장 안에 축적되는 위험이 얼마나 많은지를 깨닫게 한다. 많은 사람들이 이 기준을 이용해서 경험이 있는 투자자와 초보투자자를 구별한다. 그런 면에서, 대부분의 중국투자자, 특히 중화인민공화국의 성립 이후에 태어난 중국투자자들에게는 거품과 그 뒤를 잇는 불황에 대한 기억이 거의 없고 따라서 경기순환에 대한 경험이 부족하다는 점에 주목할 필요가 있다.

지금 드러나고 있듯이, 앞으로 몇 년 안에 중국의 유동성 확대 경향은 둔화될 것이고 자본은 해외에서 투자 기회를 찾기 시작할 것이다. 그러한 유동성 과잉의 상태가 지나고 나면, 발가벗고 헤엄치고 있던 사람이 누구인지 알게 될 것이다. 그들이 행운을 누린 것이 단지 과도한 유동성과 정부의 지원 때문이었음이 드러난다는 말이다. 지금은 중국의 경영진과 가정이 "알을 깨기도 전에 닭이 몇 마리인지 세지 말라."는 옛 속담에 귀를 기울여야 할 때인 듯하다. 중국의 투자자들이 투자에 대해 가지고 있는 기대는 정부가 제공하는 투자 보증을 토대로 한 상황에서 비롯된 것이다. 이런 식의 기대를 현실적으로 전환시키지 못한다면 금융시스템 내의 위험은 계속해서 확대될 것이다.

：왜곡된 인센티브 시스템

앞서 언급한 다양한 보증은 중국이 기적과 같은 경제성장을 이루는 데 큰 기여를 했지만 그만큼이나 심각한 문제를 야기하기도 했다.

보증의 분명하고 직접적인 영향은 인센티브 시스템과 시장 기능의 왜곡으로 나타난다. 인센티브 시스템이 왜곡되면 하나의 경제에 속한 거의 모든 사람이 현재의 가치와 미래의 가치, 그리고 리스크와 수익을 잘못 판단하고 이들을 맞바꾸는 오류를 범한다.

경제성장에 대한 제도적 보증과 정책보증은 정부관리들로 하여금 오로지 지역경제성장의 속도에만 관심을 쏟게 만들었다. 정부관리의 목표가 변하고 관리평가기준이 변했다. 이러한 변화는 정부관리가 하는 거의 모든 유형의 결정에 효과적으로 전염되었다.

중앙과 지방정부는 결국 환경, 대중의 만족과 성취, 지역 사회의 참여, 교육, 의료 등의 목표는 모두 포기하거나 연기한 채 실패할 염려가 없는 것으로 입증된 단일한 목표를 향해서 매진했다. 경제성장이라는 목표로만 말이다. 그 결과 경제성장은 경이로운 성공과 공적을 남겼다. 그렇지만 이러한 성공을 얻기 위해서 다음 몇 십 년에 걸쳐 갚아나가야 할 그리 싸지 않은 대가를 치렀음을 기억해야 한다.

자신들에 대한 평가가 관리하고 있던 기간의 경제성장을 중심으로 이루어진다는 사실을 알고 있는 정부관리들은 가능한 많은 투자를 하고 가능한 많은 새 기업을 끌어들이기 위해 애를 쓴다. 정부관리들은 단기적인 경제성장을 위해 장래의 성장가능성과 지역의 토지, 자본을 모두 고갈시키는 대가를 기꺼이 지불하곤 한다.

자금조달에 제약이 생기면, 많은 관리들이 망설이지 않고 부채를 끌어들인다. 이 부채의 상환만기는 당연히 해당 관리가 담당하는 기간이 끝난 미래의 어느 시점이다. "당장은 투자를 하고 빚은 나중에 걱정한다."가 모든 중국 지방정부들이 가진 기본적인 사고방식이 되었다. 이러한 관행으로 인해 장래를 위한 기회를 확보하고 빚을 갚는 등의 부

예고된 버블

담은 미래의 관리들이 부당하게 떠안는다.

자본 공급의 규모가 점차 커지고 명목 금리가 마이너스인 상황에 직면한 중국기업들은 성공할 수 있는 가장 좋은 방법을 재빨리 파악한다. 가능한 많은 돈을 빌려서 할 수 있는 한 많은 투기를 하는 것이다. 이런 왜곡된 인센티브 시스템은 중국이 가진 생산과잉의 문제가 어떻게 현재의 상황까지 오게 되었는지 설명해준다. 경기호황과 마이너스 금리에 대한 기대 속에, 모든 기업은 남의 돈을 빌려서 생산능력을 확장하는 것이 유리할 뿐 아니라 대단히 안전한 투자결정이라고 생각하게 된 것이다.

그러한 경험은 지난 몇 년간 실물경제의 많은 부문에서 투자수익이 감소하는 상황과 맞물려, 기업의 투자를 부동산, 주식시장, 그림자금융 쪽으로 유인했다. 기업가와 경영진들은 금융 부문이 실물경제에 대한 투자보다 높은 수익을 가져다 줄 것이라 생각하며 정부의 보증 덕분에 더 안전하다고 믿는다. 그러한 믿음은 자기충족적 예언으로 이어졌고 이로써 전통적인 사업을 피하고 중국의 부동산가격이나 A주 시장에 대한 투기로 이익을 보는 비즈니스 리더들이 더 늘어났다.

선망의 대상이 되는 영역에 대한 투자기회를 얻을 수 없는 가계와 기업이 자산거품의 확대에 큰 역할을 했다. 이들에게 부동산, 금융, 전기통신, 에너지, 천연자원과 같은 부문에 투자해서 수익을 올리는, '너무 좋아서 믿기 힘든' 파이를 한 조각 공유하고 싶은 마음이 드는 것은 너무도 당연하다. 중국경제라는 먹이사슬의 가장 아래에 있는 이들 가계와 기업은 기업가를 돕고 싶어 안달을 하고 큰 수익을 약속하는 투기 분야에서 자신의 운을 시험해보고 싶어 몸살을 한다.

중국의 투자자들은 한때 격렬하게 달아올랐던 부동산시장이든, 롤러코스터 마냥 기복이 심한 주식시장이든, 신탁상품이나 민간대출 같은 미스터리한 그림자금융상품이든, 최근 급성장하고 있는 인터넷금융이든 가리지 않는다. 그들은 투자수익만을 보고 투자의 위험은 존재하지도 않는 것처럼 취급한다.

이 분야에 투자 보증이 제공되는 것은 정부 덕분, 아니 정부 탓이다. 이러한 보증은 주로 정부의 자체 신용도나 특정 영역(과거 10년 동안 지원을 받은 부동산 부문과 앞으로 10년 동안 지원 받을 가능성이 큰 주식시장과 같이)을 부양하거나 지원하겠다는 정부의 표현으로 뒷받침된다. 이렇게 이루어지는 보증은 투자자들에게 투자와 금융의 아주 기본적인 원리조차도 생각하지 않게 만들 정도로 강력한 인센티브가 된다.

중국 투자자들 입장에서는 정부에 대한 강력한 신뢰를 가질 만한 이유가 충분하다. 사실 해외평론가들도 중국경제가 여러 차례 위기를 넘기고 적절한 개발과정을 계속 이어나가도록 조정하는 정부의 역량에 점점 마음을 빼앗기고 있다.

그 때문에 여기에서 최근의 역사에 근거해 선형적인 추정을 하는 것이 투자자들을 비롯한 모든 인류가 흔히 저지르는 실수라는 점을 지적해야 하는 것이다. 중국경제의 규모나 복잡성, 세계경제와 금융 질서와의 관련성을 고려한다면, 과거의 일관된 논거들은 오늘날의 새로운 규정 안에서 점차 그 힘을 잃게 될 것이다.

예고된 버블

: 지속가능성과 성장의 질

왜곡된 위험 감수의 뒤에는 지속가능성이라는 중요한 문제가 도사리고 있다. 새 천년이 시작할 즈음, 많은 경제학자들이 중국이 언젠가는 미국을 앞질러 세계최대의 경제국으로 부상할 것이라고 예견했다. 10년이 지난 후 이러한 예측은 금방이라도 이루어질 듯했다.

지난 몇 십 년 동안, 중국정부는 10년 혹은 그보다 짧은 기간 안에 중국경제의 규모를 2배씩 늘리는 것을 목표로 하는 5개년 경제 계획을 세우면서 이러한 예측에 부응해왔다. 이쯤에서 경제성장의 속도를 정부나 국가의 주요 목표로 삼는 나라가 그리 많지 않으며 그 목표를 이뤄내는 나라는 그보다 더 적다는 점을 언급하고 넘어가야겠다.

일본이 그러한 예외 중 하나다. 인구와 국토가 훨씬 적은데도 불구하고, 일본은 한동안 세계최대의 경제국으로 미국을 추월했었다. 안타깝게도 일본은 경제 구조와 인구 구조로 인해서 빠른 경제성장을 이루는 동안에 잘 처리되지 못한 문제를 바로잡느라 바쁘다.

중국의 경제적 지배를 점치는 모든 경제성장 예측 뒤에는 한 가지 중요한 가설이 있다. 바로 지속가능한 성장이다. 경제발전은 100미터 전력질주보다는 마라톤에 가깝다. 지난 몇 년간에 걸쳐 경제성장이 차츰 둔화되고 있는 상황에서, 중국은 단순히 경제성장의 속도를 1~2% 늘리는 것보다는 경제성장을 지속가능하게 만들 방법에 대한 고민을 시작해야 할 것이다.

여러 연구를 보면 중국경제성장이 주로 노동, 자본과 같이 지속적인 진전이 불가능한 요소 투입의 증가에 의존했다는 것을 지적하고 있다.

한 가지 예로, 중국의 노동비용은 점점 빠르게 증가하고 있다. 1인당 국민소득이 2020년까지 2배 증가해 1만 달러를 넘어선다면 이러한 소득의 증가와 함께 값싼 노동력을 기반으로 하는 경쟁력도 사라질 것이 분명하다.[19] 이 같은 추세는 중국이 앞으로는 값싼 노동력과 '세계의 공장'으로서 가지는 경쟁우위에 의존할 수 없다는 것을 뜻한다. 게다가 성장하는 중산층이 해외의 이국적인 수입품으로 눈을 돌리면서 중국무역은 균형 상태 내지는 적자 상태로 돌아설 것이다.

중국경제의 또 다른 주요 동력은 정부의 인프라투자와 주택경기의 호황이었다. 지방의 토지 매매에 따른 수익은 수십 년간 지방정부가 올리는 재정 소득의 중요한 원천이었고, 이렇게 얻은 자금은 경제성장을 더욱 활성화시키기 위해 인프라 프로젝트에 투자되었다.

2011년부터 시작된 부동산 억제정책은 주택가격의 상승을 막거나 낮추는 데 효과가 전혀 없었지만 중국경제와 지방정부의 재정건전성에는 이미 영향을 미치고 있었다. 부동산과 관련 부문은 경제성장에 20% 이상의 기여를 했다. 이렇게 경제성장모델이 부동산에 의해 주도되는 상황에서 주택가격은 다른 많은 선진국보다 높아졌다. 때문에 정부는 경제성장 유지와 적절한 주택가격이라는 2가지 과제 사이에서 균형을 찾아야 하는 정책 딜레마에 빠지게 되었다.

지방정부의 경우는 문제가 더 심각하다. 토지매각을 통한 수익이 경제성장을 추진하고 다음 번 주택 호황을 위한 자금을 마련하는 데 주된 역할을 했기 때문이다.

지금까지 중국정부는 경제성장에 총력을 다했고 그 대가로 주택가격은 오름세를 계속 이어왔다. 더 이상의 가격등귀가 없더라도 주택가

예고된 버블

격은 이미 교육, 고용, 결혼, 심지어는 이혼으로까지 이르는 연쇄반응을 일으킬 정도로 높아졌다. 최근 들어 부동산 등기 제도의 도입과 재산세부과에 대한 논의가 이루어지는 가운데 많은 전문가들이 중국의 부동산 부문이 이미 고점을 지난 것이 아니냐는 관측을 내놓고 있다. 이제 남은 것은 시장이 점차 수축되고 단기간의 극단적인 하락을 경험하게 되지 않을까 하는 우려다.

중국 부동산과 관련 부문이 경이로운 성장을 보인 원인은 단연 자본 보증과 투자 보증에 있다. 이 때문에 주택시장은 자산거품에 관한 논쟁의 핵심이 되었다. 중국 주택은 대단히 비싸다. 연소득 대비 주택가격비율이나 임대료 대비 주택가격비율 같은 어떤 전통적 평가 잣대를 들이대더라도 마찬가지다. 그렇지만 그러한 높은 가격설정에 실수요가 얼마나 뒷받침되어 있는지, 딱히 마땅한 투자대안이 없다는 것이 가격설정에 어느 정도 영향을 미치는지는 불명확하다.

투자대상으로서의 주택은 너무 심각하고 일반적인 문젯거리가 되었다. 때문에 주택 문제는 이제 단순한 주택소비의 문제가 아닌 국내투자의 문제가 되었다. 성공한 기업과 개인은 거의 모두 부동산 부문에 발을 담고 있으며 그 수익이 너무나 매력적이기 때문에 원래의 성공적인 사업을 기꺼이 포기하는 경우도 많다. 이것이 소득불평등을 더욱 심화시키고, 자본을 보유하고 있거나 자본에 대한 접근이 가능한 사람들을 더 유리한 위치에 서게 만들고 있다.

마지막으로, 주택시장의 엄청난 등귀에 익숙해진 중국 신세대는 부를 쌓는 것을 대단히 쉬운 일로 여기게 되었다. 이에 따라 중국경제가 현재의 지배적 지위를 얻을 수 있게 한 근면한 노동관은 점점 잊히고 있다. 이런 면에서, 경제의 다른 부문에 큰 고통을 유발하지 않으면서 주택거품을 가라앉힐 장래의 개혁조치는 깊은 숙고를 거쳐 대단히 조심스럽게 도출해야 할 것이다.

： 개혁의 방법

'성장의 질'도 지속가능성만큼이나 중요하다. 경제성장은 단순히 정부관리의 평가서에 적힌 숫자만으로 가늠해서는 안 된다. 경제성장에 대한 판단은 측정이 아닌 체감을 통해 이루어져야 한다. 초고속 경제성장을 이룬 중국은 이제 경제성장이 국민에게 보다 많은 혜택을 줘야 하고 국민들로부터 인정받을 방법에 대해서 더 많이 생각해야 할 때를 맞았다. 시진핑 주석의 말을 빌리자면, '중국민 각자가 자신의 차이나 드림을 실현하도록 도울' 방법을 고민해야 할 때인 것이다.

보다 빠른 경제성장에 대한 압박을 받는 정부관리들과 달리, 일반 국민들은 고용안전, 소득분배, 사회안정과 복지 등 전 세계의 다른 사람들과 같은 관심사를 가지고 있다. 그들이 신경 쓰는 것은 적정한 가격의 믿을 만한 의료 서비스와 사회보장제도를 확보해서 그들이 장래에 먹고 살 일을 걱정하지 않아도 되는 일이다. 그들은 환경을 보전해서 자손들이 좋은 환경에서 살 수 있게 될 것인가를 걱정한다.

이런 문제는 어디에서나 쉽지 않은 과제이므로 중국도 예외가 될 수 없다. 빠른 경제성장은 이러한 문제들을 해결하는 데 필요한 자원을 마련해주기도 하지만, 동시에 그렇지 않았다면 이 분야에 더 많이

예고된 버블

배분될 수 있었을 관심과 자원을 밀어내기도 한다.

중국공산당은 '사고 수준을 향상'시키고, '정치적 목표를 강화'하고, '조직 구성에 역점'을 두고, '부패에 맞서는' 것을 당의 주요 의제로 채택하면서 이들만큼이나 중요한 '행정부의 역량 강화'를 약속했다. 다행스럽게도 이러한 정책 방향은 바람직한 개혁의 방향과 일치하고 있다. 보다 효과적으로 행정 역량을 강화하기 위해서, 공산당과 정부는 국민의 요구와 꿈에 귀를 기울이고 문제해결을 위한 의미 있는 개혁조치를 취하는 데 힘을 다해야 할 것이다.

: 시장에 맡겨야 한다

이러한 문제들을 해결하고 요구사항을 충족하기 위해서는 추가적인 개혁이 빨리 이루어져야 한다. 개혁의 한 방향은 시장경제를 단호하게 밀고 나가는 것이어야 한다. 중국공산당 18기 3중전회에 따르면 '시장이 자원배분에서 결정적인 역할을 하도록 허용하는 것'이 향후 10년 동안 중국경제의 모든 분야에서 개혁의 기본정신이 될 것이다. 이는 중국정부가 현재 경제와 시장참가자들에게 제공하고 있는 다양한 형태의 정책, 자본, 투자 보증이 없어지거나 최소한 투명하게 시장 내에서 거래되어야 한다는 뜻이다.

특히 금융은 2가지 대단히 중요한 자원인 시간과 위험의 분배를 다루기 때문에, 금융 부문에 핵심적인 개혁이 이루어져야 한다. 과거에 국가가 보증하던 모든 위험을 드러내고, 공시하고, 금융시장 내에서 그 가격이 매겨지게 한다면 시장참가자들은 더 이상 자신들이 감당할 수 없는 위험을 안거나 자신들조차 너무 위험하거나 지속가능성이 없다고 생각하는 분야에 투기할 의욕을 느끼지 못할 것이다.

다시 말해 주택시장이나 A주 시장과 같은 투기적인 분야에 대한 투자자들의 관심이 약화된다는 것이다. 중국의 기업과 가계는 자신들의 자원을 자산 집단, 지역, 통화, 시간의 측면에서 보다 다각적인 방면으로 배분하는 법을 배우게 될 것이다.

일단 투자자들의 위험감수 성향이 보증 없는 상태의 적정한 수준으로 회복되면, 중국기업과 가계는 투자수익에 대해 현실적으로 예측할 수 있게 될 것이다. 이는 중국정부와 중국 국민들이 현재 상태의 삶과 일에 보다 집중하게 하는 일뿐 아니라 자산거품과 생산과잉으로 이어지는 무책임한 투자를 끊어내는 데에도 도움을 줄 것이다.

： 국가와 시장 사이 힘의 재편성

이러한 변화로 인해 중국경제와 사회에는 또 다른 중대한 개혁이 필요하게 될 것이다. 바로 국가와 시장의 관심과 힘을 재편성하는 개혁이다. 지난 30년 동안, 중국은 큰 발전을 이루면서 한때 가난했던 계획경제 국가에서 활기찬 중상위 소득 경제국으로 변모했다. 중국은 이러한 성공을 지속시키고 현재의 문제들을 타개하기 위해 더 노력을 기울이고 시장의 힘이 보다 큰 역할을 하도록 해야 한다.

과거 10년 동안은 경제성장의 대부분을 국가가 이끌었다. 이 같은 점은 국유기업이 운영효율성과 투자수익 측면에서 실망스러운 성적표를 받아들었음에도 그 규모가 계속 팽창했다는 사실에 그대로 드러나 있다. 설상가상으로 국유기업 부문의 성장으로 인해 장래에 중국경제와 고용의 주축이 되어야 할 많은 사영기업이 밀려났다. 그러므로 구체적인 개혁조치와 함께 국가와 국유기업의 영향력을 의식적으로 제한해야 한다.

이러한 개혁의 과정에서 국가와 정부의 힘을 부분적으로 혹은 완전히 제한해야 할 필요가 있다. 관료주의 체제와 국유기업 내에서 기득권을 가지고 있는 집단들은 그러한 변화를 반기지 않을 것이 분명하다. 그렇지만 중국이 현재 직면하고 있는 일련의 문제를 해소하고 경제적·사회적 개혁 목표를 이루기 위해서는 달리 선택할 수 있는 길이 없어 보인다.

: 법의 지배

시장의 힘이 실종되는 것 외에, 보증(특히 암묵적 보증)에 따르는 또 다른 결과는 법의 지배에 대한 무시다. 법의 정신의 한 형태인 계약의 정신에 따르면, 계약의 양 당사자는 그들이 어떤 상황에 있게 될지를 명확하게 이해하고 보증이 적절하게 공시되거나 그 가치에 대한 평가가 적절히 이루어졌다는 가정하에 일이 잘못되는 경우에는 책임을 져야 한다.

그러나 암묵적 보증의 상황에서는 보증의 묵시적인 성격으로 인해서 양 당사자가 계약의 결과를 인정하지 않는다. 결과를 숙지하고 있을 때라도 말이다. 이 때문에 원치 않았던 상황이 발생했을 때는 계약의 이행을 강요하는 데 어려움이 따른다. 명확해 보이는 계약인데도 투자손실이 발생했을 때 규제기관에 항의가 이어지는 이유나 중국기업의 경영 활동에 신뢰가 형성되지 않는 이유가 여기에 있다.

중국에 법의 지배라는 사고방식을 심으려면 계약의 힘과 계약 강제에 대한 근본적인 존중의 정신이 우선되어야 한다. 기존의 보증을 점점 줄여나간다면 중국 국민들이 다양한 투자 기회에서 개인이 안아야 하는 위험과 책임을 이해하는 데 도움을 줌으로써 보다 많은 이들이 법의 힘을 인정하고 법의 지배를 이해하도록 만들 수 있을 것이다.

: 정책 보증과 제도적 보증의 제거

GDP 경쟁 위주의 사고방식

경제성장의 속도는 중국에서 지방정부관리들의 실적을 평가하는 가장 중요한 요소가 되었다. 경제성장의 속도를 관리평가기준으로 사용하는 데에는 성장 친화적인 사고방식과 합치한다는 면 외에도 현실적인 장점들이 있다. 첫째, 성장속도는 명확하고 투명한 기준이기 때문에 외적으로 공평한 경쟁이 이루어지는 것처럼 보인다. 더욱이 국가 전체에 걸쳐 목표가 통일되기 때문에 일관적인 평가기준에 적절한 재능과 기술이 전 지역에 걸쳐 이전되므로 중국 내에서 경제성장의 속도에 큰 격차가 생기는 것을 막을 수 있다.

그럼에도 불구하고 너무 오랫동안 경탄할 속도의 경제성장이 이어지면서 GDP 경쟁이나 GDP를 우선하는 평가기준이 지방정부의 부채, 과잉투자, 과잉생산, 환경 악화와 같이 현재 중국이 직면하고 있는 많은 심각한 문제의 직접적 원인이라는 주장이 힘을 얻게 되었다. 따라서 중국의 지도부는 현 중국경제의 위상에 걸맞게 공산당 간부를 비롯한 정부관료에 대한 평가기준을 한층 개선하고 전향적 관점에서 이들에게 새로운 사명감을 부여하는 동시에 경제 및 사회개혁의 우선순위에도 변화를 줘야 한다. 2015년 상하이 지방정부는 이러한 변화를 반영해 GDP성장이라는 목표를 포기한 중국의 첫 지방정부가 되었다.[20]

더 다양한 목표

비록 측정하기는 힘들지만 경제성장의 질을 관리평가에서 중요한 측면으로 삼아야 한다는 것이 대다수의 생각이다. 환경보호, 사회안정과 조화, 소득분배, 시민의 만족 등이 관리평가의 기준에 반드시 포함되어야 한다. 기업경영진의 보상에 대해 대대적인 점검이 벌어지는 것과 마찬가지로, 관리평가도 현재의 경제성장속도에만 집중할 것이 아니라 경제성장의 지속가능성에까지 관심을 두어야 한다.

정부와 정부관리들은 "시장이 자원분배에서 최대한의 역할을 하게 한다."는 3중회의 사고방식에 따라 진입허가, 가격고정, 할당량배분, 상장요건 등에 미치는 행정부의 힘을 점차 완화하고 시장의 힘이 보다 큰 영향력을 발휘하도록 해야 한다.

법적 관리와 언론의 감시

시장이 정보에 근거한 효율적인 결정을 내리게 하려면 보다 나은 법체계와 법집행력이 꼭 필요하다. 논평가들은 중국의 법체계가 이론적으로는 훌륭하지만 집행의 측면에서는 부족하다고 주장한다.

그 대표적인 사례가 중국 A주 시장의 내부자 거래와 가격 조작 사건에 대한 수사다. 증감위는 그러한 불법행위에 대한 포괄적인 규칙과 규정을 가지고 있지만 증감위는 집행 기관, 징계 위원회 사이의 공조에 문제가 있었기 때문에 이 괘씸한 사건에 책임이 있는 사람들을 기소하기가 대단히 힘들었다.

2012년 중국에서 반부패 운동이 벌어지는 동안, 중국의 매체는 최고위관리의 불법적인 행동을 폭로하기 시작했다. 전례를 찾아보기 힘든 이러한 발전은 시장에도 좋은 소식을 가져다줄 수 있을 것이다. 한층 적극적인 언론의 감시와 정보공개가 시장에 더 많은 정보를 제공할 것이기 때문이다.

당과 중국사회가 의혹의 폭로와 비판에 지금보다 더 내성을 갖게 되면, 더 믿을 만하고 정확한 정보가 공개될 것이다. 경제성장둔화나 위험의 상승과 같이 한때 부정적으로 인식되던 정보가 시장에 적절하고 정당하게 통합되면, 암묵적 보증과 같은 관행은 그 가면을 벗고 매력을 서서히 잃어갈 것이고 위험의 가치 평가도 더 투명하고 정확하게 이루어질 것이다.

법체계가 든든히 유지되고 대중이 진실한 정보에 접근할 기회를 더 많이 얻게 되면, 정부와 시장이 좀 더 균형적인 관계를 형성하게 될 것이다. 시장이 자원, 위험, 위험감수에 대한 프리미엄의 배분에 있어서 더 많은 영향력을 행사하게 된다면 이러한 것들이 보다 적절하게 배분될 것이다.

이러한 과정과 함께, 다양한 유형의 위험과 자산가격을 떠받치던 암묵적 보증에 대해서도 보다 많은 정보가 공개될 것이다. 그에 따라 위험에 대한 평가가 조정되면 시장의 힘이 더 용이하게 중국경제에서 큰역할을 맡을 수 있게 될 것이다.

：자본 보증의 무효화

이러한 암묵적 보증을 감소시키는 또 다른 방법은 통화공급, 금리자유화, 은행 신용팽창, 실물 시장과 주식시장의 (재) 평가, 그리고 무엇보다중요한 자본흐름에 대한 억제 완화를 통해서 자본 공급을 정상화시키는 것이다.

통화정책

중국의 통화공급량의 극적 증가는 중국경제의 화폐화 과정과 경제성장을 반영한다. 예를 들어, 1990년 말에는 고용주가 보상의 일환으로피고용인에게 주택을 제공하는 것이 일반적이었다. 주택을 구매하거나 거래하는 일이 거의 없었기 때문에 자본은 필요치 않았다. 그러나2014년에는 거의 모든 부동산 부문이 거의 완벽하게 시장의 결정에 의존하게 되었고 화폐화되었으며 이로써 늘어나는 중국 통화공급량의많은 부분을 부동산시장이 흡수했다.

중국경제의 구조적 변화가 나타나는 와중에도, 통화공급의 속도는 세계의 많은 경제대국을 앞질렀고 자국의 경제성장속도보다도 앞서 나갔다. 중국은 지난 15년 동안 계속해서 통화완화정책을 시행했고 특히 2007~2009년의 세계금융위기 이후에도 같은 기조를 고집했다. 주기적인 인플레이션, 치솟는 주택가격, 자산과 상품의 투기거품, 위험성향의 증가, 위험에 대한 무시 등 모든 것이 이 같은 통화완화정책에 뿌리를 두고 있다. 그러므로 자산가격에 대한 기대와 위험에 대한 예측이 적절한 수준을 찾기 위해서는 통화공급의 속도를 지속가능한 수준으로 감소시켜야 한다.

금리자유화와 은행 개혁

초저금리정책이 유동성의 총량을 전례 없는 수준으로 끌어올렸다. 그렇지만 이렇게 통화공급이 지극히 관대하게 이루어지는 상태에서도 전도유망한 중소기업은 자금부족 사태를 겪고 있다. 이러한 상황이 벌어지는 것은 왜곡된 금리가 필요성이 가장 낮은 분야로 자본을 잘못 배분했기 때문이다.

이런 이유에서, 중국은 시장이 경제 내의 다양한 금리를 결정하게 놓아두어야 한다. 시장은 중앙은행이 결정하는 기준 금리뿐 아니라, 누구에게, 어떤 금리로, 얼마나 오랜 기간에 걸쳐, 어떤 조건에서 자본을 제공해야 하는지 결정해야 한다.

앞으로 중국은 은행의 간접금융을 격려하는 접근법이 아니라 채권시장과 사용자 간 직접 자금조달 등 직접금융을 권장하는 접근법을 취해야 한다. 직접금융에서는 거래의 양 당사자가 금융 처리 방식을 은

예고된 버블

행의 매개 없이 직접 결정할 수 있어야 한다. 이러한 개혁은 중개인의 개입을 차단할 뿐 아니라 계약조항에 융통성을 보다 많이 허용하며 따라서 성공적인 거래의 가능성을 높일 것이다.

금리 개혁에서 가장 큰 영향을 받는 것은 중국의 은행권이다. 규제 금리는 중국 은행이 높은 수익을 올리는 데 가장 크게 기여했다. 시장의 힘이 금리 결정에 큰 영향을 미치게 되면서, 은행은 차츰 경쟁력을 잃고 수익성이 떨어지는 경험을 하게 될 것이다. 게다가 금리자유화는 불가피하게 기업의 자금조달비용을 높일 것이다. 과거 값싼 은행대출에 의존했던 경쟁력이 낮은 기업은 더 큰 영향을 받게 된다. 싼 금리로 대출을 할 수 없게 된 기업으로 인해서 불량 채권이 늘어나면 은행자산의 질은 떨어진다.

더구나 은행은 10년 넘게 규제기관과 잡을 테면 잡아보라는 식으로 배짱을 부리면서 부외거래를 늘려왔다. 이 역시 은행이 폭발적으로 성장하고 다양한 파생상품이 등장할 수 있었던 배경 중 하나다.

중국의 은행규제기관들은 진입을 막고 경쟁을 억압하는 데 집중하는 대신 은행 부문의 위험을 어떻게 하면 잘 관리할지에 관심을 쏟아야 할 것이다. 은행이 수억 중국 가계에 미치는 구조적 영향과 은행과 가계의 상호관련성 때문에 중국정부는 항상 은행 부문에 존재하는 잠재적 위험에 극도로 민감하게 반응했고 따라서 은행의 신뢰를 지키기 위해 지속적으로 명시적·암묵적 보증을 제공했다.

다행히도 중국정부의 움직임이 이제 바람직한 방향을 찾고 있는 것 같다. 중국정부는 2014년 말 예금보호 프로그램의 시행을 제안했다. 개인재정안정이 특정 은행의 자산 질로 인해 위협받지 않도록 보호하는 이 프로그램으로 인해 부실채권과 부실 은행을 뒷받침하는 데 투입되는 정부의 노력은 감소할 것이다. 다만 막후에서 이루어지던 조치들을 갑자기 걷어낼 경우 부동산 부문 등의 '거품을 일시에 터뜨리거나' 시스템적인 유동성 쇼크를 유발할 가능성이 있다. 따라서 중국의 규제 기관이 이전과 같은 묵시적 뒷받침을 줄여나갈 때에는 점진적인 단계를 거쳐야 할 것이다.

자본계정 규제

개혁과 개방 이후 수십 년이 흘렀는데도 중국경제와 금융시장은 세계경제와 유리되어 있다. 이러한 상황 역시 중국이 현재 마주하고 있는 많은 경제적 문제의 원인 중 하나다.

자본계정 규제는 자본이 자유롭게 중국 국경을 넘어 이동하는 것을 막는다. 확장적 통화 정책과 재정 부양책으로 인해 시장에는 유동성이 흘러넘치는 상황인데 말이다. 자본계정 규제 덕분에 이러한 과도한 유동성은 해외 투자처로 빠져나가지 못하고 국내에 묶이면서 자산가격을 견인한다. 이러한 왜곡은 자산거품을 만들 뿐 아니라 중국 가계와 기업의 투자 포트폴리오에 인위적인 제약을 가해서 그들의 수익을 제한한다.

최근까지는 위안화가 지속적으로 상승했기 때문에 이 같은 자산 분배의 불합리성을 감추고 국제적인 다각화의 혜택을 포기할 수 있었다. 그러나 위안화가 차츰 균형 환율에 도달하면서 평가절하의 위험에 직면하자, 중국 국민과 기업이 국제적인 다각화에 대해 가지는 의욕은 더 급박해졌다.

예고된 버블

눈높이와 현실의 불일치로 인해서 이미 많은 중국인이 해외 실물시장에 투자하기 시작했고, 미국, 캐나다, 오스트레일리아와 같은 선진국으로 이주하는 데 매력을 느끼고 있다. 이렇게 중국주식시장이나 부동산시장을 벗어난 다각화와 해외 투자에 대한 중국인의 수요가 크게 늘어나면서 정부는 자본계정을 개방하라는 큰 압력을 받고 있다. 이같은 자본 도피는 장래에 중국주식시장과 부동산시장의 실적을 약화시킬 수 있다.

위의 지적을 기반으로 한 반대도 있지만, 자본계정 흐름을 더욱 제한하는 것이 자산거품, 지하외환시장과 같은 위험으로 이어질 수 있고, 결국 중국자본계정이 개방되어야 할 때 더 큰 부정적 쇼크를 유발할 것이라는 여론도 강하다. 따라서 정부는 마음을 굳히고 서서히, 꾸준히, 그리고 질서 있게 자본계정을 개방해야 할 것이다.

점진적 개혁

자본보장철폐를 위시한 각종 개혁의 당위성은 두말할 필요도 없지만 이에 못지 않게 중요한 것이 개혁의 속도와 집중도다. 중국경제 내 막대한 통화공급량과 유동성을 고려하면, 통화공급과 신용팽창을 억제하는 갑작스런 조치는 시스템에 쇼크와 위기를 불러올 수 있다.

2013년 6월과 12월의 신용경색과 2014년 12월의 총예금액 감소는 금융시스템이 새로운 자본을 통한 지원에 얼마나 민감하게 반응하는가를 보여주었다. 시스템이 점점 민감하고 불안정해지고 있기 때문에 통화정책의 개혁과 금리자유화, 은행 규제 체제, 자본계정 자유화는 반드시 주의 깊게 점진적으로 이루어져야 한다.

1980년대와 1990년대에 러시아와 남아메리카에서 발생한 금융위기를 통해 알 수 있듯이 충격 요법에는 지나치게 많은, 예상치 못한, 그리고 통제할 수 없는 위험이 수반되며 역효과가 따를 수 있다.

: 투자 보증의 무효화

부동산

2014년에는 중국에서 가장 낙관적인 전망을 가지고 있다는 평가를 받는 부동산개발업체들조차 앓는 소리를 냈다.[21] 주택시장의 전성시대는 끝났다는 예측이 현실로 다가왔다. 주택(그리고 주택 관련 부문)이 중국경제에 미친 가장 큰 영향, 즉 주택시장 활황에서 유발된 엄청난 부의 효과와 그 결과로 초래된 열광적인 기대, 소비자의 신뢰 또한 변화를 겪었다.

지난 10년간 부동산이 고속성장목표를 달성하는 데 결정적 역할을 한 것은 사실이지만, 주택의 공급과잉과 세계에서 가장 가격이 높은 주택시장이라는 측면에서 생각한다면 분명히 실질적인 변화가 있어야 한다. 중국정부가 둔화된 경제성장을 받아들인다면, 주택가격과 주택시장에 보다 유연한 입장을 취하게 될 것이다. 가계와 투자자들이 주택시장에 대한 정부의 태도에서 미묘한 변화를 감지하게 되면 결국 투기 열풍은 끝을 보게 된다.

투자자들이 부동산투자에서 손실을 보아도 더 이상 지방정부와 개발업자(정부의 통제하에 있는)들로부터 보증과 지원을 받을 수 없다면, 그들은 부동산을 사들이는 일에 대해 한 번 더 생각하게 된다. 이미 공급이 실수요(투기 없이)를 앞질렀기 때문에, 정책의 변화와 정부 보증의 감소가 주택시장을 연착륙으로 이끌 수 있을 것이다.

다른 부문의 개혁과 마찬가지로, 여기에서도 속도가 대단히 중요하다. 정부가 지나치게 천천히 움직일 경우 주택거품이 통제할 수 없을 정도로 커질 것이다. 반대로 억제 조치가 지나치게 엄격하다면 주택 부문과 국가경제가 교착 상태에 빠져 중국의 은행권을 위협하는 지경에 이를 수 있다.

부동산이 다른 경제에 미치는 영향을 줄이고 금융 위험을 줄이기 위해서는 주택담보증권과 자산유동화증권 시장(ABS)의 개발이 시급하다. MBS와 ABS 시장의 개발은 중국은행에 집중된 위험을 다각화하는 데 대단히 유용하다는 것이 입증되었다. 더구나 유동화는 은행의 채무 회전율을 개선하고 부실채무와 비유동자본 손실을 다른 부문이나 해외의 다른 지역으로 분산시키는 데 도움이 된다.

주식시장

전 세계 대부분의 자본시장과 달리 A주 시장은 승인을 기반으로 하는 상장 절차를 진행한다. 주식상장에 관심이 있는 모든 기업은 길고 번거로운 중국증권감독위원회의 승인을 거쳐야 한다.

승인 기반 상장 절차에 경력 조사와 투자자보호와 같은 혜택이 따른 다른 것이 이미 널리 알려진 사실이다. 그러나 그 외에도 규제기관에 대단히 유리한 이점을 안겨준다. 새로운 기업들이 주식을 상장하는 속도를 조정함으로써 시장에서 움직이는 자본을 통제할 수 있는 것이다.

역사적으로 IPO 과정의 지연은 시장 실적을 끌어올리는 호재로 여겨지는 것이 보통이었다. 반면에 IPO 과정의 시작이나 재개는 악재로 여겨지고 시장을 붕괴시키는 경우가 많다. IPO 과정을 조정함으로써 시장을 움직이는 일이 가능해 보이지 않는가? 이것이 무의식중에 투자자들의 마음에 암묵적 보증의 씨앗을 심는다. 투자자들은 증감위가 새로운 주식의 상장을 무기한 지연시킴으로써 시장을 떠받칠 수 있다고 생각하게 되는 것이다.

그러므로 A주 시장의 개혁은 승인 기반의 IPO 과정을 등록 기반으로 전환해서 자격이 있는 기업이라면 규제기관의 지나친 간섭 없이 스스로 최적의 상장 시점과 상장 가격을 선택하도록 하는 데에서 시작되어야 한다.

개혁이 필요한 또 다른 중요한 분야는 파생상품과 공매도다. 공매도와 파생상품은 부정적인 정보를 끌어내는 데 도움을 주고 자본시장의 균형을 이끌어내는 것으로 유명하다. 바로 이러한 효과 때문에, 투자자들은 물론 규제기관도 독자적으로 시장을 끌어내리는 힘을 가지고 있는 파생상품과 공매도를 두려워한다.

CSI 300 지수선물(2012년), 국채선물(2013년), 지수옵션(2015년)으로 대표되는 일련의 선물상품까지 중국에 도입되었지만 규제기관과 투자자들은 시장에 대한 부정적인 영향을 두려워하면서 여전히 이러한 증권과 거래 메커니즘이 중요한 역할을 하도록 놓아두는 것을 꺼리고 있다. 이들이 중국에 도입된 지 수년이 흘렀는데도 공매도의 관행은 작은 그룹의 기업 사이에서 제한적으로만 이루어지고 있다.

A주 시장이 안정된 후에야(긍정적인 뉴스와 부정적인 뉴스가 주식 가격설정에 모

두 허용되고 통합되는) A주 시장의 정보 발견 기능이 적절히 움직일 것이다. 정보가 효율적으로 전달되는 시장이 되어야 중국은 물론 전 세계의 투자자들로 하여금 지속가능성과 장기적인 시장 가치에 대한 신뢰를 갖게 만들 수 있다.

중요하기로는 다른 것에 뒤지지 않지만 마지막으로 언급할 것은, 중국정부가 증감위에 대한 명확한 의제를 만들어야 한다는 점이다. 현재 증감위는 중국자본시장의 질서를 확립하고 시장발전을 촉진하는 책임을 짊어지고 있다. 많은 투자자들은 이것을 A주 시장의 실적을 올리는 일과 동일시하고 있다. 이 때문에 중국 투자자들은 중국 주식시장에 눈에 띄는 하락세가 나타날 때마다 증감위를 비판의 표적으로 삼는다. 전문가들이 압력을 행사해서 증감위가 주식시장에 좀 더 호의적인 정책을 시행해주기를 기대하는 것이다.

이런 상황에서는 시장의 질서를 확립하고 시장 발전을 촉진한다는 이 2가지 목표가 때로 모순을 일으킬 것이 분명하다. 따라서 중국 A주 시장의 암묵적 보증을 감소시키는 일은 규제기관의 강령과 의제를 근본적으로 조정하는 일과 함께 시작되어야 할 것이다.

그림자금융(P2P대출 규제)

중국의 그림자금융권을 개혁하기 위해서 해야 할 일이 무엇인가는 명확하고 상세하게 드러나 있다. 그러나 그 실행은 무척 어렵다. 지방정부가 지방정부 자금조달 기관의 재정적 위기에 대해서 책임을 지겠다고 말한 적이 없음에도 불구하고, 대부분의 투자자들은 디폴트의 경우 지방정부가 책임을 떠맡을 것이라고 생각한다. 투자자들은 필요한 경우 지방정부가 중앙정부의 힘을 빌려서 그들에 대한 긴급구제에 나설 것이라고 믿는다.

과거 이러한 암묵적 보증은 지방정부와 국유기업이 끌어들인 대출에만 적용되었다. 하지만 현재는 이 같은 암묵적 보증이 은행을 비롯한 금융기관이 상품의 발생, 구성, 마케팅에 관여한 경우(이 책의 앞부분에서 논의된 산시전푸 상품의 경우와 같이)로까지 확장되어 있다.

은행업감독관리위원회는 2014년부터 그림자금융의 문제가 커지지 않도록 억제하거나 최소한 문제를 보다 투명하게 만들려고 시도하고 있다. 다양한 관련 당사자들이 안고 있는 지불 책임과 수탁 책임에 대한 공시가 늘어나면서, 투자자들은 그림자금융에서 사용되는 많은 신탁상품과 자산관리상품의 생존력과 지속가능성에 대해 이해의 폭을 넓혀가고 있다.

인터넷금융이라고 불리는 금융혁신이 공식적인 은행 규제 밖에서 폭발적으로 성장함에 따라, 중국 규제기관이 업계와 그 위험노출의 규모를 정확하게 측정하는 일이 중요해졌다.

: 디폴트와 파산

중앙정부와 규제기관들은 본보기로 디폴트 사례를 몇 차례 만들어야 한다. 투자자들은 책이 아닌 시장으로부터 직접적인 배움을 얻는다. 몇 개의 기업, 금융기관 그리고 지방정부만 디폴트에 이어 파산으로 가는 모습을 보게 되면, 투자자들은 중앙정부가 시장의 힘에 자원 배분을 맡긴다는 생각을 갖게 될 것이다.

암묵적 보증이 너무나 당연시되고 있기 때문에, 그러한 디폴트 사태들이 벌어지기 전에는 암묵적 보증이 더 이상은 위험을 왜곡하고 가격을 견인하는 데 효과적이지 않다는 생각을 투자자들에게 심어줄 수 없을 것이다. 투자자들은 디폴트와 그에 따른 투자손실을 통해서만이 위험을 직접 느끼고 그에 따라 기대치를 조정할 것이다. 그러한 적절한 가격결정 시스템이 있어야만 정부와 기업이 책임감을 가지고 합리적인 투자와 자금조달을 하게 된다.

중국인들이 디폴트와 도산을 유난히 꺼리는 것은 오명을 피하고 싶은 마음 때문이기도 하지만 중국경제에 대한 신뢰는 주로 직접적인 관계에 기반을 두는 반면, 법과 법 집행력은 모호하고 채무자의 행동을 규율하는 데 효과적이지 못하기 때문이다.[22] 또한, 중국정부는 디폴트나 파산과 같은 바람직하지 못한 일이 시민의 불만과 사회적 불안을 야기할 수 있다고 생각한다. 더구나 문제가 있는 많은 기업들은 국가의 소유이다 보니 이해가 충돌하게 되고 따라서 중국정부는 파산위기에 처한 기업을 두고 보는 일을 꺼리거나 망설일 수밖에 없다.

그러나 경제는 경제원리에 따라 움직일 뿐이며 요소 가격과 위험 가치의 장기적인 왜곡은 거품의 붕괴나 장기적인 불황으로 이어질 뿐임을 깨달아야 한다. 결과적으로, 금융권에서 내에서 정보 공시가 이루어지고 정확한 예측이 가능해지는 것이 신탁상품과 자산관리상품 그리고 중국 금융권내에서 증가하는 위험을 분산시키는 데 중요한 요소임이 증명될 것이다.

"죽음은 삶이 만들어낸 최고의 발명품"이라는 스티브 잡스의 말이

옳았나 보다. 실패는 중국의 암묵적 보증이 가진 문제를 해결하는 유
일한 치료제이며 중국경제와 금융시스템을 구하고 재가동시키는 개선
책이다.

예고된 버블

감사의 글

예일대학의 동료이자 친구이며 훌륭한 자문가인 로버트 실러 교수는 이 책을 집필하는 내내 격려와 조언을 아끼지 않았다. 그리고 토머스 사전트(Thomas J. Sargent, 뉴욕대학, 노벨 경제학상 수상자), 에스워 프라사드(Eswar S. Prasad, 코넬 대학, 전 IMF 중국 총괄담당자), 윌리엄 괴츠만(William N. Goetzmann; 예일대학), 애덤 투즈(Adam Tooze; 컬럼비아대학), 샤오잉 우 해리(Harry Xiaoying Wu, 히토쓰바시 대학), 황위핑(Yiping Huang, 베이징대학), 웨이센(Sen Wei, 푸단대학), 데버러 루카스(Deborah J. Lucas, M.I.T.), 해리슨 홍(Harrison Hong, 프린스턴대학), 시옹웨이(Wei Xiong, 프린스턴 대학), 에이드리엔 치스티(Adrienne Cheasty, IMF), 데이비드 윌콕스(David W. Wilcox, 미 연준 이사), 애덤 포즌(Adam S. Posen, 페터슨연구소) 그리고 세계경제포럼(World Economic Forum)의 유럽부채위기(European Debt Crisis), 재정적 지속가능성(Fiscal Sustainability), 공공 및 민간투자(Public and Private Investments) 등에 관한 각각의 글로벌어젠더위원회(Global Agenda Councils) 회원 등과의 숱한 토의에서 많은 것을 배웠다. 또 지난 몇 년간 IMF, 연준, 예일대학, 캘리포니아대학, 와세다대학, 홍콩중문대학 등을 방문했던 경험이 이 책을 쓰는 데 큰 도움이 됐다. 상하이자오퉁대학 고급금융학원(Shanghai Advanced Institute of Finance, SAIF)의 동료, 특히 장민(Min Zhuang), 춘우(Yu Chun), 왕수에메이(Xuemei Wang), 리우궈싱(Guoxing Liu), 루오시우(Siyu Luo) 등이 큰 도움을 줬다. 그리고 캐시 천쥔팡(Cathy Chenjun Fang)은 이 책을 쓰는데 필요한 자료수집과 분석작업에서 큰 도움을 줬다. 맥그로힐(McGraw-Hill Education)의 편집자와 판매 담당자들, 즉 베이징에 있는 얀위(Li Yan)와 판잉(Ying Fan), 뉴욕에 있는 크리스토퍼 브라운(Christopher Brown), 코트니 피셔(Courtney Fischer), 맥커디(P. McCurdy) 그리고 중국어판 담당 출판사 중신출판(CITIC Publishing)의 타오펑(Peng Tao), 쉬뤄첸(Ruoqian Xu), 스베이옌(Beiyan Shi) 등이 이 책을 출판하는 데 큰 도움을 줬다. 그리고 이 책의 초고를 편집하는 데 애를 써준 퍼트리샤 오딘(Patricia Odean)에게 깊은 감사의 마음을 전한다. 마지막으로 변함없는 사랑으로 필자를 지원해준 가족에게도 고마움을 표하고 싶다.

예고된 버블

제1장

1 http://www.njdaily.cn/2013/0311/346222.shtml

2 http://finance.sina.com.cn/trust/20140123/090718056179.shtml

3 http://news.xinhuanet.com/fortune/2014-01/16/c_126012776.htm

4 The Reports on National Government Debt (June 2013), China National Auditing Office, December, 2013

5 http://finance.ifeng.com/a/20140902/13046908_0.shtml

6 http://house.ifeng.com/column/news/yzdzq/index.shtml

7 http://house.ifeng.com/detail/2011_11_11/20582916_0.shtml

8 http://www.zgfpbd.com/?p=5042

9 혹자는 사실 이번 시위 사태는 부동산개발업체가 지방정부의 보조금 지원을 노리고 저지른 일이라고 주장한다. http://www.zgfpbd.com/?p=5042

10 http://www.bloomberg.com/news/2014-07-01/china-developers-offerbuyback-guarantee-in-weakest-home-markets.html

11 http://dealbook.nytimes.com/2011/08/26/canadian-regulators-order-sinoforest-executives-to-resign/?_php=true&_type=blogs&_r=0

12 http://www.bloomberg.com/news/2011-06-21/paulson-dumping-sinoforest-may-dealclients-720-million-loss.html

13 http://finance.sina.com.cn/focus/ChinesecompanyinAmericastockmarkekt/

14 http://money.163.com/13/0722/19/94DLCCM400254ITV_all.html

15 http://cn.reuters.com/article/chinaNews/idCNChina-1403920080612

16 http://17173.tv.sohu.com/v_102_613/NzgwMTA2OA.html

17 http://finance.ifeng.com/stock/ssgs/20111212/5254377.shtml

18 http://guba.eastmoney.com/404.aspx?code=002070

19 http://finance.sina.com.cn/stock/y/20080918/16295318752.shtml

20 http://news.cnstock.com/news/sns_bwkx/20140½870302.htm

21 China Survey of Consumer Finance, Southwest University of Finance and Economics

22 http://wenku.baidu.com/view/4f620c10a8114431b90dd87c.html

23 http://news.hexun.com/2013-01-10/150023967.html

24 http://finance.sina.com.cn/zl/china/20140325/152418607856.shtml

25 http://www.sciencedirect.com/science/article/pii/S092911991300062X

26 http://onlinelibrary.wiley.com/doi/10.1111/j.1540-6261.2008.01325.x/pdf

27 http://money.163.com/14/0519/00/9SINTFNU00253B0H.html

28 같은 주제로 연구했던 야오위둥은 이는 과소평가된 수치이며 중국 비금융기업의 실제 레버리지 비율은 140%나 된다고 한다.

29 http://app.finance.china.com.cn/report/detail.php?id=2115866

30 http://finance.sina.com.cn/china/20140519/011719145466.shtml

31 http://news.xinhuanet.com/fortune/2007-07/20/content_6406776.htm

32 http://www.alu.cn/news/483789/

33 Oct, 17, 2013, The State Cabinet, "Guidance on solve the over-capacity problem"

34 http://finance.eastmoney.com/news/1372,20130711305429891.html

35 http://news.xinhuanet.com/energy/2012-10/29/c_123883520.htm

36 The Reports on National Government Debt (June 2013), China National Auditing Office, December, 2013

37 http://baike.baidu.com/link?url=GWEXgxaCdkBzsdDIEI8ltTu06643c5jJDf7ZURS7oKxdiTR jQ5-2tGQ_Np5SfxQ7YFl8d9P1eOHJnDHKq-Lkq

38 China, 2030, 2012, World Bank and China National Development Center.

39 China, 2030, 2012, World Bank and China National Development Center.

40 http://www.chinanews.com/cj/2012/01-04/3580800.shtml

41 The Reports on National Government Debt (June 2013), China National Auditing Office, December, 2013

42 http://finance.sina.com.cn/money/bond/20131230/163617796897.shtml

제2장

1 http://usa.chinadaily.com.cn/business/2013-06/26/content_16667482.htm

2 http://www.bnppresearch.com/ResearchFiles/29697/China%20   Banks-170114.pdf BNP Paribas Report, Judy Zhang CHINA BANKS, Will the implicit trust product guarantee be gone?

3 http://www.cbrc.gov.cn/chinese/home/docView/987456E5AC9549BA8FA53EC5F7A66029.html

4 WIND and industry association reports

5 http://news.163.com/14/1101/09/A9V338O700014AEE.html

6 http://www.qqjjsj.com/yjbg/31729.html

7 http://finance.people.com.cn/GB/10681773.html

8 http://money.163.com/12/0214/02/7Q6LA0PP00253B0H.html

9 http://en.wikipedia.org/wiki/Hyman_Minsky#Financial_theory

10 http://ineteconomics.org/%5Btermalias-raw%5D/why-did-chineseshadow-banking-surge-after-2009

11 http://www.brookings.edu/-/media/research/files/papers/2015/04/01-shadow-banking-china-primer/shadow_banking_china_elliott_kroeber_yu.pdf

12 http://siteresources.worldbank.org/FINANCIALSECTOR/Resources/Session3-LiaoMinShadowBankinginChina.pdf

13 http://www.reuters.com/article/2014/04/14/us-china-regulationsshadowbanking-idUSBREA3D09H20140414

14 http://blogs.wsj.com/chinarealtime/2014/06/10/china-now-has-moremillionaires-than-any-country-but-the-u-s/

15 http://www.nytimes.com/2013/08/07/business/global/growth-slows-inchinas-trust-sector.html?_r=0

16 http://www.reuters.com/article/2014/04/14/us-china-regulationsshadowbanking-idUSBREA3D09H20140414

17 http://ineteconomics.org/%5Btermalias-raw%5D/why-did-chineseshadow-banking-surge-after-2009

18 http://blogs.wsj.com/chinarealtime/2014/05/02/a-partial-primer-tochinas-biggest-shadow-entrusted-loans/

19 http://finance.sina.com.cn/money/bank/bank_hydt/20140516/011919123388.shtml

20 http://blogs.wsj.com/chinarealtime/2014/05/02/a-partial-primer-tochinas-biggest-shadow-
    entrusted-loans/

21 http://finance.qq.com/a/20140115/008057.htm

22 Yan, Qingmin, and Li, Jianhua, 2014, A study of Chinese Shadow Banking System, Citic
    Publisher.

23 http://wallstreetcn.com/node/72008

24 http://bank.hexun.com/2010-08-12/124571244.html

25 http://bank.hexun.com/2013-01-19/150350052.html

26 2014 China Financial Stability Report

27 http://business.sohu.com/20140505/n399151227.shtml

28 http://blogs.wsj.com/chinarealtime/2014/05/04/securities-companiestake-a-leap-into-
    shadow-banking/

29 The People's Bank of China, Financial Stability Report, 2014.

30 Lin, Caiyi, Wu, Qihua, How are Chinese Shadow Banking Created, Research Report, ShenYin
    WanGuo Securities.

31 http://www.sxdaily.com.cn/n/2014/0325/c362-5391340.html

32 http://blogs.wsj.com/moneybeat/2014/01/06/few-specifi cs-mean-chinabanks-could-stay-
    in-the-shadows/

33 http://finance.people.com.cn/n/2012/1111/c1004-19543760.html

34 http://blogs.wsj.com/moneybeat/2014/01/14/is-chinas-focus-on-reformclouding-the-
    picture-on-shadow-banking/

35 As a piece of side evidence, rumors about the State Councils' plan have contributed to a sell-
    off in China's stock market in early 2014.

36 http://www.brookings.edu/research/testimony/2015/04/22-sustainablegrowth-china-prasad

제3장

1 http://www.realestate.cei.gov.cn/image/infopic/20050726g05.htm

2 http://finance.ifeng.com/a/20140521/12380519_0.shtml

3 http://tcgpggn.com/qiyedongtai/37799.html

4 http://finance.ifeng.com/a/20140521/12380519_0.shtml

5 http://finance.ifeng.com/a/20140521/12380519_0.shtml

6 http://finance.ifeng.com/a/20140521/12380519_0.shtml

예고된 버블

7 http://finance.ifeng.com/a/20140521/12380519_0.shtml

8 http://qz.house.163.com/14/0527/14/9T8RUUQB02750A7N.html

9 http://news.xinhuanet.com/fortune/2012-03/22/c_111686393.htm

10 http://news.dichan.sina.com.cn/2014/06/07/1125025.html

11 http://www.imf.org/external/research/housing/

12 http://finance.qq.com/a/20140502/005309.htm

13 http://www.caixin.com/2014-01-21/100631353.html

14 China Consumer Finance Survey, 2014 Southwest University of Finance and Economics.

15 China Consumer Finance Survey, 2014 Southwest University of Finance and Economics.

16 http://finance.qq.com/a/20140924/009415.htm

17 http://news.163.com/14/1227/09/AEF8T54F00014AED.html

18 http://gz.ifeng.com/zaobanche/detail_2013_03/27/663677_0.shtml?_from_related

19 http://finance.sina.com.cn/review/mspl/20130924/222416838412.shtml

20 http://finance.chinanews.com/house/2013/05-03/4782548.shtml

21 http://cdmd.cnki.com.cn/Article/CDMD-10610-2005126356.htm

22 http://news.xinhuanet.com/legal/2008-07/06/content_8497757.htm

23 http://news.china.com.cn/2012lianghui/2012-03/05/content_24808120.htm

24 http://www.zentrust.cn/jinrongshichang/20140428/4346.html,

25 http://news.xinhuanet.com/fortune/2014-04/12/c_1110211930.htm

26 http://blogs.wsj.com/chinarealtime/2014/08/12/property-pile-upwhich-chinese-provinces-rely-most-heavily-on-real-estate/?mod=newsreel

27 http://wallstreetcn.com/node/86419

28 http://www.bloomberg.com/news/2014-06-19/property-flops-seen-as-33-billion-in-trusts-due-china-credit.html

29 China Trustee Association, 2014

30 http://wallstreetcn.com/node/86419

31 http://business.sohu.com/20111111/n325340343.shtml

32 http://ah.sina.com.cn/news/s/2013-04-16/143247768_2.html

33 http://ah.sina.com.cn/news/s/2013-04-16/143247768_2.html

34 http://www.fangchan.com/news/2/2013-05-27/347711.html

35 http://www.yanglee.com/

36 http://www.bloomberg.com/news/2014-06-19/property-fl ops-seen-as-33-billion-in-trusts-due-china-credit.html

37 http://www.bloomberg.com/news/2014-06-19/property-fl ops-seen-as-33-billion-in-

trusts-due-china-credit.html

38 China Consumer Finance Survey, 2014 Southwest University of Finance and Economics.

39 http://finance.ifeng.com/a/20140521/12380519_0.shtml

40 http://news.sina.com.cn/c/2013-10-17/100828457741.shtml

41 http://news.xinhuanet.com/newscenter/2003-08/14/content_1026863.htm

42 www.baidu.com/link?url=yMHpw-gHcHr61jma8J9wMCWj6k_h3eiaxT1vBiYnJIwq4khrokwnO
EXEHGlV7n3d

제4장

1 http://dealbook.nytimes.com/2011/08/26/canadian-regulators-order-sinoforest-executives-
to-resign/?_php=true&_type=blogs&_r=0

2 http://en.wikipedia.org/wiki/Sino-Forest_Corporation#cite_note-nyt-7

3 http://finance.sina.com.cn/focus/ChinesecompanyinAmericastockmarkekt/

4 Bris, Goetzmann, and Zhu, 2007, Efficiency and the Bear, Short Sales and Markets around the
World, Journal of Finance, 62?, 1029?079.

5 Bris, Goetzmann, and Zhu, 2007, Efficiency and the Bear, Short Sales and Markets around the
World, Journal of Finance, 62?, 1029?079.

6 http://papers.ssrn.com/sol3/papers.cfm?abstract_id=486264

7 http://money.163.com/13/0722/19/94DLCCM400254ITV_all.html

8 Can the market add and subtract? Mispricing in tech stock carve-outs, Lamont and Thaler,
2003, Journal of Political Economy, 2003, 111, 227?68

9 http://finance.sina.com.cn/hy/20130601/172315666216.shtml

10 http://baike.baidu.com/view/1063724.htm

11 http://finance.qq.com/a/20140616/001895.htm

12 http://web-docs.stern.nyu.edu/salomon/docs/assetmanagement/S-AM-01-05.pdf

13 Liao, Li, Zhang, and Zhu, 2014, Security Supply and Asset Prices, working paper.

14 http://onlinelibrary.wiley.com/doi/10.1111/0022-1082.00079/abstract

15 http://economia.icaew.com/opinion/october-2014/chinas-financialfloodgates

16 http://www.frbsf.org/economic-research/publications/economicletter/2012/december/
external-shocks-china-monetary-policy/

17 http://baike.baidu.com/view/2867871.htm

18 http://www.hsi.com.hk/HSI-Net/HSI-Net

19 Greg Stuard Hunter and Deng Chao, Chinese Stock Buying Frenzy Sweeps into Hong Kong,

Wall Street Journal, 2015 April 9th.

20 http://www.reuters.com/article/2015/04/08/china-hongkong-stocksconnector-idUSL4N0X52QH20150408

21 http://www.nbd.com.cn/articles/2012-03-03/638246.html

22 http://www.ft.com/cms/s/0/e20f271a-3879-11e2-bd7d-00144feabdc0.html#axzz3oyPj8lj2

23 http://blogs.wsj.com/privateequity/2013/1%4/china-corruption-pushesprivate-equity-to-the-edge/

24 http://www.cbsnews.com/news/why-ipos-underperform/

25 http://www.amazon.com/Maestro-Greenspans-Fed-American-Boom/dp/0743204123

26 http://www.bloomberg.com/news/articles/2013-01-08/china-to-require-30-company-dividend-payout-to-lure-investors

27 http://www.cfapubs.org/doi/abs/10.2469/dig.v33.n1.1204

28 http://www.mckinsey.com/insights/corporate_finance/the_value_of_share_buybacks

29 http://www.sciencedirect.com/science/article/pii/S0927538X08000474

30 http://www.sciencedirect.com/science/article/pii/S1043951X99000061

제5장

1 MMF는 얼마나 안전한가? http://qje.oxfordjournals.org/content/128/3/1073.abstract

2 그러한 규제를 피하고자 은행은 값비싼 사은품이나 해외여행 패키지를 제공하는 등의 판촉 행사를 통해 예금을 유치하려 했다. 이러한 행사는 감독당국이 은행의 예금 수준을 평가하는 시기이자 유동성이 부족해지는 시기인 월말이나 분기말에 주로 이루어진다.

3 미국 금융 및 경제 위기 원인 규명 위원회(National Commission on the Causes of the Financial and Economic Crisis in the United States)의 '금융위기 조사보고서[The Financial Crisis Inquiry Report (PDF)]' 2011년. p.252

4 http://finance.ifeng.com/a/20140313/11881567_0.shtml

5 HE, Yingyan, Global Entrepreneur Magazine, December, 2002 (I).

6 HE, Yingyan, Global Entrepreneur Magazine, December, 2002 (I)

7 https,//www.prosper.com/downloads/research/dynamic-learningselection-062008.pdf

8 http://www.wangdaizhijia.com/news-more-10550.html

9 http://finance.sina.com.cn/roll/20140508/122719042218.shtml

10 http://finance.sina.com.cn/money/bank/bank_hydt/20140523/021719198689.shtml

11 http://finance.qq.com/a/20140419/006172.htm

12 http://finance.qq.com/a/20140419/006172.htm

13 http://finance.sina.com.cn/money/bank/bank_hydt/20140815/135020024790.shtml

14 http://online.wsj.com/articles/china-metal-probe-weighs-on-copperoutlook-1403341855

15 http://money.163.com/14/0612/23/9UIVHQLN00252H36.html

16 http://cn.nytimes.com/business/20140612/c12banks/

17 http://finance.sina.com.cn/money/future/fmnews/20140606/000019328151.shtml

18 http://cn.nytimes.com/business/20140612/c12banks/

19 http://www.bloomberg.com/news/2014-03-18/goldman-sayschinese-commodity-financing-may-unwind-in-24-months.html

20 http://www.p5w.net/futures/zhzx/201405/t20140519_601993.htm

21 http://www.mining.com/copper-iron-ore-imports-defy-china-weakness-78229/

22 http://www.p5w.net/futures/zhzx/201405/t20140519_601993.htm, China Business Network, May 19th, 2014.

23 http://www.macrobusiness.com.au/2013/06/chinas-minsky-moment/

24 http://finance.ifeng.com/a/20140405/12062883_0.shtml

25 http://finance.sina.com.cn/money/bank/bank_hydt/20140829/030420154473.shtml

26 http://www.nbd.com.cn/articles/2012-07-04/664703.html

제6장

1   http://www.voafanti.com/gate/gb/www.voachinese.com/articleprintview/2423968.html

2   http://finance.sina.com.cn/china/20120524/022412133289.shtml

3   http://www.stats.gov.cn/tjsj/qtsj/gjsj/2010/t20110630_402735801.htm

4   http://online.wsj.com/news/articles/SB10001424127887324474004578444090260265834

5   https://en.wikipedia.org/wiki/List_of_countries_by_tax_rates

6   http://news.sina.com.cn/c/2013-03-01/143826397583.shtml

7   http://acftu.people.com.cn/GB/14132733.html

8   http://business.sohu.com/20140521/n399855429.shtml

9   http://www.ftchinese.com/story/001052976

10 http://ineteconomics.org/blog/china-seminar/anti-corruption-slowingdown-overall-retail-sales-china

11 http://money.cnn.com/2014/0$\frac{1}{2}$8/news/economy/china-anti-corruption/

12 http://ineteconomics.org/blog/china-seminar/anti-corruption-slowingdown-overall-retail-sales-china

13 http://www.economist.com/news/china/21610316-weighing-economicimpact-anti-

corruption-campaign-anti-graft-anti-growth

14 http://stock.sohu.com/20130907/n386084982.shtml

15 http://content.time.com/time/photogallery/0,29307,1975397_2094492,00.html

16 http://www.bbc.com/news/magazine-17390729

17 http://en.wikipedia.org/wiki/Hyman_Minsky

18 http://epaper.oeeee.com/A/html/2013-03-31/content_1832133.htm

제7장

1 http://www.ftchinese.com/story/001049441?page=1

2 http://bbs.tianya.cn/post-develop-1569824-1.shtml

3 http://finance.21cbh.com/2014/5-10/3OMDAzNzFfMTE2MTA3OA.html

4 The State Cabinet, Oct, 17, 2013, "Guidance on solve the overcapacity problem"

5 http://money.163.com/13/0416/00/8SHRUOM9002524SO.html

6 http://news.cnal.com/industry/2013/10-24/1382575927350766.shtml

7 How severe is the over-capacity in China, UBS Global research, Jan 13, 2013.

8 http://news.xinhuanet.com/energy/2012-10/29/c_123883520.htm

9 http://www.bloomberg.com/news/articles/2014-09-04/clean-energydefaults-seen-amid-record-china-debt-loads

10 http://finance.ce.cn/rolling/201406/28/t20140628_3057065.shtml

11 http://onlinelibrary.wiley.com/doi/10.1111/0022-1082.00040/abstract

12 http://www.cs.com.cn/ssgs/gsxw/201409/t20140913_4511139.html

13 http://news.cnfol.com/130724/101,1277,15604416,00.shtml

14 위어바오 같은 수많은 MMF 상품과 WMP의 금리에 반영됐다시피 이러한 과정이 이미 시작됐다.

15 앤드루스(Andrews, E, A), '주택시장 구제 상황에서의 도덕적 해이, 옥석 가르기의 딜레마, 위험을 자초한 사람까지 구제하는 것이 과연 옳은 일인가?(Moral Hazard' for a Housing Bailout, Sorting the Victims From Those Who Volunteered)', 뉴욕타임스(New York Times), 2008, 2, 23.

16 존슨(Johnson, S.)과 곽(J. Kwak), '리먼브라더스와 도덕적 해이의 지속(Lehman Brothers and the Persistence of Moral Hazard)', 2009, 워싱턴포스트(Washington Post), 2009, 9. 15.

17 http://news.ifeng.com/mainland/special/tiedaobuxinzheng/content-3/detail_2011_04/20/5860136_0.shtml

18 Reports on Chinese Railway Locomotive Industry, 2010-2011,

19 http://news.ifeng.com/mainland/special/tiedaobuxinzheng/content-3/detail_2011_04/20/5860136_0.shtml

20 http://www.reuters.com/article/2013/10/17/idUSL3N0I71YW20131017

21 http://news.xinhuanet.com/fortune/2011-08/13/c_121855478.htm

22 The concerted industry sector planning certainly does not help when it comes down to which industry each local government should invest into.

23 http://m.ftchinese.com/story/001048086

제8장

1 China 2020, research report by the World Bank and NDRC, China, http://www.worldbank.org/content/dam/Worldbank/document/China-2030-complete.pdf

2 http://news.sohu.com/20070302/n248450942.shtml

3 Franko, 2004http://www.sciencedirect.com/science/article/pii/S0007681304000473

4 Zhu, N. 2014, On how to improve corporate valuation for Chinese companies, working paper, SAIF.

5 http://www.sciencedirect.com/science/article/pii/S0304405X05001820

6 http://www.yuqingcn.cn/www/show-27999.html

7 http://money.163.com/14/0306/08/9ML223GI00253B0H.html

8 http://finance.sina.com.cn/stock/s/20120322/022911648812.shtml

9 http://www.1000caifu.com/bencandy.php?fid-52-id-2276-page-1.htm

10 http://pg.jrj.com.cn/acc/Res/CN_RES/MAC/2013/12/2/2b4632bd-215c-41f7-8d6b-2028f939b331.pdf

11 Guosen Securities, 2014, research report "The high leverage problem for Chinese non-financial companies"

12 http://finance.ifeng.com/a/20140901/13034313_0.shtml?wratingModule_1_15_108

13 http://finance.people.com.cn/stock/BIG5/n/2014/0805/c67815-25402669.html

14 http://wallstreetcn.com/node/90694

15 http://wallstreetcn.com/node/90694

16 http://business.sohu.com/20140519/n399733786.shtml

17 http://finance.jrj.com.cn/people/2013/10/28003916033335.shtml

18 http://news.hexun.com/2012-05-15/141394427.html

19 http://finance.eastmoney.com/news/1344,20130513291157851.html

20 http://economy.caijing.com.cn/2014-04-23/114126308.html

제9장

1 http://www.economist.com/news/leaders/21625785-its-debt-will-notdrag-down-world-economy-it-risks-zombifying-countrys-financial

2 The Reports on National Government Debt Audition, June, 2013, China National Audition Office, December, 2013

3 http://www.businessinsider.com/chinas-local-government-debt-3-trillion-2013-12#ixzz3FbXvWspp

4 http://finance.sina.com.cn/money/bond/20131230/163617796897.shtml

5 IAS 37 Provisions, Contingent Liabilities, and Contingent Assets, http://www.ifrs.org/IFRSs/IFRS-technical-summaries/Documents/IAS37-English.pdf

6 The Reports on National Government Debt Audition, June, 2013, China National Audition Office, December, 2013

7 http://house.focus.cn/news/2014-07-14/5260052.html

8 http://house.focus.cn/news/2014-06-11/5134970.html

9 http://money.163.com/14/0102/00/9HHTPE9600252G50.html

10 http://en.wikipedia.org/wiki/Municipal_bond#Risk

11 http://news.hexun.com/2012-12-14/149038432.html

12 http://www.huaxia.com/tslj/lasq/2015/0¼4217940_2.html

13 http://news.xinhuanet.com/2014-03-09/c_119680243.htm

14 http://finance.sina.com.cn/china/20140729/045919844665.shtml

15 http://news.hexun.com/2013-02-20/151259255.html

16 http://blogs.wsj.com/economics/2014/04/28/imf-three-reasons-not-toworry-about-a-crisis-in-china/

17 National Bureau of Statistics of China, 2014

18 World Bank Database

19 Institute for Labor and Wages Studies

20 2013 National Budgetary Report, the Chinese Cabinet, 2013

21 http://news.xinhuanet.com/world/2011-03/11/c_121173817.htm

22 http://news.hexun.com/2014-12-21/171631247.html

23 http://en.wikipedia.org/wiki/Debt-to-GDP_ratio

24 http://asia.nikkei.com/Politics-Economy/Policy-Politics/Chinese-localgovernment-debt-hits-new-high

25 http://www.cs.com.cn/xwzx/xwzt/20120613yanglao/06/201206/t20120613_3370074.html

26 http://finance.sina.com.cn/china/20120706/181212500715.shtml

27 CAO, Yuanzheng, et al, 2012, June 13rd, Caijing Magazine.

28 http://news.xinhuanet.com/house/wh/2014-10-22/c_1112920773.htm

29 http://news.xinhuanet.com/zgjx/2014-02/25/c_133141795.htm

30 http://www.cs.com.cn/sylm/jsbd/201212/t20121217_3782475.html

31 http://finance.ifeng.com/a/20140701/12636954_0.shtml

32 http://www.cs.com.cn/sylm/jsbd/201212/t20121217_3782475.html

33 http://house.focus.cn/news/2014-07-14/5260052.html

34 http://www.sciencedirect.com/science/article/pii/0094119086900227

35 http://finance.sina.com.cn/zl/china/20140731/091719872488.shtml

36 http://blogs.wsj.com/chinarealtime/2014/01/09/a-micro-reading-ofchinas-local-government-audit/

제10장

1   http://money.163.com/13/071%1/93CQO7NN00253B0H.html

2   http://business.sohu.com/20140512/n399448351.shtml

3   http://www.forbes.com/sites/jackperkowski/2011/07/14/porkprices-and-inflation/

4   http://www.nytimes.com/2007/08/26/world/asia/26china.html?pagewanted=all&_r=0

5   http://news.bbc.co.uk/2/hi/asia-pacific/6265098.stm

6   http://theweek.com/article/index/252440/chinas-massive-pollutionproblem#axzz33iIRuwP9

7   http://www.huffingtonpost.co.uk/2013/10/23/smog-cloaks-chinese-harbinclosing-schoolsairports-pictures_n_4149331.html

8   http://www.theguardian.com/world/2013/feb/16/chinese-strugglethrough-airpocalypse-smog?INTCMP=SRCH

9   http://www.xtnews.gov.cn/node3/xinwen/xtxw/userobject1ai28962.html

10 http://www.xinhuanet.com/chinanews/2011-06/04/content_22936727.htm

11 http://www.euronews.com/2013/10/21/china-record-smog-levels-shutdown-city-of-harbin/

12 http://www.huffingtonpost.com/2013/01/12/air-pollution-in-beijingchina_n_2461473.html

13 http://www.huffingtonpost.com/2013/01/12/air-pollution-in-beijingchina_n_2461473.html

14 http://www.euronews.com/2013/10/21/china-record-smog-levels-shutdown-city-of-harbin/

15 www.airnow.gov

16 http://en.wikipedia.org/wiki/Pollution_in_China#cite_note-25

17 http://en.wikipedia.org/wiki/Pollution_in_China

18 http://news.xinhuanet.com/english/china/2012-06/05/c_131633044.htm

19 http://www.theguardian.com/world/2012/mar/01/china-air-pollutiontough-rules

20 http://en.wikipedia.org/wiki/Pollution_in_China

21 http://industry.fang.com/

22 http://industry.fang.com/index/HundredCityPriceIndex.aspx

23 http://groundup.org.za/article/do-wage-increases-lead-greater-inequality_1998

24 http://www.nobelprize.org/nobel_prizes/economic-sciences/laureates/1974/hayek-lecture.html

25 Burry, Michael, I Saw the Crisis Coming, Why Didn't the Fed? New York Times, April 3, 2010.

26 http://www.nytimes.com/201%2/14/business/global/14debt.html?pagewanted=all&_r=0 Wall St. Helped to Mask Debt Fueling Europe's Crises

27 http://finance.people.com.cn/n/2013/1224/c1004-23927225.html

제11장

1 Lemke, Lins and Picard, Mortgage-Backed Securities, Chapters 1 and 2 (Thomson West, 2013 ed.).

2 http://ssrn.com/abstract=2126571

3 http://www.nytimes.com/packages/pdf/jaffe_report.pdf

4 http://www.cbo.gov/publication/21992

5 http://www.npr.org/sections/money/2011/04/21/134863767/self-fulfillingprophecy-the-bailout-of-fannie-and-freddie

6 http://www.northcountrypublicradio.org/news/npr/134863767/selffulfilling-prophecy-the-bailout-of-fannie-and-freddie

7 http://www.npr.org/blogs/money/2011/04/21/134863767/self-fulfi llingprophecy-the-bailout-of-fannie-and-freddie

8 http://www.vanityfair.com/news/2009/02/fannie-and-freddie200902

9 http://en.wikipedia.org/freddie_mac/

10 Assessing the public costs and benefi ts of Fannie Mae and Freddie Mac By United States. Congressional Budget Office

11 http://en.wikipedia.org/freddie_mac/

12 Assessing the public costs and benefi ts of Fannie Mae and Freddie Mac By United States. Congressional Budget Office

13 "When Fortune Frowned," The Economist, October 11, 2008, p. 7.

14 Vernon L. Smith, The Clinton Housing Bubble,Wall Street Journal, December 18, 2007, p. A20

15 http://www.federalreserve.gov/pubs/feds/2010/201046/201046pap.pdf

16 http://financialservices.house.gov/blog/?postid=343018

17 http://www.richmondfed.org/press_room/speeches/president_jeff_lacker/2014/lacker_speech_20140211.cfm

18 http://www.imf.org/external/pubs/cat/longres.aspx?sk=40501,0

19 http://papers.ssrn.com/sol3/papers.cfm?abstract_id=811004

20 http://financialservices.house.gov/uploadedfiles/hhrg-113-ba00-wstatejlacker-20130626.pdf

21 https,//www.richmondfed.org/publications/research/special_reports/safety_net/pdf/safety_net_methodology_sources.pdf

22 http://papers.ssrn.com/sol3/papers.cfm?abstract_id=2231317

23 http://www.tsesmeli.com/JMPaper_Tsesmelidakis_Nov2011_Letter.pdf

24 http://link.springer.com/article/10.1007/BF00207901

25 http://papers.ssrn.com/sol3/papers.cfm?abstract_id=1961656

26 http://www.oecd.org/finance/financial-markets/Implicit-Guaranteesfor-bank-debt.pdf

27 http://www.oecd.org/finance/financial-markets/Value_Implicit_Guarantees_Bank_Debt.pdf

28 http://www.moodysanalytics.com/-/media/Insight/Quantitative-Research/Credit-Valuation/2011/2011-14-01-Quantifying-the-Value-of-Implicit-Government-Guarantees-for-Large-Financial-Institutions-20110114.ashx

29 http://www.federalreserve.gov/events/conferences/2011/rsr/papers/Acharya.pdf

30 FDIC 자료에 따르면, 1980년에는 연방정부가 승인한 은행이 18,000개가 넘었으나 2010년에는 6,891개였다. 더 이상 존재하지 않는 은행 중에서 17%는 도산했고 나머지 83%는 인수·합병되었다.

31 http://www.zerohedge.com/contributed/2013-12-04/%E2%80%9Cimplicit%E2%80%9D-government-guarantees-bail-out-bank-creditors-tighten-their-grip-u

32 http://www.bundesbank.de/Redaktion/EN/Downloads/Publications/Discussion_Paper_1/1999/1999_06_01_dkp_06.pdf?__blob=publicationFile

33 Bris, Goetzmann, and Zhu, 2005

34 http://www.reuters.com/article/2013/05/30/us-usa-volcker-easing-idUSBRE94S14620130530

35 http://www.jimrogers.com/content/stories/articles/For_Whom_the_Closing_Bell_Tolls.html

36 http://en.wikiquote.org/wiki/Jean_de_La_Fontaine

37 http://www8.gsb.columbia.edu/ideas-at-work/publication/767/the-valueof-an-invisible-

예고된 버블

guarantee#.U5TktXaHScI

38　Gillian Tett (2 October 2008). "Sigma collapse marks end of an era", Financial Times.

39　http://www.oecd.org/finance/financial-markets/48963986.pdf

40　http://www.npr.org/blogs/money/2011/08/06/139038518/why-s-psdowngrade-of-the-u-s-may-not-be-as-bad-as-it-sounds

41　http://www.ft.com/intl/cms/s/% 95efb70-29f3-11e0-997c-00144feab49a.html#axzz3RnHk3erv

42　https://www.google.co.jp/search?q=The+End+of+Market+Discipline%3F+Investor+Expectations+of+Implicit+State+Guarantees&ie=utf-8&oe=utf-8&aq=t&rls=org.mozilla,en-US,official&client=fi refox-a&channel=sb&gfe_rd=cr&ei=NOiUU46TLKmg8wfgyYDABA

43　(Freixas 1999; Mishkin 1999)

44　http://www.telegraph.co.uk/finance/newsbysector/banksandfinance/7914890/BIS-its-the-implicit-taxpayer-guarantee-that-drives-banks-to-getbigger.html

45　http://www.independent.co.uk/news/business/news/implicit-germanguarantee-helps-greece-raise-euro15bn-from-investors-1943990.html

46　http://www.oecd.org/finance/financial-markets/48963986.pdf

제12장

1　http://economy.jschina.com.cn/system/2015/01/17/023375528.shtml

2　http://news.163.com/14/0123/14/9J9G1Q2O00014Q4P.html

3　http://news.xinhuanet.com/local/2015-01/24/c_127415801.htm

4　http://finance.eastmoney.com/news/1355,20140902419299684.html

5　http://news.163.com/14/0903/10/A57A5LRG00014AED.html

6　http://news.163.com/14/0512/09/9S1JTGG000014JB6.html

7　http://news.hexun.com/2014-05-06/164530212.html?from=rss

8　http://sh.wenweipo.com/?viewnews-13099

9　http://finance.sina.com.cn/china/20141022/234420613149.shtml

10　http://finance.people.com.cn/n/2014/0825/c1004-25529553.html

11　https://books.google.com/books?hl=en&lr=&id=erOVlDIY1jEC&oi=fnd&pg=PA1&dq=%E2%80%98Money+and+Capital+in+Economic+Development%E2%80%99&ots=LZ6hvj13Dg&sig=iSDjUSiLj8TOTCvp_P9uX1uOckQ#v=onepage&q=%E2%80%98Money%20and%20Capital%20in%20Economic%20Development%E2%80%99&f=false

12　http://www.worldscientific.com/doi/pdf/10.1142/9789812812520_fmatter

13 http://news.163.com/13/0411/13/8S6CKBD200014JB5.html

14 http://newpaper.dahe.cn/dhb/html/2013-10/16/content_969607.htm?div=-1

15 http://www.sciencemag.org/content/185/4157/1124.short

16 http://www.nber.org/papers/w14813

17 http://www.jstor.org/stable/2109855

18 Acemoglu, Daron, Victor Chernozhukov, and Muhamet Yildiz (2009), Fragility of asymptotic agreement under Bayesian learning, Working paper, MIT.

19 http://business.sohu.com/20140423/n398703530.shtml

20 http://news.xinhuanet.com/cankao/2015-01/28/c_133953423.htm

21 http://house.ifeng.com/detail/2014_06_13/46808230_0.shtml

22 Fan, Huang, and Zhu, 2014. Institutional Background and Distress Resolution, Journal of Corporate Finance.

예고된 버블

예고된
버블
CHINA'S GUARANTEED BUBBLE

옮긴이 _ 이은주

이화여자대학교 법학과를 졸업하고 현재 번역 에이전시 엔터스코리아에서 출판기획 및 전문 번역가로 활동하고
있다. 옮긴 책으로 『2020 대한민국 다음 십 년을 상상하라』, 『블라인드 사이드』, 『돈 굴리는 뇌』, 『벤저민 그레
이엄의 증권분석읽기』, 『피터 드러커의 위대한 통찰』, 『골드』, 『맬서스, 산업혁명 그리고 이해할 수 없는 신세계』,
『워렌 버핏 투자노트』, 『세계 최고의 리더들은 어떻게 말하고 어떻게 다가가는가?』, 『미래 변화의 물결을 타라』,
『혁신의 설계자』 등 다수가 있다.

예고된 버블

ⓒ Zhu Ning, 2016

1판 1쇄 인쇄 2016년 4월 20일
1판 3쇄 발행 2016년 10월 28일

지은이	주닝
옮긴이	이은주
감수자	박한진
펴낸이	김병은
펴낸곳	프롬북스

등록번호	제313~2007-000021호
등록일자	2007.2.1.
주소	경기도 고양시 일산동구 정발산로 24번지(장항동 웨스턴돔타워) T1-718호
전화	031-926-3397
팩스	031-926-3398
전자우편	edit@frombooks.co.kr

ISBN	978-89-93734-82-9 03320

이 도서의 국립중앙도서관 출판예정도서목록(CIP)은 서지정보유통지원시스템 홈페이지(http://seoji.nl.go.kr)와
국가자료공동목록시스템(http://www.nl.go.kr/kolisnet)에서 이용하실 수 있습니다. (CIP제어번호 : CIP 2016007479)